इस युग के सवाल हैं, क्या धर्म के प्रति संकुचित दृष्टियों को वर्तमान सभ्यता के खोखलेपन के रूप में देखा जा सकता है, क्या यह धर्म का अपने उच्च गुणों से अंतिम तौर पर प्रस्थान है, अर्थात क्या अब लोग वस्तुतः धर्म की आतिशबाजी के बावजूद धार्मिक नहीं रह गए हैं—क्या धर्म अब एक नाट्यशास्त्र है?

हम बड़े शहरों को देख सकते हैं, जहां विभिन्न धर्मों और मतों के लोग अच्छे पड़ोसी की तरह लंबे समय से रहते आए हैं। वैश्वीकरण ने शहरों की धार्मिक-जातीय विविधता बढ़ाई है, लेकिन चिंताजनक है कि इन शहरों में 'खंडित अस्मिता की राजनीति' धार्मिक-जातीय विविधताओं को अंतर्शत्रुताओं में बदल रही है। इसलिए नगरीकरण और संपूर्ण विकास के समक्ष यह एक बड़ी चुनौती है कि सामाजिक सौहार्द की कैसे वापसी हो। नगर सभ्य नहीं कहे जा सकते, यदि वहां शांति और सौहार्द न हो, कलाओं और साहित्य से प्रेम न हो और 'दूसरों' से प्रेम न हो।

हाल के दशकों में धर्म, राष्ट्र-राज्य और न्याय का अर्थ एक भारी विपर्यय का शिकार हुआ है। धार्मिक विद्वेष के प्रचार के कारण अमानवीयता चरम पर पहुंच गई है। कुप्रथाएं लौटी हैं। अंधविश्वास बढ़े हैं। झूठ एक उद्योग बन गया है। ऐसी स्थिति में धर्म, धार्मिक छवियों और धार्मिक परंपराओं को खुले दिमाग से समझना जरूरी है। निःसंदेह भारत के लोगों के स्वप्न उनकी स्मृतियों से अधिक महान हैं।

देखा जा सकता है कि हजारों साल में हिंदू धार्मिक परंपराओं ने वस्तुतः सांस्कृतिक मानवतावाद की रचना की है, जो सांस्कृतिक राष्ट्रवाद से एक भिन्न मामला है। उसके अंतर्विरोधों और उपलब्धियों को जानना चाहिए। स्वतंत्रता स्वायत्तता, विविधता और उच्च मूल्यों के लिए निर्भय होकर बोलना चाहिए। यह थोड़ा मुश्किल है, क्योंकि शिक्षित वर्ग के बहुत से लेखक, बुद्धिजीवी और आम लोग सत्ता की राजनीति का ईंधन बनते जा रहे हैं। फिर भी हमें जीवन में अनुभव, तर्क और कल्पनाशीलता के लिए स्पेस बनाना होगा, अगर अपनी मानवीय पहचान खोना नहीं चाहते।

अंततः यहां से देखने की जरूरत है कि हम कैसी पृथ्वी चाहते हैं—रक्ताक्त या शांतिमय!

हिंदू धर्म
भारतीय दृष्टि

शंभुनाथ

वाणी प्रकाशन

प्रकाशन के उत्कृष्टतम 61 वर्ष

पेपरबैक पहला संस्करण : 2024

vaniprakashan.com

वाणी प्रकाशन

4695, 21-ए, दरियागंज, नयी दिल्ली-110 002

फ़ोन : +91 11 23273167, 23275710

शाखाएँ

अशोक राजपथ, पटना-800 004, बिहार

कॉफ़ी हाउस कैम्पस, महात्मा गांधी मार्ग, प्रयागराज-211 001, उत्तर प्रदेश

महात्मा गांधी अन्तरराष्ट्रीय हिन्दी विश्वविद्यालय, वर्धा-442 001, महाराष्ट्र

sales@vaniprakashan.in
vaniprakashan@gmail.com

Hindu Dharm : Bharatiy Drishti
by Shambhunath

ISBN : 978-93-6287-157-2
Criticism

मूल्य : ₹ 395

जी.एस. ऑफ़सेट, दिल्ली-110 095 में मुद्रित

वाणी प्रकाशन का लोगो मक़बूल फ़िदा हुसेन की कूची से

भारत के लोगों को
जिनके स्वप्न उनकी स्मृतियों से
अधिक महान हैं!

विषय सूची

भारतीय ज्ञान परंपरा पर बहस

इस युग में किसी विचार की सचाई के लिए बौद्धिक शक्ति का होना पर्याप्त नहीं है। भौतिक शक्ति भी चाहिए, अर्थात भीड़ और पूंजी की शक्ति। सौ साल पहले लोग ज्ञानियों का अपार आदर करते थे और पांच सौ-हजार साल पहले वे ही समाज के आलोकस्तंभ थे। वर्तमान युग में ज्ञान की जगह दक्षता ने ले ली है और दक्षता की जगह धूर्तता ने। इस युग में ज्यादातर धूर्त ही ज्ञानी बने हुए हैं।

ऐसे परिवेश में भारतीय ज्ञान परंपराओं पर फिर से बहस शुरू करने के कुछ निर्माणात्मक नतीजे हो सकते हैं। यह खासकर तब अधिक अर्थपूर्ण है, जब हम सांस्कृतिक आत्मविस्मृति के शिकार हैं। दरअसल वैश्विक घटनाओं और सूचनाओं के संसार से अब इतनी ज्यादा चीजें हमें घेर रही हैं कि हजारों साल की हमारी बहुत-सी मूल्यवान चीजें ढकती जा रही हैं। कहने की जरूरत है कि अपने अतीत के मूल्यवान ज्ञान को खोकर, चाहे वह सुदूर अतीत का हो या आधुनिक युग का, समाज में प्रेम, स्वतंत्रता और न्याय की रक्षा नहीं की जा सकती।

भारतीय ज्ञान : परंपरा है या पद्धति

मुख्य सवाल है, भारतीय ज्ञान की एक ही परंपरा है या कई परंपराएं हैं, वह परंपरा (ट्रेडिशन) है या पद्धति (सिस्टम) है? स्पष्ट है कि इस बहुभाषिक और बहुसांस्कृतिक देश में ज्ञान की एक या दो परंपराएं नहीं हैं। उसकी कई परंपराएं हैं जो किसी भी युग में परस्पर विच्छिन्न तथा रेल के बंद डिब्बे की तरह नहीं रही हैं।

इसी तरह 'पद्धति' कहने से किसी सुनिश्चित युक्ति या व्यवस्था का बोध होता है, जबकि परंपरा कहने से अपने को निरंतर नई करती रहने

वाली किसी सांस्कृतिक धारा का। इधर अकसर भारतीय ज्ञान परंपराओं की जगह पद्धतियों पर जोर देते हुए कहा जाता है, 'हमें अपनी प्राचीन विरासत से भारतीय ज्ञान पद्धतियों को पुनर्उपलब्ध करना है और दुनिया को बताना है कि हमारे काम करने की एक भारतीय पद्धति है।' सवाल है, क्या भारत का ज्ञान सिर्फ प्राचीन ज्ञान पद्धतियों को जानने से हो जाएगा या आधुनिक युग तक के नवोन्मेषों और विकासों को भी समझने की जरूरत है?

भारतीय ज्ञान परंपराओं का अध्ययन पिछले लगभग ढाई सौ साल से हो रहा है। पश्चिम के ओरियंटलिस्ट (प्राच्यविद) हमें बता रहे थे कि हम क्या थे, हमेशा कितने पिछड़े और विभाजित थे और यूरोपियन लोग वस्तुतः 'सभ्यता के मिशन' पर हैं, जो 'ह्वाइटमेंस बर्डन' है। आज ऐसे ज्ञान का 'डि-कोलोनाइजेशन' जरूरी है। दूसरी तरफ एक बार फिर जोर-शोर से प्राचीन भारतीय ज्ञान पद्धतियों की ओर ध्यान आकर्षित किया जा रहा है और उनमें वायुयान, प्लास्टिक सर्जरी, ब्रह्मास्त्र के रूप में मिसाइल आदि के दृष्टांत भी खोजे गए हैं। साथ ही, भारतीय ज्ञान परंपराओं को प्राचीन काल तक सीमित रखकर शाश्वत माना जा रहा है। इसका 'डि-मिस्टिफिकेशन' जरूरी है।

भारत को टुकड़े-टुकड़े देश के रूप में कौन देख रहा है

'भारत' एक जनजाति (ऋग्वेद 7वां मंडल) और शकुंतला-दुष्यंत के पुत्र भरत के विभिन्न वंशों (महाभारत) से होते हुए एक बृहत्तर भू- सांस्कृतिक पहचान तक कैसे पहुंचा, यह जानने के लिए बहुत कम तथ्य हैं तथा जितने कम हैं, भारत देश के निर्माण को लेकर भावावेग उतना ज्यादा है।

भारत को इस देश के बाहर के दार्शनिक और यात्री 'इंडस' (सिंधु) पार के देश के रूप में जानते थे, 'इंडस' से इंडिया बना। चंद्रगुप्त मौर्य के काल में आए मेगस्थनीज और एक अन्य लेखक एरियन ने 'इंडिका' के नाम से पुस्तकें लिखीं, जिनमें फुटकर और अधूरी सूचनाएं थीं। स्पष्ट है कि विदेशियों में दूसरे देशों के ऐतिहासिक भूगोल के बारे में उत्सुकता थी। इस देश को सिंधु के ध्वनि परिवर्तन से 'हेंदु' कहा गया जो सुल्तानों

और मुगल बादशाहों के काल में हिंदुस्तान हो गया। संस्कृत के कुछ ग्रंथों में इस देश को 'जंबूद्वीप', 'सप्तसिंधु', 'आर्यावर्त्त' नाम दिया गया। सबसे पहले पराशर और वराहमिहिर (600 ई.) ने बतलाया कि भारतवर्ष नव खंडों में विभक्त है। यह इस वास्तविकता का उद्घाटन है कि पहले प्राकृतिक-सांस्कृतिक विविधता से भरपूर भारत को एक विस्तृत भू-सांस्कृतिक देश के रूप में देखा गया है।

सुपरिचित तथ्य है कि हमारा देश आपस में शत्रुता से भरे कई राज्यों में विभक्त था, हालांकि सांस्कृतिक आवाजाही थी और उदार लोग 'खंड' से ऊपर उठकर चिंतन करते थे। इसके बावजूद, देखा जा सकता है कि भारत की अवधारणा में सबसे बड़ी बाधा 'आर्यावर्त्त' का संकुचित सिद्धांत था। यह क्षेत्र हिमालय से मध्य भारत के बिंध्य तक सीमित था। कहना न होगा कि भारत की अवधारणा को एक न एक तरह से खंडित करने के लिए 'आर्यावर्त्त' जैसी ही कई अन्य धारणाएं आज भी बन रही हैं जो चिंताजनक है। इस सिलसिले में भारतीय संविधान के कथन 'इंडिया दैट इज भारत' को भी विवाद का विषय बनाया गया है।

याद रखने की जरूरत है कि 1947 में पाकिस्तान के निर्माता इस देश का नाम 'इंडिया' रखने पर आपत्ति कर रहे थे, क्योंकि 'इंडस' पाकिस्तान में पड़ रहा था। इसी तरह कुछ द्रविड़वादी नेता 'भारत' नाम का इसलिए विरोध कर रहे थे कि इसका संबंध भारत के आर्य वंशों से बताया गया था। कहा जा सकता है कि प्रेम, स्वतंत्रता, न्याय और सामाजिक अखंडता की खोज में लगा भारत सैकड़ों साल से यथार्थ से अधिक एक स्वप्न रहा है।

दरअसल कई भारतीय बुद्धिजीवी लंबे समय तक ओरियंटलिस्ट निष्कर्षों को ढोते रहे हैं। उदाहरण के तौर पर आर्य-द्रविड़ नस्लीय संघर्ष, ब्राह्मण-श्रमण परंपराओं, 'ग्रेट ट्रेडिशन-लिटिल ट्रेडिशन' आदि पर विभाजनकारी बहसें चली हैं। 19वीं सदी के उत्तरार्ध में इन पर बहस का लक्ष्य रहा है भारत के लोगों को बौद्धिक-सांस्कृतिक रूप से बांट दो और उनमें आपसी शत्रुता पैदा कर दो, ताकि ब्रिटिश साम्राज्यवाद और विदेशी व्यापारिक कंपनियां निष्कंटक हो जाएं।

इन घटनाओं की पृष्ठभूमि में कहने की जरूरत है कि भारतीय ज्ञान परंपरा समावेशी के साथ बहुकेंद्रिक और अंतरनिर्भर है। उसमें क्लासिकल साहित्य के साथ लोक साहित्य और लोकज्ञान का भी महत्वपूर्ण स्थान है। रामायण में दलित शबरी की कथा है। महाभारत में नल-दमयंती, शकुंतला-दुष्यंत की कथाएं हैं।

हिंदी में रामचंद्र शुक्ल, हजारी प्रसाद द्विवेदी और रामविलास शर्मा ने भारतीय ज्ञान परंपराओं के उद्घाटन के सिलसिले में जो काम किए, वे महत्वपूर्ण हैं। उन्होंने भारतीय बौद्धिकता को 'डिकोलोनाइज' करने में एक बड़ी भूमिका निभाई, भिन्नता में अभेद की खोज की और ज्ञान के केंद्र में 'लोक' की प्रतिष्ठा की। तीनों ने सत्ता विमर्श और धर्मशास्त्र की जगह लोक साहित्य की महान परंपराओं को महत्व दिया। ऐसे विद्वानों के समानांतर बौद्धिक उपनिवेशवाद या मतांधता से आक्रांत बुद्धिजीवियों का लक्ष्य रहा है जाति, धर्म और प्रांतीयता के आधार पर भारत को 'टुकड़े- टुकड़े देश' के रूप में देखना!

क्या भारत भिन्नताओं का एक अनोखा मेल्टिंग पॉट है

हर युग में वर्चस्व की भावना अपने को दूसरे से श्रेष्ठ समझने की प्रवृत्ति पैदा करती रही है, जबकि सामंजस्य मिलजुलकर रहना, जीना और काम करना सिखाता है। वैदिक साहित्य में है मिलकर रहो, मिलकर सोचो, मिलकर श्रम करो! सामंजस्य एक तरह की हार्मनी है जो संगीत के सात सुरों की अंतरनिर्भरता-जैसी है। सामवेद में संगीत के महत्व को समझा गया। 'गीता' में कृष्ण क्यों कहते हैं, 'वेदों में मैं सामवेद हूँ'?

भारतीय ज्ञान परंपरा में दर्शनों का प्रमुख स्थान है। उनमें एक खास दर्शन वेदांत है जिसकी बुनियाद सामवेद में है। वेदांत का स्वप्न है– दुनिया की आत्माओ, एक हो जाओ! जहां हार्मनी है, वहां आनंद है। जहां 'हेजेमनी' है, वहां अंतहीन पीड़ा है। जीवन में भौतिकवादी मौज-मस्ती या 'मनी' ही सब कुछ नहीं है, हार्मनी भी कुछ है!

कहा जा सकता है, भारत के लोग कभी वर्चस्व-आकांक्षी नहीं रहे हैं। वे प्राचीन काल से शांति, प्रेम और खुशियों की खोज में रहे हैं। वे कठोर

नहीं, लचीले रहे हैं। सैकड़ों साल से राज्य बनते और उजड़ते रहे, पर भारत के लोगों की शांति, प्रेम और खुशियों की खोज कभी बंद नहीं हुई। वे धर्मशास्त्र के दबाव, निरंकुश सत्ताओं के अत्याचार और अंतर्द्वंद्वों के बीच लगातार अपने अनुभव से सीखते रहे हैं, हर युग में नई भूमिका निभाते रहे हैं और आज वे 21वीं सदी में हैं।

यह समझने को जरूरत है कि भारत की विविधता दीवारों वाली नहीं, खिड़कियों वाली है। इस स्थिति में 'पर' को संवेदनशीलता के साथ समझना और सामंजस्य बनाना हमेशा जरूरी है। सवाल है, क्या मनुष्यजाति आमतौर पर लचीले स्वभाव की है? हम कहते आए हैं– मनुष्य एक 'बौद्धिक प्राणी' है, 'आर्थिक प्राणी' है। क्या वह स्वभावतः एक 'लचीला प्राणी' भी है? निश्चय ही वह ऐसा भी है। आज हम भारतीय समाज में चारों तरफ कठोरता और धार्मिक-सामाजिक विद्वेष देख रहे हैं। इसकी बुनियाद में भारत के वास्तविक ज्ञान से विच्छिन्नता और विभाजन की राजनीति है, जबकि भारत में सांस्कृतिक मानवतावाद की यात्रा सैकड़ों साल से परस्परनिर्भरता की दिशा में रही है। आज सांस्कृतिक मानवतावाद के विविध रूपों को समझने की जरूरत है, जो सांस्कृतिक राष्ट्रवाद से भिन्न है।

यूरोपीय उपनिवेशकों ने भारतीय ज्ञान परंपराओं में हमेशा 'भिन्नता' देखी। एक भी पश्चिमी विद्वान ने उनके अंतःसंबंधों को नहीं पहचाना। बौद्धिक उपनिवेशन की व्यापकता के कारण भारतीय बुद्धिजीवियों ने भी नहीं पहचाना। इस मामले में कट्टरवादियों और अंध-बुद्धिवादियों के बीच गहरी समानता है। आज की चुनौती है कि हम नए भारत के लिए 'कृत्रिम भिन्नताओं' की जगह 'संबंधों' और 'पुलों' की खोज करें। भारतीय ज्ञान परंपराओं की मुख्य शिक्षा ही है– 'भिन्नता में अखंडता'। धर्म, नस्ल, जाति और प्रांत के आधार पर भेदभाव का अतिक्रमण ही भारत को जानने की पहली सीढ़ी है। भारत भिन्नताओं का एक भावनात्मक मेल्टिंग पॉट है। भारत भाव के बिना भारत संभव नहीं है!

प्राचीन भारतीय ज्ञानी कैसे थे

प्राचीन भारतीय ज्ञानियों के एक सामान्य लक्षण की चर्चा की जाए तो वह है, 'वादे वादे जायते तत्त्वबोधः'। वे मानते थे कि विभिन्न सिद्धांतों

की संवादपरक टकराहट से सत्य का बोध होता है। उनके समय में सत्य जानने के लिए शास्त्रार्थ की परंपरा थी, जिसका आधुनिक रूप सेमिनार है।

राधाकुमुद मुखर्जी ने अपनी पुस्तक 'हिंदू सभ्यता' में ब्राह्मण और श्रमण ज्ञानियों के बीच प्राचीन शास्त्रार्थ के कुछ चित्र जैन-बौद्ध ग्रंथों से लेकर उपस्थित किए हैं, 'वे विविध संप्रदाय के थे... अनेक दिट्ठि या दार्शनिक मतों के, अनेक विश्वासों, नाना रुचियों और अनेक प्रकार की व्यवस्थाओं वाले थे। वे अपने भिन्न-भिन्न मतों का प्रतिपादन करते हुए एक-दूसरे के साथ वाणी के हथियार से लड़ते रहते थे।... वे शास्त्रार्थ में पटु, सूक्ष्म बुद्धिसंपन्न और अनुभवी, बाल की खाल निकालने वाले थे और अपनी मेधा से विपक्षियों के मतों की धज्जियां उड़ाते हुए इधर-उधर विचरते रहते थे।'

ऐसे ज्ञानी, वे ब्राह्मण हों या श्रमण, बड़ी सादगी से रहते थे, 'प्रायः नंगे रहते थे या फेंकी हुई कंथा, वल्कल या कृष्ण वर्ण का मृगचर्म पहनते थे। वे शारीरिक तप के अलावा शील, प्रज्ञा, अहिंसा और मोक्ष पर विशेष बल देते थे।... राजा मंत्रियों के साथ पूर्णिमा रात्रि का आनंद लेते हुए अकसर यह इच्छा प्रकट करते थे, 'क्या कोई ऐसा ब्राह्मण या श्रमण है जिसे बुलाकर आज रात हम अपने चित्त को संतुष्ट करें।' उपर्युक्त विवरण से हम प्राचीन काल के ज्ञानियों के जीवन, शासकों से उनके संपर्क और बहस के लक्ष्य आदि के बारे में कुछ जान सकते हैं। इसका भी आभास पा सकते हैं कि उन युगों में संवाद था, कोई व्यक्ति 'अन्य' नहीं समझा जाता था।

प्राचीन ज्ञानियों और आधुनिक युग के प्रोफेसरों-बुद्धिजीवियों के जीवन में जमीन-आसमान का फर्क है। लेकिन वाकपटुता, बाल की खाल निकालने की प्रवृत्ति, सत्ता से संपर्क और विपक्षी के मत की धज्जियां उड़ाने के मकसद उसी प्रकार हैं। आज के ज्ञानी सेमिनारों में मध्यवर्गीय शिक्षित जनों के चित्त को संतुष्ट करते देखे जा सकते हैं!

ज्ञान निरंतर संवाद का फल है

प्राचीन काल से ज्ञान के लिए संवाद को, बहस को जरूरी माना गया,

जबकि आज के ज्ञानियों की जिद है पूर्वनिर्धारित एकालाप। आज कोई यह मानने के लिए तैयार नहीं है कि वह जो जानता है, उसके बाहर भी ज्ञान हो सकता है!

गौतम बुद्ध कई दार्शनिक परंपराओं के ज्ञानियों से संवाद के बाद बुद्ध हुए थे। अजातशत्रु के राज्य मगध में रहते हुए भी वे लिच्छिवियों के राज्य वज्जि (वैशाली) को पसंद करते थे। आम्रपाली यहीं थी। यह राज्य अजातशत्रु के हिंसक दमन का शिकार हुआ। बुद्ध दर्शक थे, कुछ न कर सके। वज्जि में जैन मत का प्रभाव था। यहां एक विकसित आदिवासी समुदाय का गणतंत्र था, कुछ प्लेटो के समय जैसा ही विशिष्ट नागरिकों का गणतंत्र! बुद्ध ने एक संवाद में कहा, 'मुझे वज्जि राज्य आकर्षित करता है, क्योंकि वहां लोग निर्भय होकर स्वतंत्रतापूर्वक बहस कर सकते हैं।' यह है ज्ञान की स्वतंत्रता का सम्मान!

एक वैदिक उक्ति है, 'सभी दिशाओं से उदात्त विचारों को आने दो।' (आ नो भद्राः क्रत वो यंतु विश्वतः)। इस उदारता के बिना 'वसुधैव कुटुंबकम्' का नारा एक प्रहसन है। आज व्यक्ति खुद को, अपने परिवार को या ज्यादा से ज्यादा अपनी पार्टी को विश्व समझता है।

हम देखते हैं कि किसी युग में एक सर्वमान्य सिद्धांत नहीं रहा है, बल्कि बहुस्तरीय वैचारिक संघर्ष चलता रहा है। हर युग में नए विचारों की खोज हुई है और इसका संबंध स्मृतियों के अलावा नए स्वप्नों से रहा है।

ज्ञान की संस्कृति

भारतीय ज्ञान परंपराओं के गुण भारतीय संस्कृति में समाहित हैं। इस देश की संस्कृति के चार प्रमुख गुण हैं– निरंतरता, पुनर्रचनात्मकता, आलोचनात्मक समावेशिकता और नवोन्मेष। इन गुणों को पहचाने बिना भारतीय संस्कृति को नहीं जाना जा सकता। हमारे देश की संस्कृति प्राचीन काल में बन चुकी या सैकड़ों साल पहले सुनिर्धारित की जा चुकी चीज नहीं है। उसमें मिश्रण, सुधार और नवोन्मेष होते रहे हैं। वह अतीत की कैदी नहीं रही है। उसमें शुद्धतावाद की जगह ज्ञान की विभिन्न धाराओं से संबंध बना है।

वह अपनी धीमी गति के बावजूद विविधतापूर्ण और परिवर्तन-संवेदी रही है। उसमें निरंतरता के साथ पुनर्रचनात्मकता भी हमेशा रही है, क्योंकि हर नए युग में कवियों-कलाकारों की पुनर्रचनात्मक कल्पना ने भारतीय जीवन की नई आकांक्षाएं प्रतिबिंबित की हैं।

पुनर्रचनात्मकता के गुण की वजह से वाल्मीकि रामायण में वर्णित सीता की आत्महत्या को भवभूति स्वीकार नहीं कर पाते। वे 'उत्तररामचरित' में सीता को पृथ्वी से बाहर लाते हैं और दुखी राम अपनी पत्नी वापस पाते हैं। पुनर्रचनात्मकता के गुण के कारण ही 'रामचरितमानस' में रामायण के सीता वनवास और शंबूक वध के प्रसंग नहीं हैं। इसी गुण की वजह से तमिल की कंब रामायण, बांग्ला कृतिवासीय रामायण आदि भी संस्कृत की रामायण से काफी भिन्न हैं और आधुनिक युग में निराला की 'राम की शक्तिपूजा' भी अलग है। ऐसे सभी कवि किसी धर्मशास्त्र या राजसत्ता से बंधे न होकर बौद्धिक रूप से स्वाधीन रहे हैं।

यह उस खास बौद्धिकता का दिवालियापन है जिसके अनुसार राम मिथक है, पर रावण इतिहास है। रावण ब्राह्मण भी है और द्रविड़ भी! 19वीं सदी से पहले किस तमिल ग्रंथ में है कि रावण द्रविड़ है? यह पश्चिमी विद्वानों की बौद्धिक कारीगरी है कि उन्होंने 'बुराई' के चिह्न के रूप में परिकल्पित किए गए दैत्यों, दानवों और राक्षसों को नस्लवाद से जोड़कर उन्हें इतिहास का अंग बनाने की दुर्बुद्धिता का परिचय दिया।

भारतीय ज्ञान जिस तरह स्थिर नहीं है, उसमें शुद्धतावाद के लिए भी जगह नहीं है। ज्ञान में सरहदें नहीं हो सकतीं। 'हम-वे' का कृत्रिम विभाजन ज्ञान नहीं है। 'वसुधैव कुटुंबकम्' की धारणा को लें, इसके पूरे श्लोक पर ध्यान नहीं दिया जाता। श्लोक है, 'अयं निजः परो वेति गणना लघुचेतसाम् / उदारचरितानां तु वसुधैव कुटुंबकम्।' इसका अर्थ है, निज और पर की गणना करने वाले छोटे चित्त के होते हैं। जो उदार चरित्र का है, उसके लिए यह समूची वसुधा एक कुटुंब की तरह है। अपने भाई-बंधु-पड़ोसी के प्रति हिंसा और 'वसुधैव कुटुंबकम्' दोनों एक साथ नहीं चल सकते। तुलसी ने कहा था, 'मैं अरु मोर तोर तें माया'। भारतीय ज्ञान परंपरा में मेरा-तेरा का विचार एक मिथ्या चेतना है, अज्ञान है।

माखनलाल चतुर्वेदी हिंदी के राष्ट्रवादी कवि माने जाते हैं। उन्होंने 20वीं सदी में लिखा है, 'जब चांद मुझे नहलाता है / सूरज रोशनी पिन्हाता है / क्यों दीपक लेकर कहते हो / यह तेरा है यह मेरा है'। 'वसुधैव कुटुंबकम्' एक प्रमुख भारत भाव है, इसका अर्थ है सभी मानव समुदायों के साथ तादात्म्य बनाते हुए जीना। सभ्यता के वर्तमान चरण पर भी इस भारत भाव की रक्षा की जानी चाहिए, क्योंकि कोई भी सभ्यता सभ्यता नहीं कही जाएगी, यदि वह 'अन्य' निर्मित कर समाज में हिंसात्मक पृथकता के बीज बोए!

संस्कृति ज्ञान से जुड़ी रहे, तभी वह संस्कृति है। संस्कृति क्या है? जो चीज मन को विशाल बनाए और छोटे चित्त से बाहर निकाले, वह संस्कृति है। जो कला, चिंतन, कार्य, वस्तु हमारे सौंदर्यबोध, विचारशक्ति और सृजनात्मकता में उत्थान लाए, वह संस्कृति है। आज संस्कृति-संस्कृति के शोर में संस्कृति ही नदारद है, क्योंकि अपने देश और दुनिया की विकासशील ज्ञान परंपराओं से उसका संबंध विच्छेद हो गया है।

भारत भिन्नताओं से भरा देश है, पर भिन्नताओं को शत्रुता तक पहुंचाया जाए, यह जरूरी नहीं है। इसलिए भारत जैसे देश में संस्कृति भिन्नताओं के बीच साथ जीने की कला है।

संस्कृति को देखने की तीन दृष्टियां हैं सत्ता का दृष्टिकोण, पुराने और आधुनिक विभाजनकारी शास्त्रों का दृष्टिकोण और लोक का दृष्टिकोण। कुंभनदास ने कहा था, 'संतन को कहा सीकरी सो काम'। लोक साहित्य के भीतर से ही कबीर ने पोथियों को हटाकर 'ढाई आखर प्रेम' की धारणा दी थी। जायसी 'पद्मावत' में कहते हैं, 'पढ़े बहुत पर नेह न जाना'! रैदास कहते हैं, 'मन चंगा तो कठौती में गंगा'! तुलसी कहते हैं, 'पर पीड़ा सम नहिं अधमाई'। जिस संस्कृति में ये तत्व नहीं हैं, उसे संस्कृति कैसे कहा जाए?

आज भारतीय संस्कृति बाह्याडंबर की भौतिक वस्तुओं में सीमित हो गई है या धार्मिक-राजनीतिक चिह्नों में। यह बाहर से अमेरिकी आधुनिकता और भीतर से अतीत की कूपमंडूकता की जुगलबंदी बनी हुई है। इसका

एक बड़ा नतीजा है धार्मिक रुग्णता। यही वजह है कि हमें मिटाए जा रहे इतिहास को फिर से देखना होगा।

भारतीय ज्ञान परंपरा में भक्ति आंदोलन का महत्व

भारतीय ज्ञान परंपराओं में जितना महत्वपूर्ण स्थान ईश्वरवादी वैदिक और अनीश्वरवादी बौद्ध-जैन दर्शनों का है, उतना ही भक्ति आंदोलन और 19वीं-20वीं सदी के नवजागरण का भी है। जो लोग प्राचीन क्लासिकल विरासत को ही भारतीय ज्ञान पद्धतियों के ऊर्जा-केंद्र के रूप में देखते हैं, वे इन दो घटनाओं को निर्मम ढंग से नकार देते हैं। यह सांस्कृतिक अंधता का लक्षण है।

भक्ति आंदोलन ने दक्षिण भारत और उत्तर भारत का फर्क मिटा दिया था। कहा गया है, 'भक्ति द्राविड़ उपजी'। 11वीं सदी में रामानुजाचार्य ने शंकराचार्य से भिन्न वैचारिक रुख अपना कर भक्त कवियों द्वारा जाति भेदभाव तथा बाह्याडंबर के विरोध को दार्शनिक स्वीकृति दे दी थी। इतना ही नहीं, उन्होंने 8वीं सदी के आलवार भक्तों के काव्य संकलन 'दिव्य प्रबंधम्' को 'तमिल वेद' घोषित किया था।

भक्ति के सभी प्रमुख दार्शनिक दक्षिण भारतीय हैं। इसके बावजूद हिंदी क्षेत्र के रामानंद ने रामानुजाचार्य को और सूरदास ने वल्लभाचार्य को कभी गैर नहीं माना। वल्लभाचार्य ने दक्षिण भारत से आकर वृंदावन को अपना कार्यक्षेत्र बनाया। तमिलनाडु से भक्ति आई तो तमिल के संगम साहित्य में महाभारत के कई प्रसंग गए हुए थे। जिस पतंजलि के योग की दुंदुभि उत्तर भारत में बज रही है, वे दक्षिण भारत के बताए जाते हैं!

भारत के भक्त कवि ईश्वर के आराध्य रूप का वर्णन करते थे तो उसमें अपनी कल्पनाएं और लोक-आकांक्षाएं भर देते थे। वे अपने आराध्य से वह सब कहते थे जो राजा नहीं सुनता था। वह सब मांगते थे जो राजा नहीं दे पाता था। ईश्वर इसलिए है कि राजा होकर भी नहीं था। आज की भाषा में कहें तो मंत्री होकर भी मंत्री न थे, सरकार होकर भी सरकार न थी और जन प्रतिनिधि होकर भी जन प्रतिनिधि न थे। आज

के लोगों में इतनी धार्मिक आस्था और धर्मस्थलों-तीर्थों की तरफ इतना आकर्षण इसलिए है कि जीवन में किसी भी युग से ज्यादा निराशा है।

भक्त कवियों ने ईश्वर में उन आदर्शों को खोजा था, जो उन्हें अपने समाज में नहीं मिले थे। यह 'विशफुल थिंकिंग' न होकर आत्मपरिष्कार और समाज सुधार की आवाज थी।

भक्त कवियों ने दूर-दूर की यात्राएं कीं। उन्होंने देश को जोड़ रखा था। गुरुनानक यात्राएं करते थे। वे सभी लोग भक्ति और ज्ञान को जोड़कर देखते थे, उनमें सामासिकता की प्रवृत्ति थी। 'गुरुग्रंथसाहिब' में ज्ञान परंपराओं का संगम है। इस धर्मग्रंथ में मराठी के नामदेव के अलावा हिंदी के रामानंद, कबीर, सूर, रैदास और कई पंजाबी सूफी कवियों के पद हैं। इस 'मल्टीकल्चरल सोच' पर गौर करना चाहिए।

उल्लेखनीय है कि भक्त कवियों ने ईश्वर से एकात्मता की धारणा ईश्वरवादी वैदिक दर्शन से ली तो जाति भेदभाव और बाह्याडंबर से विद्रोह का तत्व अनीश्वरवादी बौद्ध-सिद्ध परंपराओं से लिया। उनकी भक्तिपरक रचनाओं में भारतीय ज्ञान परंपराओं का मिश्रण है, एक बौद्धिक खुलापन है। क्या ज्ञान और शुद्धतावाद दोनों एक साथ संभव है?

भक्त कवि भारतीय ज्ञान परंपराओं से संबंध रखते हैं, पर उनकी आलोचना भी करते हैं। वे कर्मकांड, पाखंड, जाति भेदभाव और अंधविश्वासों का विरोध करते हैं। कबीर योग से प्रेरणा लेते हैं, पर यह भी कहते हैं, 'मन ना रंगाये, रंगाये जोगी कपड़ा।'

सूरदास के एक पद में गोपियां कहती हैं कि ये जो ज्योतिष और ग्रह-विचार की बातें हैं, वैदिक कर्मकांड हैं और पुराण हैं, वे ठगी के औजार हैं। वे चक्कर में डाले रहते हैं कि अमुक दिन शुभ है, अमुक अशुभ। हमसे पूछो तो वह हर दिन अच्छा है, जिस दिन कृष्ण से भेंट हो जाए। आखिर सभी ग्रह अपने स्थान पर थे, फिर भी सीता का हरण हो गया। कृष्ण से प्रेम करने वालों के लिए तो भद्रा भी अच्छा है, जिसे लोग बुरा महीना मानते हैं। भरनी नक्षत्र भी अच्छा है। छींक होने पर भी सब ठीक है। धर्म छोड़कर पैसा गिनने के लिए जो लोग भक्ति करते हैं, उनकी भक्ति दो कौड़ी की है। सूर अंधविश्वासों का विरोध करते हैं, 'जा

दिन श्याम मिले सो नीको। ज्योतिष, निगम, पुरान बड़े ठग, फांसत जे जिय हीको।... सूर धरम धरि लाल गुनै जो, तो प्रेमी कौड़ी को।' ऐसे कई उदाहरण हैं, जिनसे हिंदू दिमाग के खुलेपन का बोध होता है।

यदि सचमुच सौंदर्य से प्रेम हो तो वह रूढ़ियों से कितनी तरह से आजाद करता है, यह भक्त कवियों की रचनाओं में देखा जा सकता है।

भक्ति आंदोलन के दौर में लोकभाषाओं का ही उत्थान नहीं हो रहा था, देश की संस्कृतियों का भी हो रहा था। आज 'हाई टेक्नोलॉजी-लो कल्चर' का मामला है, तब 'लो टेक्नोलॉजी-हाई कल्चर' की स्थिति थी। आज 'एक्ट ग्लोबली-थिंक लोकली' का मामला है, तब 'एक्ट लोकली-थिंक ग्लोबली' की आवाज थी। भारत के भक्त कवि एक छोटे स्थान पर कर्मरत थे, पर संपूर्ण जगत के मंगल के बारे में सोचते थे। वे एक बड़े मन के धार्मिक थे।

एक रोचक तथ्य यह है कि रामायण-महाभारत, बौद्ध दर्शन, भक्ति साहित्य आदि के प्राचीन ग्रंथों में कहीं संस्कृति-संस्कृति का हल्ला नहीं है। फिर भी उन कालों की ऐतिहासिक सीमा में कलाओं और साहित्य में संस्कृति की भरपूर उपस्थिति है। आज हर गली में संस्कृति का हुंकार है, पर संस्कृति नहीं है। हर तरफ बड़े विचार-छोटे कर्म दिखाई देते हैं। हमारा समय दोहरी दुर्घटना का साक्षी है, संस्कृति में राजनीति घुसती जा रही है और राजनीति से संस्कृति बाहर निकलती जा रही है!

ध्यान में रखना जरूरी है कि अंग्रेजी राज ने 'भिन्नता' की अपनी औपनिवेशिक राजनीति द्वारा भारत की सांस्कृतिक समझ को किस तरह विभाजित और प्रदूषित किया। आज औपनिवेशिक राजनीति के नए बौद्धिक संस्करण बन रहे हैं और पुनः 'खंड-खंड पाखंड' छाया है। यह सब भारतीय ज्ञान परंपराओं के ही नहीं, वस्तुतः भारत-भाव के भी विरुद्ध है।

आज संस्कृति एक संवेदनशील विषय है, वह एक रणभूमि बनी हुई है। भारतीय संस्कृति और विविध ज्ञान परंपराओं के संबंध को समझना चाहिए। मेरी दृष्टि में भारतीय संस्कृति को समझने में दो बड़ी बाधाएं हैं— उच्छेदवाद और शुद्धतावाद। हम जब अपनी हजारों साल की परंपराओं

को नकारते हैं या संस्कृति की एकरेखीय शुद्धतावादी-श्रेष्ठतावादी धारणा रखते हैं तो ये दोनों चीजें ही सांस्कृतिक उन्मूलन की ओर ले जाती हैं, बल्कि ले जा रही हैं। ये प्रवृत्तियां हमें हमारी साझी भारतीय विरासत से विच्छिन्न कर रही हैं।

निश्चय ही भारतीय संस्कृति में 'मुख्य धारा' नाम की कोई चीज नहीं है, 'मेन स्ट्रीम' एक प्रभुत्ववादी और विघटनकारी धारणा है। हम देख सकते हैं कि इस देश में बहुत सी संस्कृतियां आपस में संवाद करती हैं, अपनी विशिष्टता की रक्षा करती हैं और 'साझा जीवन-साझी संस्कृति' का भी निर्माण करती हैं।

ज्ञान ही ईश्वर है

19वीं सदी का भारतीय नवजागरण ज्ञान का आधुनिक संगम है। इसने न सिर्फ ज्ञान को एक सामाजिक शक्ति के रूप में स्थापित किया, बल्कि इस पर कुछ वर्गों का एकाधिकार समाप्त कर दिया। वे फिर बोलने लगे, जो महज सुनने वाले बना दिए गए थे। इससे फर्क आया। एक नया युग आया, हालांकि उपनिवेशवाद के बौद्धिक दुष्प्रचार से जटिलताएं भी निर्मित हुईं।

एक दूसरी विडंबना है, नवजागरण के नकार में अंध-बुद्धिवादी और कट्टरवादी एक साथ खड़े हैं। दोनों को अपने-अपने कारणों से भारतेंदु और महावीर प्रसाद द्विवेदी पसंद नहीं आते। हम देख सकते हैं कि राजा राममोहन राय से लेकर ईश्वरचंद्र विद्यासागर, रामकृष्ण परमहंस, ज्योतिबा फुले, दयानंद सरस्वती, विवेकानंद, रानाडे, नारायण स्वामी, रवींद्रनाथ, गांधी– इन सभी ने भारतीय ज्ञान परंपराओं से संबंध रखा था। उन्होंने अतीत से उदाहरण चुने थे। सवर्ण रानाडे और पिछड़ी जाति के ज्योतिबा फुले दोनों ही शिवाजी को मान्यता देते थे। नवजागरण के व्यक्तित्वों में से कई लोग औपनिवेशिक आधुनिकता से प्रभावित थे, पर उन सभी ने भारतीय ज्ञान परंपराओं से संबंध रखा और अपनी सीमा में उन परंपराओं का 'रैशनलाइजेशन' किया। कोई सुधारक औपनिवेशिक आधुनिकता के अंध-प्रवाह में नहीं बहा।

विद्यासागर ने विधवा पुनर्विवाह के पक्ष को मजबूत करने के लिए हिंदू धार्मिक परंपरा की 'पराशर संहिता' से उदाहरण चुना था। गांधी की प्रेरणाएं तुलसी का 'राम राज्य' और कबीर का 'चरखा' हैं। प्रसाद के छायावादी काव्य 'कामायनी' की प्रेरणा शैव दर्शन है। इसमें राष्ट्रीय आदर्शवाद के साथ वैश्विक बुद्धिपरकता की भी प्रतिष्ठा है। ऐसे अनगिनत उदाहरण हैं।

तमिल कवि सुब्रह्मण्य भारती ने कहा था, 'ज्ञान ही ईश्वर है'। उनकी एक पंक्ति है, 'ऐसे यंत्र बनेंगे कि हम कांचीपुरम में बैठकर काशी के विद्वतजन का संवाद सुनेंगे।' एक जमाने में ऐसे स्वप्न देखे गए थे, जो यथार्थ हुए।

भारत से उपनिषद यूरोप में पहुंची। शाहजहां के बड़े बेटे दाराशिकोह ने उपनिषद का फारसी में अनुवाद किया था। एंक्वेटिल दुपेरां (1731-1808) ने 1804 में उपनिषद के कुछ अंशों का अनुवाद किया था। एक धारणा है कि इसने अंग्रेजी के 'रोमांटिक मूवमेंट' पर असर डाला। शॉपेनहावर पर भी उपनिषद का प्रभाव था। विलियम जोंस (1746-1794) द्वारा कालिदास के 'अभिज्ञान शाकुंतलम्' के किए गए अंग्रेजी अनुवाद को पढ़कर जर्मन कवि गेटे मुग्ध हो गए थे। ये भारतीय ज्ञान परंपराओं की दूर-दूर तक यात्रा के नमूने हैं। ज्ञान कभी भूगोल के जेल में नहीं रहता। वह दूर-दूर तक यात्रा करता है। एक ज्ञान दूसरे ज्ञान के सामने कभी दीवार नहीं खड़ी करता। वह हवा की तरह स्वाधीन है, उसे कोई मुट्ठियों में बंद नहीं रख सकता।

भारतीय ज्ञान परंपराओं में सब कुछ हरा-हरा नहीं है, काफी मुरझाए पत्ते हैं। उनमें चावल और कंकड़ दोनों हैं। इसलिए जब भी कुछ ग्रहण करना हो, थोड़ा फटक लेना चाहिए। हर युग में अतीत से विवेकपूर्ण चयन ही आदर्श है, अंध-चयन नहीं।

किसी समावेशी ज्ञान परंपरा को भूलना हमारे अंतःकरण की मृत्यु है

भारतीय ज्ञान परंपरा दो तरह की है। एक तरह की परंपरा वह है जो 'अन्य' को, 'अदर' को हमेशा प्रज्वलित रखती है। यह बहिष्कारपरक है।

दूसरे तरह की परंपरा वह है जो 'भिन्नता में अभेद' की खोज और 'अ-पर' के बोध से जुड़ी है। यह समावेशी है। हमें सोचना होगा कि हम किस ज्ञान परंपरा की रोशनी में अपने बहुसांस्कृतिक भारत को देखना चाहते हैं। भूलना नहीं चाहिए कि हम जब किसी समावेशी ज्ञान परंपरा को भूलते हैं या ऐतिहासिक परिप्रेक्ष्य में समझे बिना किसी महान कवि या लेखक का मखौल उड़ाते हैं तो वस्तुतः हमारे भीतर एक सांस्कृतिक मृत्यु घटित हो रही होती है। हमारी बौद्धिक दुनिया छोटी हो रही होती है।

भारतीय ज्ञान परंपराओं का संबंध साहित्य के साथ-साथ कलाओं से भी है। इसे नजरअंदाज नहीं किया जा सकता कि बुद्ध की मूर्ति, तमाम भित्तिचित्र, पुराकथाओं पर आधारित प्राचीन मूर्तियां, खजुराहो, अजंता-एलोरा की गुफाएं, प्राचीन मंदिरों के स्थापत्य, हिंदुस्तानी संगीत, सूफी संगीत आदि महान उपलब्धियां वस्तुतः ज्ञान और कलाओं की अंतर्क्रियाओं से जन्मी हैं। उनमें कई चीजें शासक वर्गों के संरक्षण में बनी हों, पर इनका निर्माण श्रमजीवी कलाकारों की उदारवादी कल्पनाशीलता और मिश्रणशील सौंदर्यबोध की देन है। आज लग सकता है कि ये दोनों चीजें हमारी दुनिया में विस्थापित हैं।

आज खुद सोचने और कल्पना करने की शक्ति कमजोर हो गई है, हमारा सौंदर्यबोध क्षयग्रस्त है, क्योंकि हमारे जीवन में टेक्नोलॉजी का जरूरत से ज्यादा दखल है। ऑनलाइन गतिविधियों का जरूरत से ज्यादा विस्तार सामाजिकता को विलुप्त कर सकता है। आर्टिफिशियल इंटेलिजेंस कम मारक नहीं है। यह मानवीय संवेदना को ही नहीं, रोजगार को भी बड़े पैमाने पर प्रभावित कर सकता है।

भारतीय ज्ञान परंपराओं के सादगी, उदारवाद, लोक से उनके संपर्क, बहुकेंद्रिकता, आलोचनात्मक समावेशिकता, पुनर्रचनात्मकता और नवोन्मेष जैसे गुणों को हमेशा याद रखने की जरूरत है। ज्ञान का काम हमेशा मनुष्य को उदार और निर्भय बनाना है, उसकी सोच में खुलापन लाना है।

आज की एक बड़ी मुश्किल यह है कि ज्ञान की नई दुनिया में राजसत्ता, पूंजी और टेक्नोलॉजी की शक्तियां ही सब कुछ हो गई हैं। बड़े

मनोरंजन उद्योग ने ही नहीं, उत्तर-आधुनिक विद्वत्ता ने भी पिछले लगभग चार दशकों से जिस बौद्धिक उथलेपन का निर्माण किया है, उसका नतीजा है तर्क और मानवीय मूल्यों का विस्थापन। इसी वजह से इधर बढ़ा है–अंधा भावावेग, 'चिह्नों' के प्रति दीवानगी और एक खास किस्म की भौतिक अतृप्ति। असंतोष से भिन्न चीज है अतृप्ति!

औपनिवेशिक काल की भिन्नता की राजनीति का इधर कई नए अध्ययनों द्वारा पुनरुत्थान हुआ है जिस पर पुनर्विचार जरूरी है। निश्चय ही हाल के दशकों का अस्मितावादी ज्ञान मुख्यतः सुखवादी एलीट वर्गों की देन है। नए अध्ययन में 'अस्मिता की भिन्नता' के साथ-साथ 'अस्मिताओं के अंतःसंपर्क' और 'अस्मिताओं के संवाद' की जरूरत थी, पर इनकी भारी अनुपस्थिति लक्षित की जा सकती है। इसका नतीजा सामने है, अस्मिता विमर्श आलू बना दिया गया है, किसी भी राजनीति की हरी सब्जी में डाल दो!

संसार में बहुत सारी चीजें हैं, उनके संबंधों और दूरियों को जानना ही ज्ञान है। उनकी अखंडता और विशिष्टता को जानना ही ज्ञान है। आज ऐसे ज्ञान का अकाल है, जिसके साथ बौद्धिक सहृदयता हो। सत्ता, संपत्ति या पांडित्य बढ़ जाने पर ज्ञान दूर भागता है। पृथ्वी गोल है, पर इधर ऐसे कई नव-ज्ञानवान हैं, जिनके विचार चिपटे हैं।

ज्ञानियों के बीच मनुष्य कहां है?

कालिदास के 'रघुवंश' में राजा रघु, दशरथ और राम की वंश परंपरा में अंतिम राजा अग्निवर्ण का उल्लेख है। वे इतने अधिक भोगवादी और काम-जर्जर हो गए थे कि बस किसी तरह खिड़की से अपनी टांग बाहर निकालकर प्रजा को दर्शन देते थे। 21वीं सदी में आम लोगों से बेखबर कुछ वैसी ही बुद्धि-जर्जर राजसत्ता है।

पश्चिम में कई बुराइयां हैं, पर एक खास बात है। ब्रिटेन में भारतीय मूल के एक हिंदू ऋषि सुनक प्रधान मंत्री बन सकते हैं। भारत के लोगों ने इस मामले में बहुत गर्व व्यक्त किया है। अपने आपसे प्रश्न

करना चाहिए कि क्या हम भारत के बाहर जन्मे धर्म के किसी व्यक्ति के प्रधानमंत्री होने की कल्पना कर सकते हैं?

दरअसल ज्ञान बघारना एक चीज है, ज्ञान का अपनी इच्छाओं तथा कर्मों से संबंध स्थापित करना बिलकुल दूसरी चीज। ज्ञान और कर्म की दूरी ने आधुनिक युग में कई महान दर्शनों को पिछवाड़े में डाल दिया, वे विफल हुए। बुरे इस्तेमाल की वजह से अच्छी विचारधारा की सामाजिक शक्ति समाप्त हो जाती है और बुरी विचारधारा हावी हो जाती है। बड़े दर्शन हार जाते हैं, जब उनके वैचारिक ध्वजवाहक स्वार्थपरता से भरे होते हैं।

पिछले कुछ दशकों से मनुष्य के अनुभवों पर बाजार और राजनीति का नियंत्रण बढ़ा है। 'अनुभव की स्वतंत्रता' में ह्रास आया है। 'कंट्रोवर्सियल' विचारों की महत्ता बढ़ी है। अब लोगों के अनुभवों पर 'निर्मित सूचनाओं' का कब्जा है। सूचनाओं को ज्ञान मान लेना मनुष्यता का पराभव है।

पहले था, 'ज्ञान ही ताकत है', आज है 'ताकत ही ज्ञान है'। इस वजह से लोगों के अनुभव की व्यापकता में, 'अ-पर' के बोध में इधर व्यापक ह्रास आया है। देशिक केन्द्र जैसी दुकानें खोलकर संकीर्णताओं का प्रचार किया जा रहा है। अब ताकत के जोर से प्रचारित की गई ऐसी 'निर्मित सूचनाएं' ज्ञान हैं जिनका यथार्थ से संबंध नहीं है। ऐसी सूचनाएं 'ज्ञान प्रबंधन' हैं, नॉलेज मैनेजमेंट! ज्ञानी लोग प्रबंधक हो गए हैं, 'पावर स्लेव'!

ज्ञानियों एवं शिक्षित लोगों द्वारा सत्ता की इच्छाओं के आगे अपने विवेक की बलि देकर झुकना अपने सांस्कृतिक उद्देश्य से विश्वासघात है। जब भी बाजारसत्ता और राजसत्ता की मांगों के अनुसार सोचा जाएगा, ज्ञान से दूरी बढ़ेगी। वैज्ञानिक स्वतंत्रचेता न होकर बहुराष्ट्रीय कंपनियों के बंधुआ मजदूर होंगे। फिर जो ज्ञान होगा, उसे 'विष' या 'चतुराई' कहा जाना चाहिए। यह हमारे सामने एक बहुत बड़ी चुनौती है।

कई बार लगता है कि धार्मिक कूपमंडूकता ही शाश्वत चीज है, ज्ञानवान होना, सुधारवादी होना और विद्रोह अल्पकालिक मामले हैं, फिर

भी कितने अर्थपूर्ण हैं ये! यह सभ्यता का एक ऐसा दौर है जिसमें धर्म, जाति और संस्कृति के नाम पर वस्तुतः उत्तर-मनुष्यता छा रही है।

हम ऐसे संक्रमण काल में हैं, जब 'असतो मा सद्गमय' जोर-जोर से उच्चारते हुए भी वस्तुतः हम उत्तर-सत्य की ओर जा रहे हैं। आज ज्ञान के दिखावे हैं, उठा-पटक है। अतीत की नई खुदाई है। निर्मित आंकड़े हैं। ज्यादातर व्यक्ति 'ज्ञानसमुद्र-भावकूप' हैं। अब बढ़िया से खिलाए-पिलाए गए मेधारोबो भी हैं।

एक ग्रीक दार्शनिक डायोजनीज शिक्षाविदों और बौद्धिक धुरंधरों से भरे अपने नगर में दिन में ही लालटेन लिए चले जा रहे थे। एक ने पूछा– दिन में लालटेन लिए कहां जा रहे हैं? डायोजनीज ने कहा–ज्ञानियों के बीच मनुष्य खोजने निकला हूँ!

वैदिक सभ्यता में ईश्वर

यदि हम वस्तुओं की दुनिया में अपने को खो नहीं चुके हैं तो कभी-कभी अपने को खोजने का प्रयत्न करना चाहिए कि हम कौन हैं, हमारे लक्ष्य क्या हैं और हम कहां खड़े हैं। पृथ्वी की इन दिनों कितनी क्षति हो रही है, सामाजिक पर्यावरण कितना बिगड़ता जा रहा है– ऐसे विषयों पर सोचे बिना आज जो लोग केवल अपनी सत्ता और फायदे पर ध्यान देते हैं, उनके लिए अपने को खोजना कठिन है। फिर भी यह हरेक के लिए जरूरी है, क्योंकि यह आत्मनिरीक्षण की राह पर ही नहीं खड़ा करता, जीवन के अर्थ को भी उद्‌घाटित करता है।

सुखवाद पर ज्ञान की श्रेष्ठता

वैदिक साहित्य में दो चरित्र ऐसे हैं जो भौतिक वस्तुओं में अपने को गुम होने नहीं देते और ज्ञान के लिए जोखिम उठाते हैं। वे चरित्र हैं शुनःशेप और नचिकेता। दोनों के पिता संवेदनहीन और निर्दय हैं। शुनःशेप के पिता अजीगर्त को उसकी चरम गरीबी ने ऐसा बनाया और नचिकेता के पिता बाजश्रवा को उसकी चरम समृद्धि ने। दो युवा शुनःशेप और नचिकेता समान रूप से मृत्यु के द्वार पर खड़े कर दिए जाते हैं।

अजीगर्त गरीबी में अपने मझले बेटे शुनःशेप को राजा हरिश्चंद्र के बेटे रोहित के हाथों बेच देता है। रोहित उसे वैदिक देवता वरुण के लिए अपने बदले बलि देने के लिए खरीदता है। अजीगर्त बदले में सौ गायें लेता है। शुनःशेप को बलि देने की तैयारी शुरू होती है। प्रश्न उठता है कि शुनःशेप ब्राह्मण है, अतः ब्रह्म हत्या का भागी होकर कौन खंभे से उसे बांधेगा और बलि देगा। किसी के तैयार न होने पर उसका पिता

अजीगर्त खुद यह काम करने के लिए तैयार होता है, पर इसके लिए उसे सौ गायें और चाहिए!

अजीगर्त लकड़ी के तीन खंभों से अपने बेटे को बांधता है और बलि देने को प्रस्तुत होता है। शुनःशेप उस समय जल के देवता वरुण की स्तुति करता है। वरुण प्रसन्न हो जाते हैं और वह बच जाता है। अब अजीगर्त शनुःशेप को साथ लौटने के लिए कहता है, पर शुनःशेप अपने लोभी पिता के साथ जाने से इंकार कर देता है। वह 'वेद', अर्थात ज्ञान के मार्ग पर चल देता है (ऋग्वेद, 1.24 और ऐतरेय ब्राह्मण)।

कठोपनिषद के नचिकेता की कथा में उसका पिता बाजश्रवा यज्ञ के बाद जानबूझ कर अच्छी गायों की जगह दुर्बल गाएं दान कर रहा था। नचिकेता को संपत्ति से इतना मोह उचित नहीं लगा। वह भोलेपन में पूछ बैठा, 'मुझे किसे दान में देंगे?' बाजश्रवा ने क्रोध में कहा, 'मृत्यु को!' नचिकेता बिना दुविधा में पड़े मृत्यु के पास चल देता है। उसके मन में जिज्ञासा है, आखिर यम के पास जाने से कौन-सा लक्ष्य सिद्ध होगा। नचिकेता के मन में प्रश्न उठते हैं– जीवन कैसे प्रारंभ हुआ, जीवन क्या है? एक मनुष्य दूसरे मनुष्य से भिन्न क्यों है, मुक्ति कैसे संभव है, ईश्वर कहां है? यम के सामने उसकी बुद्धि उद्वेलित होती है। उसके मन में उठे प्रश्नों को छिछली भौतिकवादी सभ्यता और यज्ञ के धार्मिक दिखावे से रचनात्मक विद्रोह कहा जा सकता है।

कई बार मनुष्य और सभ्यता की पहचान इससे होती है कि इनके सामने क्या प्रश्न हैं। बाजश्रवा का मूल्यच्युत यज्ञ उसे सुख की एक बड़ी दुनिया में ले जाता हो, नचिकेता का संसार श्रद्धा भरी जिज्ञासाओं का है। उसमें यह भावना है, 'मुझे असत्य से सत्य की ओर ले चलो, अंधकार से प्रकाश की ओर ले चलो और मृत्यु से जीवन की चिरंतन यात्रा की ओर ले चलो' (बृहदारण्यक उपनिषद)। उसे भौतिक सुखों में खो जाने की जगह ज्ञान चाहिए, क्योंकि यह अपने होने के अर्थ की खोज है। कई बार ज्ञान तब होता है, जब मनुष्य का मृत्यु से मुखामुखम हो।

यम ने नचिकेता से कहा, 'एक होता है श्रेय और दूसरा है प्रेय। श्रेय वह है जो सबके लिए कल्याणकारी है और प्रेय वह है जो खुद अपने

लिए अच्छा लगे। प्रकाश और अंधेरे की तरह परस्पर भिन्न स्वभाव की इन दोनों चीजों से मनुष्य बंधा होता है।' नचिकेता को भूमि, धन-दौलत, सुखभोग ने आकर्षित नहीं किया। उसने वह जानना चाहा जिसका संबंध 'परमार्थ' और 'मंगल' से है। नचिकेता का अर्थ है– न+चि+केता, अर्थात जो यह जानता है कि वह कुछ नहीं जानता है। ऐसे ही व्यक्ति में जिज्ञासा हो सकती है। क्या आज की बौद्धिक दुनिया में जिज्ञासा बची है?

सनातन और अनित्य

सनातन धर्म के नाम पर प्राचीन भारत में कभी कोई एक सर्वमान्य धार्मिक आस्था नहीं रही है, कोई एक सुनिर्धारित रीतिरिवाज और जीवन शैली नहीं रही है। यह संयोग नहीं है कि महाभारत के अलावा सनातन का उल्लेख बौद्धों के ग्रंथ 'महावग्ग' में भी है। 'सनातन' का अर्थ सामान्यतः 'शाश्वत सत्य' है। रामानुजाचार्य ने कहा था, 'सनातन' का न कोई आदि है और न अंत, हालांकि उन्होंने खुद सनातनियों को नाराज करते हुए जोर से घोषणा की कि ईश्वर जाति नहीं देखता! सनातन के कई विचारों और परंपराओं पर लगातार सवाल खड़े हुए हैं। कहा जा सकता है कि जड़ांध सनातन के समानांतर नवोन्मेषशील सनातन की एक मजबूत परंपरा है। सैकड़ों साल के धार्मिक विकास को देखते हुए कहा जा सकता है कि सनातन धर्म से हिंदू धर्म व्यापक है।

रामायण से महाभारत का समाज पिछड़ा हुआ है। रामायण के भाइयों में प्रेम है, जबकि महाभारत में भाई भाई को मारता है। यदि महाभारत महाकाव्य तथा कुछ और ग्रंथों के आधार पर सनातन धर्म का कोई समेकित स्वरूप निर्धारित किया जाए तो हम पाते हैं कि सनातन के तीन प्रमुख वैचारिक अंग हैं– 'वर्णाश्रम व्यवस्था', 'स्त्री की पुरुष-अधीनता' और 'पुनर्जन्म-भाग्यवाद'। अगर ये सनातन के मुख्य आधार हैं तो हिंदू धर्म के लिए यह एक बड़ी समस्या है।

महाभारत के संवाद में कई जगहों पर सदाचरण के संदर्भ में कहा गया है, 'यह धर्म है'। यह कथन भी है, 'कौरवों ने सनातन धर्म का ध्वंस कर दिया'। फिर भी वैदिक साहित्य और महाभारत दोनों जगहों पर

प्रधानता धर्म की व्याख्या की है। बृहदारण्यक उपनिषद में है, 'यह जो धर्म है, वह सत्य ही है। धर्म बोलने वाले के लिए कहते हैं कि सत्य बोलता है।' (1.4.14)। वैदिक दर्शनों ने भी 'सनातन' और 'अंध परंपरा' को चुनौती दी।

'गीता' में एक जगह कुलधर्म के क्षय को सनातन धर्म के क्षय के रूप में देखा गया है। दूसरी जगह अर्जुन कृष्ण के विश्वस्वरूप को सनातन धर्म का रक्षक बताते हैं (1.4.27), जबकि हिंदू धर्म में कृष्ण के अलावा कई अन्य बड़े देवता हैं- सूर्य, शिव, राम (विष्णु के एक अन्य अवतार), गणेश और दुर्गा। इसका अर्थ है, 'सनातन' विविधतापूर्ण है।

एक समय की खास धार्मिक व्यवस्था से असहमति व्यक्त करते हुए गौतम बुद्ध ने 'सनातन' के समानांतर 'अनित्य' का प्रतिपादन किया था, ताकि 'वर्ण व्यवस्था' जैसी चीजों को चुनौती दी जा सके। अनित्य का अर्थ है कुछ भी नित्य या शाश्वत नहीं है। इसलिए वर्ण व्यवस्था भी शाश्वत नहीं है। बौद्ध धर्म के तीन प्रमुख तत्वों में एक है अनित्यता। कहा गया है, 'सब्बे संखारा अनिक्का (अनित्य), सब्बे संखारा दुक्खा, सब्बे धम्मा अनात्ता (अनात्मवाद)।' निश्चय ही बौद्ध धर्म 'शाश्वत' की जगह 'परिवर्तन' की बात करता है। बुद्ध भारतीय संस्कृति के बाहर नहीं हैं।

सनातन यदि कुछ है तो वह बहुवचनात्मक और परिवर्तनशील है

भारत में सनातन के बारे में प्रधान तथ्य यह है कि वह एक रूप नहीं है। वह बहुवचनात्मक है, क्योंकि हिंदू धर्म बहुकेंद्रिक है। दूसरी बात, अथर्ववेद में कहा गया है, 'सनातन हमेशा पुनर्नवा होता रहता है' (10.8.23) अर्थात सनातन स्थिर मामला नहीं है। सनातन की पुनर्नवता का अर्थ पुरानी चीजों का नया-नया रूप लेना नहीं है, पुरानी चीजों का बदलना भी है। इस तरह सनातन के दो रूप हैं- रूढ़िवादी और परिवर्तनशील। प्राचीन दार्शनिक और भक्त कवि नवोन्मेषशील सनातन के पक्षधर और जड़ांध सनातन के विरोधी थे। वे प्राचीन सुधारक थे।

हिंदू धर्म को सनातन की एकरूपता में सीमित करने की संगठित कोशिशें 19वीं सदी के नवजागरण, सुधारवादी आंदोलनों और आगे चलकर गांधी के उदारवाद के विरोध में हुई थीं। 1886 में 'सनातन धर्म सभा' बनी, जो धार्मिक सुधार आंदोलनों के विरोध में थी। इस संगठन के नेतृत्व में एक संपन्न ब्राह्मण पुरोहित दीन दयालु थे, जो आर्य समाज के दयानंद सरस्वती के विरोधी थे। इस संगठन ने आगे चलकर गांधी के अछूतोद्धार कार्यक्रम का भी विरोध किया, पर उसका विरोध इस दौर में आंधी में पतंग उड़ाने जैसा था। सनातनपंथियों ने विवेकानंद का भी विरोध किया, क्योंकि वे कायस्थ धर्मोपदेशक थे। देखा जा सकता है, कर्मणा वर्ण व्यवस्था सदियों पहले जन्मना वर्ण व्यवस्था में बदल चुकी थी और वह धीरे-धीरे कठोर जाति व्यवस्था बन गई। यदि 'सनातन' जैसा कुछ है, तो पुरोहित वर्गों द्वारा कर्मणा वर्ण व्यवस्था क्यों नहीं बनी रहने दी गई? देखा जा सकता है कि 19वीं सदी में सनातन धर्म सभाएं दलितों और स्त्रियों को पुरानी दशा में रखना चाहती थीं। इसी तरह मुसलमानों के वहाबी और देवबंद आंदोलन भी धार्मिक सुधार के विरोध में थे। देश में कट्टरताओं के बीच होड़ थी।

कट्टरवादी हिंदू धार्मिक संगठन अंग्रेजी राज के समर्थन में किस तरह थे, यह काशी के एक संगठन भारत धर्म महामंडल की पुस्तिका 'भारत धर्म महामंडल रहस्य' (1910) से जाना जा सकता है। इस पुस्तिका में है, 'आर्य जाति का प्रधान बहिर्चिह्न शिखा और सूत्र (जनेऊ) है।' इसके 'सनातन' में नस्लवादी ब्राह्मण-श्रेष्ठता का प्रवर्तन है, जबकि उस युग में उदार शिक्षित ब्राह्मणों की संख्या बढ़ रही थी। पुस्तिका में सुधार-आंदोलनों का विरोध इस प्रकार है, 'पश्चिमी शिक्षा से विकृत मस्तिष्क पुरुषगण नारी जाति की पवित्रता नष्ट करने के अर्थ अनार्य सेवित विधवा विवाह, स्त्री-स्वाधीनता आदि प्रचार में जहां-तहां प्रवृत्त दिखाई देते हैं।' इस संगठन के महामंडलेश्वर किन बिंदुओं पर धर्म की रक्षा कर रहे थे उसका नमूना है, 'प्राचीन काल में चतुर्थाश्रम (संन्यास) में बहुत अल्पसंख्यक तत्वदर्शी ब्राह्मण ही पहुंचा करते थे, परंतु अब नीच से नीच जाति पर्यंत इस आश्रम के वेश और नाम को धारण करके वर्ण और आश्रम धर्म का

नाश कर रहे हैं।' स्पष्ट है कि ऐसे रूढ़िपोषक सनातनियों के लिए हिंदू धर्म वर्णाश्रम व्यवस्था का पर्याय है।

उपर्युक्त पुस्तिका में सनातनपंथियों की देशभक्ति का उदाहरण इस प्रकार है, 'परम दयालु परमेश्वर की कृपा से आर्य प्रजा को इस प्रकार की नीतिज्ञ और उदार गवर्नमेंट मिली है कि ऐसी उन्नति और प्रजारक्षक गवर्नमेंट विदेशियों के हित के लिए पृथ्वी भर में और कहीं देखने में नहीं आती।' सनातन की एक बड़ी सीमा आर्यावर्त्त, अर्थात उत्तर भारत को ही भारत समझने की है, जबकि भारत एक बड़ा देश है।

उपनिवेशवाद से गुजरे देशों में भेदभाव-भरी मानसिकता अस्वाभाविक नहीं है। उपनिवेशवाद जिस देश में गया, उस देश में लोगों के धार्मिक विश्वासों को सामान्यतः कठोर बना देने का उसने हर संभव प्रयास किया। अंग्रेजों ने अपना यह लक्ष्य सबको आधुनिक जीवन शैली में प्रवृत्त करते हुए पूरा किया। जीवन शैली आधुनिक, पर जीवन दृष्टि रूढ़िवादी! आधुनिक शिक्षा पुरानी निर्बुद्धिपरक मानसिकता को बदल नहीं पाई। नवजागरण के सुधार आंदोलन और शिक्षण कार्यक्रम बहुत प्रभावी नहीं हो सके, हालांकि ये उदारवाद के कुछ दबाव बनाने में सफल जरूर हुए।

सनातन क्या है, यह ठीक-ठीक कभी स्पष्ट नहीं किया जा सका है। यदि सनातन का अर्थ नैरंतर्य है तो प्राचीन धार्मिक परंपराएं, जिन्हें 'सनातन' कहा जाता है हमेशा सुधार, परिवर्तन और 'उच्चतर' की खोज से गुजरी हैं। उदाहरण के तौर पर देखा जा सकता है कि ऋग्वेद में 'वस्तुओं' और 'सुखों' की कामना प्रधान है, जबकि उपनिषदों में इससे भिन्न 'आत्मज्ञान' की प्रधानता है। देश के अप्पर, वसवण्णा, ज्ञानेश्वर, तुकाराम, कबीर, सूर, तुलसी आदि भक्त कवियों ने शाश्वत में तरह-तरह से सुधार किए। उन्होंने सामान्यतः जाति भेदभाव, कर्मकांड तथा पुनर्जन्म-भाग्यवाद को नहीं माना।

प्राचीन युग में 'सनातन' इतना विविधतापूर्ण और परिवर्तनशील रहा है कि अंततः कुछ भी सनातन नहीं रह गया है। आज हम एक बदले वातावरण में हैं। धर्म को राजनीति का कॉस्मेटिक्स, श्रृंगारिक प्रसाधन बना दिया गया है। उसका मूल्यबोध से कोई संबंध नहीं बचा है। नए

धार्मिक दौर में लोभ और भय किसी भी युग से ज्यादा है और खुद ईश्वर असुरक्षित है। जिन हिंदुओं में धर्म बचा है, वे आडंबरों को देखकर बहुत अकेलेपन का अनुभव करते हैं।

भारतीय साहित्य की परंपराओं में लक्षित किया जा सकता है कि उनमें सनातन कई सृजनात्मक बदलावों से गुजरता है। रामकथा ही सृजनात्मक बदलाव से नहीं गुजरती, महाभारत भी गुजरता है। महाभारत के कृष्ण से जयदेव, चैतन्य और सूरदास-मीरा के कृष्ण भिन्न हैं। वे लालित्य से भरे हैं। ब्रह्मवैवर्त पुराण से पहले राधा-कृष्ण के युगल का कोई अस्तित्व न था। गौर करने की चीज है, सूर-मीरा के कृष्ण के हाथ में सुदर्शन चक्र की जगह बांसुरी सुशोभित है!

साहित्य ही नहीं सैकड़ों साल के स्थापत्य, चित्र और मूर्ति कलाओं में भी नई-नई कल्पना है, अजंता-एलोरा की गुफाओं को देखें। ये सांस्कृतिक समावेशिकता के उत्कृष्ट उदाहरण हैं। सनातनता को सृजनात्मकता ने बार-बार पुराने बंधनों से मुक्त किया है। इसने सदैव ज्ञान के नए द्वार खोले हैं। दरअसल हमें सनातनता और सृजनात्मकता के द्वंद्वात्मक संबंध को देखना चाहिए, बार-बार सनातन से द्वंद्व भी और सृजनात्मक संबंध भी। इसी प्रक्रिया में बहुत कुछ छंटता, बहुत कुछ संरक्षित होता और बहुत कुछ नया जुड़ता रहा है। सनातन का कुछ विद्वान अर्थ निकालते हैं, 'अतीत में जो भी था वह शाश्वत है'। यह अतीत का वर्तमान पर आक्रमण है, यह अतीत का मानव भविष्य पर आक्रमण है।

कई बार मतांधता के संरक्षण के लिए सनातन की दुहाई दी जाती है। उसका कला, साहित्य, दर्शन की नई परंपराओं और हाशिये की आवाजों को नकारने के लिए उपयोग होता है और विज्ञान की उपलब्धियों को झुठलाने के लिए भी। सनातनता तब वस्तुतः ईश्वर के प्रति सच्ची भक्ति, सामाजिक सुधार और सृजनात्मकता से विच्छिन्न होकर कूपमंडूकता में बदल जाती है। वैदिक युवा नचिकेता की शिक्षा है, यदि सचमुच सत्य जानना हो तो जिज्ञासा के द्वार खुले रखो, प्रश्न करो। वैदिक साहित्य के इस प्रसंग से स्पष्ट होता है कि कोई ज्ञान अंतिम नहीं है और मनुष्य की जिज्ञासा का कभी अंत नहीं होना चाहिए। जिज्ञासा के अंत का अर्थ है

'श्रेय' की भावना का अंत, सभ्यता का अंत। वेद का अर्थ है ज्ञान, पर उसे जिज्ञासा के रूप में भी देखा जाना चाहिए।

प्रश्नों का होना सभ्यता का चिह्न है

ऋग्वेद, यजुर्वेद, सामवेद और अथर्ववेद प्राचीनतम क्लासिकल ग्रंथ माने गए हैं। इन चारों में ऋग्वेद बाकी से प्राचीन और विशिष्ट है। इसका समाज पशु-पालक नहीं, कृषि प्रधान है। वेदों के बाद कर्मकांड- प्रधान ब्राह्मण ग्रंथ तथा आरण्यक हैं और आखिर में उपनिषदें हैं, जिन्हें वेदांत और वैदिक साहित्य का सार कहा गया है। इनके अलावा वेदांग हैं। प्राचीन भारत के इतने विपुल साहित्यिक भंडार को देखकर कुछ विद्वानों में गर्व पैदा होना स्वाभाविक है कि वैदिक साहित्य में सब कुछ है, जैसा कि महाभारत के बारे में भी कहा जाता रहा है जो महाभारत में नहीं है, वह अन्यत्र कहीं नहीं है! ऐसे अतिरंजित कथनों पर ध्यान न दें तो वैदिक साहित्य से जो मुख्य बात निकलती है, वह है जीवन से भागने की जगह सौ शरद ऋतुओं तक जीने की गहरी इच्छा-'जीवेम शरदः शतम्'! परलोक नहीं, इस लोक के जीवन और जीवन के उपायों पर वैदिक साहित्य में चिंतन है।

सरस्वती-सिंधु से गंगा-दोआब के तट तक पहुंच कर जो प्राचीन वैदिक सभ्यता अपने लगभग हजार साल के चिंतन के साथ खड़ी हुई, वह एकरेखीय नहीं है। उसके कई आयाम हैं। पहली चीज यह है कि मनुष्य के पास तब सिर्फ आस्था ही नहीं थी, एक विकासशील अतःविवेक भी था। बिना अंतःविवेक के धर्म-अधर्म तय नहीं हो सकता था।

प्राचीन समय में जंगलों, जानवर-लू-बरसात और आंधियों के बीच वैदिक जन वस्तुतः जीवन के भीषण कष्टों और भौतिक बाधाओं से घिरे थे। उस समय आज-सा आरामदायक जीवन न था, सड़कें न थीं। आज हमारा नगर जरा-सा जलमग्न हो जाता है या बिजली चली जाती है तो त्राहि-त्राहि मच जाती है। प्राचीन काल में सैकड़ों साल तक मनुष्य भयंकर जानवरों, बिना सड़क के पथ, बाढ़-सूखा, अंधेरे और अकाल के बीच जीता रहा है। इन कठिन दशाओं में भी उसमें जीवन की भूख थी और जीवन की गुणवत्ता की चिंता थी। उसे ज्ञान, संवेदना और भाषा के

बहुत कम संसाधन उपलब्ध थे। वे प्रति-विज्ञान की जमीन पर नहीं थे, सिर्फ यह था कि उनका विज्ञान विकासशील दशा में था।

ऋग्वेद में रहस्यों से भरी कठिन भौतिक स्थितियों से मनुष्य के संघर्ष के कई चित्र हैं। उसकी जिजीविषा और सतत जिज्ञासा के जो बिंब हैं, वे न सिर्फ सुंदर बल्कि गौरवपूर्ण हैं। उनमें सृष्टि, मनुष्य जीवन, प्रकृति, सभ्यता, धर्म से संबंधित असंख्य प्रश्न हैं। वैदिक सभ्यता के आरंभिक मोड़ पर कहीं ज्ञान का अहंकार नहीं है, कहीं वर्ण का अहंकार नहीं है और वर्चस्व की आकांक्षा नहीं है। अगर 1500 ईसा पूर्व से 600 ईसा पूर्व तक लगभग हजार सालों का वैदिक काल मानें तो पृथ्वी की दूसरी जगहों की तरह सिंधु और गंगा तटों पर बसे लोगों के लिए भी यह एक कठिन जीवन का दौर था। सभ्यता के विभिन्न पायदानों पर खड़े सैकड़ों विश्वासों वाले प्राचीन भारतीय लोग जीवन की कितनी कठिन स्थितियों, प्राकृतिक विपदाओं और भौतिक असुरक्षा से घिरे रहते थे, आज हम कल्पना नहीं कर सकते। फिर भी विस्मय हो सकता है कि वे प्रतिकूल स्थितियों में भी मानवीय ढंग से कुछ सोच रहे थे, साझा सांस्कृतिक परिवेश बना रहे थे। वैदिक मनुष्यों के सामने कुछ ऐसे प्रश्न थे :

मैं अपने बारे में नहीं जानता
कि मैं क्या हूँ
क्या मैं एक अज्ञानी हूँ
एक अर्द्धविकसित वृक्ष के समान
किसने प्रथम जन्म लेने वाले को देखा है? (1.164)
मरुदगण कौन-से देश से आए हैं?
हे रक्षक इंद्र! तुम कहां हो? (1.165)
जो नहीं जन्मा उसे कौन जानता है? (1.170)
इंद्र कौन हैं
उन्हें किसने देखा है (2.125)
इंद्र नहीं हैं
तो हम किसकी आराधना करें? (8.103)

ऋग्वेद को भारत में सभ्यता की बुनियाद रखनेवाले ग्रंथ के रूप

में देखा जाता है। इसमें मनुष्य की लौकिक प्रार्थनाएं हैं, जैसे 'ज्ञान और बल प्रदान करने वाले ऐश्वर्य के देवता! सभी इष्ट पदार्थ देकर हमारे अंतःकरण से हमारी सुमति नष्ट न करना।' (1-121-15)। वेदकालीन समाज का भौतिक सुखों की तरफ झुकाव था, लेकिन वैदिक मनुष्य में यह चिंता थी कि उसकी सुमति नष्ट न हो। बुराई का प्रवेशद्वार है कुमति। उपर्युक्त कथन से हजारों साल पहले के अच्छाई-बुराई को परखने के औजार 'सुमति' का पता चलता है। इसका अर्थ है, प्राचीन मनुष्य बुद्धि के मूल्य को पहचाना था।

प्राचीन समय में विभिन्न जनसमूहों का मिश्रण सुमति के कारण ही हुआ होगा। वे आपस में टकराते हुए भी कुछ बिंदुओं पर मिलकर एक सभ्यता की नींव डाल रहे थे और जीवन के सवालों से जूझ रहे थे।

असत नहीं था, सत भी नहीं था। रज नहीं था और न इसके पार का आकाश था। गहन गंभीर जल कहां था? और ब्रह्मांड कहां था? पृथ्वी, जीव और रक्त पैदा हुए पर आत्मा कैसे जन्मी? न रात का चिह्न था, न दिन का। अपनी आंतरिक शक्ति से परमेश्वर ने वायुहीन श्वास लिया। अमूर्त से सब ढका हुआ था। सबसे पहले कामना उत्पन्न हुई। ऋषियों ने बुद्धिमत्ता से चिंतन करते हुए असत में सत को देखा। कौन जानता है कि सृष्टि कहां से आई, इसे किसने रचा? वह जो ऊपर स्वर्ग में बैठा है, वह भी शायद इसके बारे में न जानता हो, तब कौन जानता है? क्या मृत्यु के बाद भी कोई जीवन हो सकता है? मनुष्य अपने चारों ओर के जगत से किस तरह संबद्ध है? वैदिक लोगों के मन में तब ऐसे प्रश्न उठते थे, जीवन में प्रश्न थे!

ऋग्वेद के दूसरे मंडल में है, 'लोग इंद्र के बारे में पूछते हैं कि वे कहां हैं।' वे यह भी कहते हैं कि वे नहीं हैं। इंद्र शत्रुओं की संपदा को खेल-खेल में घटा देते हैं: 'उन पर विश्वास करो, क्योंकि हे मनुष्य, वही इंद्र हैं।' (2.12)। ऋग्वेद में सूर्य अंधकार को नष्ट करता हुआ आसमान में चक्कर लगाता है। वैदिक सूक्त में पृथ्वी सूर्य के चारों ओर नहीं घूमती!

'ऋग्वेद' में विकसित विज्ञान ढूंढ़ना या उसे स्वर्ण युग मानना आत्मप्रवंचना है। उसमें आस्थाशील प्राचीन हिंदुओं की आरंभिक इच्छाओं,

जिज्ञासाओं और कल्पनाओं का संसार है। उसमें प्राचीन मनुष्य का आत्मसंघर्ष है। ऐसे पंडितों और विद्वानों की कमी नहीं है, जो बतलाएंगे कि सूर्य स्तुति के अमुक मंत्र से हृदय रोग में फायदा होगा और अमुक से उदर व्याधि दूर होगी। वे यजमानों से दान-दक्षिणा पाने का पवित्र अधिकार भी वेद से ढूंढ़कर दिखा देंगे। वे पुराकथा को इतिहास बना देंगे। वे वेदों में 'राशिः' शब्द दिखाकर गणित विद्या, 'देवो' शब्द देखकर मौसम विज्ञान, 'निधि' शब्द देखकर अर्थशास्त्र, 'भूतविद्या' शब्द दिखाकर फिजिक्स, 'नक्षत्र' शब्द दिखाकर ज्योतिर्विज्ञान खोज लेंगे। वे अणु बम का फार्मूला खोज लेंगे, जबकि वेदों में है विकासशील भारतीय जनसमूहों द्वारा अपने उच्चतर सामूहिक लक्ष्य की खोज, अपनी अस्मिता की सहृदयतापूर्ण तलाश और सांस्कृतिक मानवतावाद की स्थापना।

ऋग्वैदिक मनुष्यों का जीवन 'निम्न भौतिक साधन–उच्च सांस्कृतिक चिंतन' का एक उत्कृष्ट नमूना है। ऋग्वैदिक जीवन धीमा था। इसमें संदेह नहीं कि ऋग्वेद की संहिताओं और कर्मकांड-प्रधान मंत्रों के ऋषियों द्वारा रचे जाने में कम से कम 500 वर्ष लगे होंगे। इनमें कई बातें बार-बार दुहराई गई हैं। वेद वस्तुतः अपौरुषेय नहीं हैं। वे किसी एक खास पवित्र समय में अलौकिक शक्तियों द्वारा नहीं रचे गए हैं। वेद ऐसे विवेकवान मनुष्यों द्वारा रचे गए, जो सर्वज्ञ की जगह जिज्ञासु थे। वेद संशय के वातावरण में रचे गए। ये उनके द्वारा रचे गए, जो कठिन भौतिक स्थितियों का सामना करते हुए अपने देवताओं पर भी प्रश्न उठाते थे। निश्चय ही उनमें सृष्टि के रहस्यों को जानने की प्रबल इच्छा थी। वे भारत के विभिन्न विश्वासों को जोड़ते हुए 'साझा जीवन–साझी संस्कृति' के प्रति उत्सुक थे। वे एक ऐसी मिली-जुली वैदिक सभ्यता का स्वप्न देख रहे थे, जिसका आधार मानवतावाद हो। वे अपने काल के महान द्रष्टा थे। यह मानकर चलना गलत होगा कि आर्य जन कोई इकहरी जाति और एक सुनिश्चित स्थान पर रहने वाली अपने में बंद सामाजिक इकाई थे और 'श्रेष्ठ' जन आकर बिना चूं-चपड़ किए किसी बृहद परिवार में शामिल होते गए। या यह मानना कि वे शांत, अनुशासित और एकरेखीय लोग थे और उनमें दोष नहीं थे।

आर्य-द्रविड़ संघर्ष की औपनिवेशिक कल्पना

भारत में ब्रिटिश औपनिवेशिक राज की वैधता के लिए मैक्समूलर ने 1857 के आसपास 'आर्य आक्रमण सिद्धांत' दिया था। उसने कहा था कि भारत में आर्य बाहर से आए थे। यह उनका मूल स्थान न था। इसके आधार पर अंग्रेज उत्तर भारत के लोगों के बीच यूरोप को आर्यों के श्रेष्ठ पूर्वजों की भूमि बताते थे। इन्हीं अंग्रेजों की तरफ से दक्षिण भारत में राबर्ट काल्डवेल आर्य-द्रविड़ खाई पैदा करता था और द्रविड़ों को भारत का मूल निवासी बताता था। इस धारणा को सिंधु घाटी की सभ्यता का पता लगाकर जॉन मार्शल द्वारा पुष्ट करने का प्रयास हुआ। राष्ट्रीय इतिहासकारों के ही नहीं आम लोगों के दिमाग में भी ये औपनिवेशिक मिथक मजबूती से बैठ गए। आज भी सत्ता संघर्ष में उत्तर और दक्षिण भारत के विभाजन के लिए इस औपनिवेशिक जहर का उपयोग होता है।

सबसे बड़ा विरोधाभास है, आर्य बर्बर थे और उन्होंने ऋग्वेद जैसे महान ग्रंथ की रचना भी की। दामोदर धर्मानंद कोसंबी कहते हैं, 'स्पष्ट है कि आर्य लोग बर्बर थे और इनकी संस्कृति तुलना में उन नागरी लोगों की संस्कृति से घटिया स्तर की थी जिनको इन्होंने नष्ट किया।' (प्राचीन भारत की संस्कृति और सभ्यता)। दामोदर धर्मानंद कोसंबी औपनिवेशिक असर में ऐसा कह रहे थे। के. दामोदरन ने लिखा है, 'सिंधु घाटी के लोगों को पराजित करना और भारत पर अपना आधिपत्य स्थापित करना आर्यों के लिए कोई सरल काम नहीं था। उत्तर-पश्चिम के उर्वर मैदानों को अपने कब्जे में करने के पहले उनको इन लोगों से कितनी ही घमासान लड़ाइयां लड़नी पड़ी थीं। वेदों में इन रक्तरंजित और निर्मम युद्धों के वर्णन मिलते हैं। इनके बाद आर्य उत्तर-पश्चिम भारत को आर्यावर्त्त, अर्थात आर्यों का प्रमुख क्षेत्र बना सकने में सफल हुए थे।' (भारतीय चिंतन परंपरा)।

यूरोपीय विद्वानों ने आर्य-द्रविड़ युद्ध का नस्लवादी वर्णन इस तरह किया है, मानो क्रिकेट मैच का आंखों देखा हाल बता रहे हैं! कुछ की धारणा थी कि आर्य उत्तरी ध्रुव से आए थे। तिलक ऐसा ही सोचते थे, परंतु अंबेडकर आर्यों को बाह्य आक्रमणकारी नहीं मानते थे, 'जहां तक ऋग्वेद का सवाल है, इसमें भारत के बाहर से आर्यों द्वारा भारत पर आक्रमण

का संकेत देने वाला एक भी साक्ष्य नहीं है।' वे तर्क देते हैं, 'नदियों को 'मेरी गंगा', 'मेरी यमुना', 'मेरी सरस्वती' आदि कहकर संबोधित किया जाता है। कोई भी विदेशी कभी किसी नदी को इतने परिचित और प्यार भरे शब्दों में संबोधित नहीं करेगा।' आर्य और दस्युओं के बीच संघर्ष के संदर्भ में अंबेडकर रामास्वामी नायकर से भिन्न मत रखते हुए स्पष्ट करते हैं कि यह एक ही स्थान के दो जनसमूहों के बीच संघर्ष है। वे यह भी कहते हैं, 'यदि ब्राह्मण आर्य हैं तो अछूत भी आर्य हैं!' (शूद्र कौन थे)। अंबेडकर आर्यं का अर्थ 'श्रेष्ठ जन' लगाते थे।

आर्य आक्रमण की औपनिवेशिक कल्पना का एक हद तक विरोध इतिहासकार रोमिला थापर ने भी किया है, 'इतिहासकारों के लिए इस मान्यता पर शंका करना स्वाभाविक है कि आर्यों के विशाल समुदायों ने उत्तर भारत को जीत लिया, वहां के मूल निवासियों को गुलाम बना लिया और इस तरह वहां अपनी भाषा और संस्कृति को जो वहां के लिए सर्वथा विदेशी थी, स्थापित कर दिया।...अधिक संभव यह प्रतीत होता है कि आर्य भाषा बोलने वालों के समूह उत्तर भारत में जा बसे और वहां के मूल निवासियों के साथ घुलमिल गए।' (पूर्वकाल और पूर्वग्रह)। इस विश्लेषण से यह निष्कर्ष निकलता है कि वैदिक काल की सभ्यता शुद्धतावादी न होकर मिश्रणशील है। हिंदू धर्म की दो प्राचीन प्रवृत्तियां हैं- विविधता और सामंजस्य।

किसी समय भारत के बारे में यह धारणा बना दी गई थी कि यह एक अपरिवर्तनशील समाज रहा है। इस देश के लोगों में सांसारिक वस्तुओं के प्रति अवहेलना की भावना थी। यह भी कहा जा रहा था कि भारत का न कोई अपना इतिहास है और न अपनी सभ्यता है।

रोमिला थापर ने प्राचीन भारत के इतिहास पर सार्थक काम किए हैं। वे एक जगह कहती हैं, 'अतीत का यथार्थपरक मूल्यांकन मात्र ऐतिहासिक महत्व की चीज नहीं है, बल्कि उससे कुछ अधिक अहमियत रखनेवाला सवाल है। ऐसे मूल्यांकन के लिए हाल की सदियों में प्रचलित बद्धमूल धारणाओं पर शंका उठाना आवश्यक है। ...आर्य जाति (रेस) का सिद्धांत, भारतीय समाज की अपरिवर्तनशीलता की धारणा, भारतीयों

की पारलौकिक प्रवृत्ति के आर्थिक विकास में बाधक होने की धारणा तथा प्राचीन निरंकुशता का सिद्धांत ये कुछ बद्धमूल धारणाएं हैं। इस तरह की धारणाओं पर शंका उठाने से अकसर नए परिप्रेक्ष्य सामने आते हैं या नई अंतर्दृष्टि प्राप्त होती है।' (वही)। इस तरह की धारणाओं पर शंका रामविलास शर्मा उठाते रहे हैं। उनकी शंका का सुगठित रूप 'भारतीय संस्कृति और हिंदी प्रदेश' में है। रोमिला थापर और रामविलास शर्मा के काम इतिहास के दृष्टिकोण से ही नहीं, भारत के सांस्कृतिक परिवर्तनों और इस देश की सामाजिक गतिशीलता को समझने के दृष्टिकोण से भी महत्वपूर्ण हैं। दरअसल, भारतीय अतीत को लेकर 'स्वर्ण युग' और 'परिवर्तनहीनता' ये दोनों दृष्टिकोण भ्रामक हैं।

इतिहासकार रामेशचंद्र दत्त ने ऋग्वेद से उदाहरण दिया, 'वे लोग बड़े-बड़े कुल्हाड़ों से शस्त्र-सज्जित होकर पूर्व की ओर विजय के लिए बढ़े। इंद्र और वरुण ने अपने दास की मदद की और आर्य जाति (नस्ल) के शत्रुओं को पराजित कर दिया।' दरअसल बादल और वर्षा के मिथकीय बिंब युद्ध के बिंब समझ लिए गए। फिर भी इस इतिहासकार ने एक महत्वपूर्ण संकेत किया, 'आर्यों की विभिन्न जातियों के बीच भी युद्ध हो रहे थे।' वास्तविकता यह है कि 'पहचानें' अभी अपनी कठोर शक्ल में नहीं थीं। ऐसी कोई सरहद नहीं खींची जा सकती है, जिसकी एक तरफ सारे आर्य हों और दूसरी तरफ सारे द्रविड़ हों।

वैदिक जनों के दस्यु निश्चित रूप से द्रविड़ नहीं थे। जिस तरह देवता के रूप में इंद्र, वरुण, मरुत जैसे काल्पनिक बिंब हैं, दस्यु-असुर भी काल्पनिक बिंब हैं। इनका नस्ल से कोई संबंध नहीं है। दस्यु का एक अर्थ लुटेरा है। ऋग्वेद में दस्यु के बारे में कहा गया है, 'अकर्मा दस्यु', अर्थात जो कर्म न करके लूटमार करता है, वह दस्यु है। (10.22)। ऋग्वेद में दस्युओं और असुरों से वैदिक जन के भय का जगह-जगह चित्रण है। भय के ऐसे चित्रण एक ही विशाल भूखंड के सभ्यता में आगे बढ़ चुके और हिंसक तथा पिछड़े बने रह गए लोगों के बीच दूरियों के कारण संभव है।

वैदिक जन के जीवन का सबसे बड़ा माध्यम यज्ञ है, जो एक सामाजिक व्यवस्था का रूप है। इसके बल पर उन्होंने अपने समय में

सामाजिक एकता स्थापित की थी और बर्बर पद्धतियों तथा निम्न विश्वासों पर विजय पाई थी। उनका सामना ऐसे मनुष्य-भक्षियों या हिंसक लोगों से होता होगा जो न्यूनतम न्याय और नैतिकता से भी दूर हैं। उस दौर में ऐसे हिंसक लुटेरे होंगे जो स्त्रियों को लूटकर ले जाते थे। वह बर्बरताओं से प्रस्थान कर सभ्यता की ओर बढ़ने का सैकड़ों साल का एक लंबा दौर था। संभव है, कुछ ने जबर्दस्ती अधिक प्राकृतिक और भौतिक संपदा पर कब्जा कर रखा हो, बड़े जलाशयों पर कब्जा कर रखा हो और वे बलवान हों। ऋग्वेद में कुयव नामक एक राक्षस है, जिसकी स्त्रियां दूध में नहाती थीं और वह समूचा दूध नदी में बहा देता था। ऐसे कई बर्बर जनसमूह होंगे जो प्राकृतिक विपदाओं के समान ही वैदिक जीवन के मुख्य विघ्नकारक थे। ये बाद में हिरण्याक्ष, हिरण्यकश्यप, रावण, कंस आदि कल्पित नामों से न जाने कितनी धार्मिक पुराकथाओं के खलनायक बने!

यह बिलकुल संभव है कि वैदिक जन के बीच ऐसे कुछ आदमी हों, जो दूसरों को यज्ञ भाग देना न चाहते हों। आज भी होता है कि कुछ लोग अपने स्वार्थ के लिए अपने ही धर्म, जाति और जातीयता के कुछ लोगों को वंचित करते हैं। संभव है कि वैदिक काल में कुछ व्यक्ति अपने पास ज्यादा भौतिक संपदा रख लेते हों और उनके बीच से ही असुर बनते हों। यह कथन इसलिए तर्कसंगत लगता है कि पुराकथाओं में देवता और दैत्य, सुर-असुर सभी को ऋषि कश्यप की संतान माना गया है। इस तरह दस्युओं, दैत्यों और राक्षसों के द्रविड़ या निम्न वर्ण होने की बात उसी तरह एक कल्पना है, जिस तरह देवता और असुर दोनों के एक ही पिता की संतान होने की बात कल्पना है!

ऋग्वेद में एक स्तुति है, 'हे अग्नि! जगत में बढ़े हुए पाप से हमारी रक्षा करो। मनुष्य-भक्षियों से बचाकर हमें जीवन में प्रगति का अवसर दो। खूंखार दस्युओं से हमारी रक्षा करो।' (1.36.14-15) वैदिक जन देवताओं से आह्वान करते हैं कि वे मार्ग में लोगों को रोककर लूटने वाले कुटिल दस्यु का नाश करें। यज्ञ के कई उद्देश्यों में एक था सभ्यता और शांति के शत्रुओं से रक्षा। इसलिए यज्ञ की भित्ति को कमजोर करने वाले सभी विघ्नकर्ता वैदिक जन के शत्रु थे। ऋग्वेद में वैदिक जन अश्विनी कुमार

से कहते हैं 'तुम किसलिए हो? यज्ञ में हवि न देने वाले उस व्यक्ति को परास्त करो, भले वह जितना पूजनीय हो। जो हम पर हिंसक कुत्तों की तरह आक्रमण करते हैं, उनका विनाश कर दो। तुम उनसे परिचित हो, मेरी रक्षा करो।' (1.182. 3-4)। वे लक्षित करते थे, 'यज्ञ कर्म करने वालों के सामने से यज्ञ विरोधी भाग गए। हे इंद्र, आपने आकाश और पृथ्वी से अधर्मियों को खत्म कर दिया।' (1.33.5)। वे आह्वान करते थे, 'इंद्र के उपासक इंद्र के निंदकों को दूर से दूर भगा दें।' (1.4.5)। इन कथनों से यह निष्कर्ष निकालना गलत है कि वैदिक बर्बर और युद्धोन्मादी थे। कई पश्चिमी विद्वानों के साथ-साथ बौद्धिक उपनिवेशवाद से आक्रांत भारतीय बुद्धिजीवियों ने भी वैदिक युग के दस्युओं को नस्लवादी दृष्टिकोण से देखकर उन्हें द्रविड़ या निम्न वर्ण घोषित कर दिया और सामाजिक जहर फैलाया। 19वीं सदी में अंग्रेजों द्वारा बीजवपन से पहले दक्षिण भारत के लोगों के जीवन और साहित्य में उत्तर भारत के प्रति जरा भी घृणा का तत्व नहीं था। दरअसल वर्ण व्यवस्था के विरोध के लिए नस्लवाद का आश्रय लेना जरूरी नहीं है।

भारत के सामाजिक विभाजन में नस्लवाद की औपनिवेशिक धारणा का किस तरह इस्तेमाल हुआ, इस पर विस्तृत चर्चा की यहां गुंजाइश नहीं है। फिर भी इतिहासकार रामशरण शर्मा की ये बातें रखी जा रही हैं, 'अधिकांश विद्वानों ने यह मत चलाया कि इंडो-यूरोपीय भाषाभाषी एक ही नस्ल के थे, पर मैक्समूलर जैसे कई विद्वानों ने इस मत का खंडन किया। ...एच. डब्ल्यू. बेली ने बतलाया है कि ऋग्वेद के उद्धरणों में आर्य शब्द का अर्थ नस्ल या जाति के रूप में नहीं किया जा सकता। ...ऋग्वेद में वर्णित सुविख्यात दशराज्ञ युद्ध से आर्य समुदाय के स्वरूप पर प्रकाश पड़ता है। इस युद्ध में दस राजाओं ने भाग लिया था। पर ऐसा नहीं था कि एक तरफ के सभी राजा आर्य थे और दूसरी तरफ के सभी अनार्य।' (आर्य संस्कृति की खोज)। 'दास' या शूद्र को नस्ल के रूप में देखा जाना भ्रामक है, यह सिद्ध हो चुका है।

आर्य-द्रविड़ संबंध के बारे में ज्यादा जानकारी इसलिए उपलब्ध नहीं है कि आर्यों का विपुल साहित्य उपलब्ध है, लेकिन उनके प्राचीन

इतिहास और पुरातात्विक साक्ष्य उपलब्ध नहीं हैं। इसी तरह प्राचीन द्रविड़ों के सिंधु घाटी से संबंधित पुरातात्विक साक्ष्य उपलब्ध हैं, लेकिन उस दौर का उनका साहित्य उपलब्ध नहीं है। कहा जा सकता है कि आर्यों और द्रविड़ों से संबंधित बहुत-सी प्रचलित अवधारणाएं औपनिवेशिक निर्मितियां हैं, जिन्हें इतिहासकार ढोते रहे हैं। ये अवधारणाएं शिक्षा में प्रवेश कर काफी उपद्रव मचा चुकी हैं। निश्चय ही आर्य और द्रविड़ दोनों को ही शुद्ध नस्लें समझने से बड़ी भ्रांति दूसरी नहीं है।

देखा जा सकता है कि धार्मिक विश्वास के स्तर पर आर्य-द्रविड़ के बीच प्राचीन संपर्क था, जिसका बोध आर्यों के रुद्र और द्रविड़ों के पशुपति शिव के आपस में संबंध से होता है। शिव और गंगा का मिथकीय मिश्रण भी बहुत कुछ उद्‌घाटित करता है। द्रविड़ उत्पत्ति के देवता शिव की जटा पर उत्तर भारत की गंगा उतरती है। खासकर कृषि संस्कृति और धातु की वस्तुएं आर्य-द्रविड़ दोनों जनसमूह के सैकड़ों वृत्तों को आपस में जोड़ती हैं। कहना न होगा कि प्राचीन काल में सभी विश्वासों के जनसमूह समान रूप से कठिन भौतिक चुनौतियों का सामना कर रहे थे। वे आपस में घुलने-मिलने के साथ आज की ही तरह एक-दूसरे से टकराते हों तो इसमें कुछ भी आश्चर्यजनक नहीं है। भौगोलिक अखंडता की वजह से कई भिन्न धार्मिक विश्वास आपस में जुड़ भी गए। यदि सत्ता संघर्ष में भिन्नता प्रदर्शित होती है तो स्वायत्तता के साथ सहयात्रा भी दिखती है, सामंजस्य भी दिखता है और इतिहास के विभिन्न मोड़ पर अ-पर का बोध, अभिन्नता का बोध भी मिलता है।

कहा जा सकता है, वैदिक जन की सभ्यता कोई परिपूर्ण सभ्यता नहीं थी। यदि वे युद्ध करते दिखते हैं, उनके वृत्तांतों को आक्षरिक अर्थ में या इतिहास के रूप में न लेकर कथात्मक अर्थ में देखने की जरूरत है। क्या इंद्र ऐतिहासिक यथार्थ हैं? क्या वृत्रासुर को द्रविड़ मान लिया जाए? वैदिक जन अपने भौतिक सांस्कृतिक अस्तित्व की रक्षा के लिए लड़ते थे। वे आक्रमणकारी नहीं थे। वे सोचते थे, 'हम रात-दिन निर्भय रहें। सभी दिशाओं के निवासी हमारे मित्र बन जाएं' (अथर्ववेद, 19-15- 6)। वैदिक जनों द्वारा मित्रता की खोज उनके सांस्कृतिक मानवतावाद का

प्रमुख तत्व है। इतना ही नहीं, वे यह भी कहते थे, 'हम ऋण-मुक्त होकर रहें।' (वही, 6.117.3)। प्राचीन काल की धार्मिक कथाओं में मित्रता, सहचिंतन, सामंजस्य और परस्पर आदर भाव भी अंतर्शत्रुताओं के समानांतर प्रस्तावित हैं। आज अंतर्शत्रुताएं ज्यादा हैं या वैदिक काल में ज्यादा थीं?

प्राचीन भारतीय सभ्यता की जब नींव रखी जा रही थी, कई जनसमूह और जातियां भारतवर्ष में मौजूद थीं। खुद आर्य जाति मिश्रण से बनी है। ऋग्वेद में यद्यपि विष्णु और रुद्र की तुलना में इंद्र, अग्नि, सूर्य, वरुण आदि अधिक बड़े देवता हैं, लेकिन वैदिक जनों ने विष्णु और रुद्र की स्तुति में भी कुछ छंद रचे थे और बहुलतावाद के लिए 'स्पेस' था। इसका मतलब है कि विष्णु और रुद्र में आस्था रखने वाली जातियां इंद्र, अग्नि, सूर्य में आस्था रखनेवाली जातियों से घुल-मिल रही थीं। भारत में विभिन्न जनसमूहों के बीच संघर्ष और मेलमिलाप के दृश्य प्राचीन काल से हैं। भारत यथार्थ से अधिक एक स्वप्न रहा है। हर युग में इस स्वप्न को छिन्न-भिन्न करने वाले व्यक्ति रहे हैं तो इसे वास्तविकता में बदलने की कोशिश करने वाले भी रहे हैं।

कोई सभ्यता एक बनी बनाई, पूर्व निर्धारित चीज नहीं है। कई जनसमूहों, कई जातियों और कई भाषाओं में एक ही सभ्यता संभव है, भले अलग-अलग प्रदेश में उनके अनुभवों में विशिष्टता हो। यह भी उल्लेखनीय है कि हर विकासशील सभ्यता संवाद करती है और अंतर्मिश्रित होती है। भारतीय सभ्यता वस्तुतः संवाद, अंतर्मिश्रण और रूपांतरण की एक असमाप्त यात्रा है।

आर्य-द्रविड़ विभाजन के लिए एक तर्क गढ़ा जाता है– आर्यों के बर्बर और द्रविड़ों के नागर-सभ्य होने का। वैदिक साहित्य से गुजरने पर नहीं लगता कि वैदिक जन अपने ऐतिहासिक दायरे में सभ्य नहीं थे। तीन-चार हजार साल पहले के भारत में बर्बरता को एक ही जनसमूह या जाति तक सीमित करने का क्या औचित्य है, जबकि सभ्यता के आधुनिक शिखर पर भी बर्बरता हर तरफ है? जाहिर है, सभी प्राचीन जातियां– वे आर्य हों अथवा अनार्य, सभ्यता की आरंभिक मंजिलों पर थीं, जहां बर्बरता और सभ्यता के बीच धूप-छांही खेल था।

वैदिक काल में प्रकृति के भयानक रूप चप्पे-चप्पे पर थे। बाढ़ और सूखा की घटनाएं थीं। वृत्रासुर को सूखा का प्रतीक माना जाता है। दामोदर धर्मानंद कोसंबी ने इसका उल्टा अर्थ निकालते हुए वृत्रासुर के वध को इंद्र द्वारा हड़प्पावासियों के बांधों और बराजों के ध्वंस से जोड़ दिया। (एन इंट्रोडक्शन टु द स्टडी ऑफ इंडियन हिस्ट्री)। मिथक को इतिहास बताने की इस प्रवृत्ति का 21वीं सदी में भी अंत नहीं हुआ है।

स्मृति और कल्पना की अंतर्क्रीड़ा

प्राचीन भारतीय लोग आमतौर पर निरभिमानी ही नहीं, स्मृतिशील और स्वप्नद्रष्टा भी रहे हैं। उनकी उदात्त स्मृतियों ने उन्हें अभिमानी होने से बचाया। और स्वप्नों ने जड़ता से वैदिक जन अनुभव करते थे कि वे दिक्-काल की एक विराट निरंतरता के अंग हैं। वे इतिहास से नहीं चिरंतन सार्वभौमता से जुड़े हैं। मानव सभ्यता के आधुनिक दौर में जब इतिहास की जरूरत महसूस हुई, तब सार्वभौमिक चिंतन संकुचित हुआ और विश्व इतिहास भी संकुचित औपनिवेशिक दृष्टि से लिखा जाने लगा। इतिहास सामान्यतः सत्ता की इच्छाओं के तहत निर्मित होने की वजह से उदात्त मानवीय सार्वभौमिकता से वंचित होता है। इसलिए प्राचीन भारतीय लोगों का ध्यान कभी इतिहास रचना की तरफ नहीं गया। उन्होंने कथाओं की रचना की। वेदों, रामायण, महाभारत आदि को कोई इतिहास के रूप में पढ़ेगा तो उनमें तथ्य नहीं मिलेगा, पर यदि उन्हें कथाओं के रूप में पढ़ेगा तो वहां इतिहास की कई छिपी चीजें मिल सकती हैं।

प्राचीन लोग पूर्णता का अभिमान नहीं करते थे, क्योंकि उनमें सतत जिज्ञासा बनी रहती थी। उनकी प्राचीन स्मृतियां श्रुतियों के क्लासिकल ढांचे में हैं, जो विकसनशील है। उसमें नए-नए दर्शन आते हैं, नई-नई संकेतपूर्ण कथाएं शामिल होती हैं और नए विचारों का उदय होता है। वैदिक साहित्य सैकड़ों साल के चिंतन, मतों और सवालों से भरा है। वह बहसों से भरा है, जो बौद्धिक स्वतंत्रता का प्राचीन चिह्न है।

मानव जीवन में स्मृति का स्पंदन सभ्यता का चिह्न है। स्मृति मनुष्य को उदरंभरि-केंद्रिकता, अहं-केंद्रिकता और छोटे टकरावों से ऊपर

उठाकर विराट देश-काल से जोड़ती है। किसी समाज को पाशविक दशा में ढकेलना हो तो उसकी स्मृतियों का ध्वंस कर दो, जो आज हो रहा है। आज के लोग पहले की तुलना में जल्दी भूलने लगे हैं!

दरअसल प्राचीन काल में किसी को असुर, दैत्य या राक्षस इसलिए कहा जाता था कि वह स्मृतिहीन होता था, अहंकारी होता था। ऐसे सभी चरित्र वस्तुतः काल्पनिक निर्माण थे जो विभिन्न दौर में अहंकारी, स्वेच्छाचारी और ताकतवर हिंसक व्यक्तियों का सांस्कृतिक प्रतिनिधित्व करते थे। स्मृति सभ्यता का चिह्न है, जबकि स्मृतिहीनता बर्बरता का। अतीत के वृत्तांतों का स्मृति से संबंध है।

दरअसल प्राचीन स्मृतिशील लोगों का संघर्ष उन बर्बर लोगों से था, जिनके पास कोई स्मृति नहीं थी। उनके पास कोई संस्कृति नहीं थी। वैदिक जन ने सैकड़ों वर्षों से श्रेष्ठ और सभ्य मनुष्य बनने की प्रक्रिया में जो संस्कृति और परंपराएं विकसित कीं, उन्हीं का सार वैदिक सूक्तों में है। इनमें अतीत का जीवन-ज्ञान है, जिसे कई सांस्कृतिक केंद्रों में अंतर्मिश्रणशील जातीय समूहों ने अपनी स्मृति में लंबे समय तक अक्षुण्ण रखा था और उसमें कई बार रूपांतरण भी घटित किया था।

वैदिक ऋषियों, मुनियों और अन्य ज्ञानियों की स्मृति महज तथ्यों की स्मृति नहीं है। सुदूर अतीत की चीजें उनकी स्मृति में हू-ब-हू उसी रूप में सुरक्षित नहीं रह सकती थीं, क्योंकि मानव स्मृति कंप्यूटर की मेमोरी की भांति यांत्रिक नहीं है। खासकर प्राचीन मनुष्यों के लंबे बौद्धिक-भौतिक संघर्ष की स्मृतियां तथ्यों का बंडल नहीं हो सकती थीं और न क्रमबद्ध तथा तार्किक। इसलिए प्राचीन स्मृतियां तार्किक न होकर कथात्मक और संगीतात्मक हैं।

वैदिक साहित्य में दो चीजें प्रधान हैं आस्था और कल्पना। आस्था स्मृति को सुरक्षित रखती है, जबकि कल्पना उसे एक अनंत सृजनशील प्रवाह में बदल देती है। वैदिक ऋषियों की आस्था और उनकी कल्पनाशीलता ने प्राचीन तथ्यों और जीवन-ज्ञान को विकसनशील कथात्मक अभिव्यक्तियों में बदल दिया। उन सबका आध्यात्मिक ही नहीं, लौकिक अर्थ भी है।

वैदिक कथाएं प्राचीन सभ्यता के अनुभवों को एक खास तरह की भाषा में छिपाकर अमर कर देती हैं। वे ऐसे बिंब हैं, जिनसे एक काल की सचाइयां झांकती हैं। वे कथाएं 'आत्मछल' नहीं हैं, जैसा कि मैक्समूलर ने कहा है। वे एक खास समय के जीवन-ज्ञान का उद्‌घाटन करती हैं। दरअसल उनके संकेतों को समझने की जरूरत है। देखा जा सकता है कि भारतीय परंपराएं संरक्षणशील हैं। इसलिए इन परंपराओं में स्मृतियों का महत्व ज्यादा है, लेकिन स्मृति (अतीत) से आशा (भविष्य) महान है। छांदोग्य उपनिषद में है, 'इस लोक का द्वार खोल दो' (2.24.8)। यह भी कहा गया है, 'इस हृदय के भीतर ही आकाश है'। (3.12.9)। प्राचीन हिंदुओं को अपने उदार अतीत से प्रेरणा मिलती रही है। मुख्य सवाल है कि आज हम पृथ्वी को किस हालत में देखना चाहते हैं।

यह साधारण बात नहीं है कि जिन वैदिक ग्रंथों को ईश्वरकृत और अलौकिक माना जाता है, उनमें अलौकिक कामनाओं की जगह वस्तुतः भौतिक कामनाओं की प्रधानता है। ऋग्वेद में उषा की स्तुति है, 'उषे, तू महान अन्न से युक्त है। तू श्रेष्ठ अन्न हमारे निमित्त ला, ताकि हम अपनी संतान का पालन-पोषण कर सकें। तू गौ, अश्व, रोशनी और सच्ची वाणी से युक्त है। तू ये धन हमारे निमित्त ला। हे महान अन्न वाली उषे।' (1.92.13-14)। आसमान में अंधेरे को बेधती भोर की प्रथम किरणें वेदकालीन मनुष्यों के सौभाग्य की सूचक थीं। वे लोग जीवन की भौतिक विपदाओं के बीच उषा के सौंदर्य वर्णन में पीछे नहीं रहते और खुशियों की कामना करते हैं। वे आशा से भरे रहते हैं।

ऋग्वेद में उषा के देवी स्वरूप की स्त्रीपरक कल्पना एक अनोखा मामला है। इसका विकास बाद में ईश्वर के कई स्त्री-देवरूपों में हुआ। उषा की जो सुंदर कल्पना है, वह ऋग्वैदिक लोगों की आस्था को रमणीय और सार्वभौम बनाती है। उषा को 'सफेद वस्त्रोंवाली, युवती और आकाश की पुत्री' कहा गया है, 'जो पूरे विश्व को प्रकाश देती है।' इसलिए ऋग्वेद में है, 'उठो, प्रेरणामय जीवन फिर शुरू होता है, अंधकार खत्म हो गया है, रोशनी आ रही है। उषा ने चलने के लिए सूर्य के लिए रास्ता खोल दिया है!' इसमें जीवन का आह्वान है।

प्राचीन काल के सौंदर्यबोध का संबंध नैतिकता से है। वैदिक नैतिकता जब जीवन के भौतिक यथार्थों से टकराती है, वह कर्तव्य-अकर्तव्य की एक अधिक मानवीय भावभूमि की ओर ले जाती है। ऋग्वेद के एक प्रसिद्ध सूक्त में अंगिरस कहते हैं, 'देवताओं ने जिस भूख की सृष्टि की है, वह बड़ी जानलेवा है। भोजन मिल जाने पर भी मृत्यु के हाथ से बचना असंभव है। लेकिन दान से धन नहीं घटता। जो अदाता है, कृपण है वह कभी सुखी नहीं रह सकता। जब कोई भूख से व्याकुल आदमी चीखते हुए आता है और अन्न मांगता है, तब अन्न का भंडार होते हुए भी यदि कोई अपना हृदय कठोर रखता है और पहले खुद भोजन करता है, वह कभी सुखी नहीं हो सकता। भूखे आदमी के अन्न मांगने पर जो अन्न प्रदान कर देता है, वही सच्चा प्राणी है। वही यज्ञ का संपूर्ण फल पाता है, शत्रुओं के बीच से लोगों को मित्र बनाने में वही सक्षम है। यदि पुराने समय का कोई मित्र आकर अन्न मांगता है और बंधु होने पर भी यदि कोई अन्न दान नहीं करता तो वह मित्र नहीं है। उसका गृह गृह नहीं है। उसके पास से हट जाना चाहिए।' (10.117)। ऐसे मंत्र भारत के सांस्कृतिक मानवतावाद की ओर संकेत करते हैं और बताते हैं कि प्राचीन काल में कैसा अन्न संकट था, अन्न एक बड़ी दौलत की तरह था। समाज में दूसरों के भूखा रहने पर भी जो खाता रहता है, वह पाप कर्म में शामिल है– यह ऋग्वेद की एक बड़ी बात है जो आज की निर्लज्जता पर भी प्रहार करती है। ऐसे कई कथन हैं, जिनमें 'अपरिचित' के लिए भी सहायता में दौड़ने की बात है, परिचित के लिए सभी आगे आते हैं!

इंद्र ने वृत्रासुर नामक राक्षस का वध किया। विष्णु ने मत्स्यावतार से लेकर कई अन्य अवतार लिए। शिव के शरीर पर सर्प ही आभूषण थे और वे त्रिनेत्र थे। रावण के दस सिर थे। कृष्ण ने अर्जुन को विराट रूप दिखाया, जिसमें सृष्टि की उत्पत्ति से लेकर लय तक का एक संपूर्ण इतिवृत्त है। ये और ऐसे अन्य कथात्मक वर्णन दार्शनिक-सामाजिक संदेश देते हैं, पर ये घटित यथार्थ नहीं हैं, व्यंजनापूर्ण यथार्थ हैं। ये प्राचीन ऋषियों और कवियों के ऐसे कथात्मक निर्माण हैं, जिन्हें उन्होंने अपनी आस्था, स्मृति और कल्पना के एक विकसनशील ढांचे में हिंदू जीवन का धार्मिक

हिस्सा बना दिया। उनका लक्ष्य विशाल जनता को कुछ सौंदर्यात्मक और नैतिक बिंबों से प्रेरित करना था। उनकी स्मृतियां तथ्य नहीं हैं, बल्कि वे सृष्टि की समझ की पवित्र प्राचीन कथाएं हैं। इन्हें सैकड़ों साल तक व्यापक धार्मिक संरक्षण मिलता रहा है।

आधुनिक युग में विज्ञान सामाजिक शक्ति नहीं बन पाया और राजनीतिक प्रेरणा के अभाव में वह सृष्टि के रहस्यों की वास्तविकता से लोकमानस को परिचित नहीं करा सका। इसके विपरीत, टीवी तथा अन्य इलेक्ट्रॉनिक माध्यमों से अंधविश्वासों का प्रचार बढ़ गया है। मीडिया द्वारा धार्मिक आस्था के नाम पर निर्बुद्धिपरकताओं का ज्यादा प्रचार किया जा रहा है। यही वजह है कि प्राचीन चमत्कारपूर्ण धार्मिक कथाओं का उच्च सामाजिक-सांस्कृतिक अर्थ उजड़ रहा है और धार्मिक लोग सिर्फ उनका छिलका चबा रहे हैं।

21वीं सदी अतीत की सकारात्मक स्मृतियों के विनाश और विनाशकारी स्मृतियों के उत्थान का साक्षी है। इन स्थितियों में यह देखना कठिन है कि प्राचीन ऋषियों, चिंतकों और कवियों ने अपनी स्मृतियों का काल्पनिक पुनर्गठन किन उद्देश्यों से किया था और इतिहास की पद्धति से अपरिचित रहते हुए भी अपने जीवन ज्ञान का रचनात्मक दस्तावेजीकरण कैसे किया था।

वैदिक जनसमूह की स्मृति का एक ठोस उदाहरण सरस्वती है। यह नदी ऋग्वैदिक जनता के जीवन में इतनी घनिष्ठता से शामिल थी कि अपने क्षेत्र में विलुप्त होने पर भी वह उसकी स्मृति में हमेशा बरकरार रह गई। भौगोलिक परिवर्तन का ही नतीजा रहा होगा कि ज्यादातर लोग गंगा की घाटी में बसने लगे और सरस्वती विद्या की देवी बन गई। लोगों की कल्पनाशील स्मृति ने सरस्वती नदी को विद्या की देवी में बदल दिया। उनके वाहन हंस का संबंध जल से है! यह स्मृतियों के भंडारण की प्राचीन प्रविधि है, जो अतीत की सार्थक चीजों से नया-नया कल्पनाशील रिश्ता स्थापित करती है। अतीत की वस्तुओं के सांप्रदायिक विकृतिकरण से बिलकुल भिन्न है उनसे कल्पनाशील सृजनात्मक रिश्ता।

प्राचीन मनुष्यों की अभिव्यक्ति का ढंग निराला था। जब उन्हें कहना

होता था कि नदी बड़ा वेगवान है, वे कहते थे– 'राजा बाईं और दाईं तरफ दो कतारों में एक भारी सेना के साथ युद्ध के लिए बढ़ रहा है' (ऋग्वेद)। प्राचीन लोगों के लिए नदियां महज जलधाराएं नहीं थीं, वे मां के दूध-सी मूल्यवान थीं, जीवन रक्षक थीं और सभ्यता के विकास में भागीदार थीं।

प्राचीन वैदिक जन पहले जहां रहते थे, वे ज्यादातर सूखे इलाके थे। जब बरसात होती थी, वे कहते थे– 'इंद्र ने वृत्र (मेघ) को वज्र से मारकर जल निकाला।' आंधी-बरसात के बीच वज्रपात एक प्राकृतिक तत्व है। प्राचीन वैदिक जन बहती नदी के बारे में कहते थे– 'जल रंभाती हुई गायों की तरह बहता हुआ समुद्र की ओर चला गया।' (ऋग्वेद, दूसरा मंडल)। सूरज उगने पर उजाला होता था तो वे सोचते थे कि सूर्य का रथ खींचने वाले सफेद घोड़ों ने ही उजाला किया (वही)। उनके पास अभिव्यक्ति की सीधी भाषा नहीं थी। उनकी भाषा कथात्मक, संगीतात्मक और सौंदर्यात्मक कल्पना से समन्वित थी। वे सृष्टि और अपने संपूर्ण परिवेश को कथात्मक रूपों में पहचान रहे थे।

सभ्यता का उद्घोष करते हुए

सभ्यता के विकास के मार्ग में वैदिक जन को अग्नि, जलाशय, पशु और खेती-योग्य उर्वर भूमि के उपयोग समझ में आए थे। उन्हें श्रम की महत्ता और गार्हस्थ्य जीवन में 'दंपति' का बोध हुआ था। प्राचीन सभ्यता की उपलब्धियों में प्रमुख है प्रकृति के प्रति कृतज्ञता का भाव। कहा गया है कि इंद्र ने अत्याचारी असुरों से लड़कर गौओं को मुक्त किया। वृसय की संतान वृत्रासुर का संहार कर वर्षा को उपलब्ध कराया। नदियां और जलाशय स्वतंत्र हुए (ऋग्वेद)। ऋवैदिक कृषकों के भौतिक संघर्ष के औजार हैं– वर्षा, नदियों और जलाशयों का जीवन के हित में उपयोग और सूर्य का प्रकाश। प्रकृति वैदिक दिक्-काल का केंद्रीय सार है। इसलिए वैदिक सभ्यता के विकास की चरम मिथकीय कथा है इंद्र-वृत्रासुर संघर्ष। यह ऋग्वेद का केंद्रीय स्थल है। इस संघर्ष में विजयी की छवि बनकर इंद्र ऋग्वैदिक काल की अन्न-उत्पादक कृषक जनता के लोकनायक बने।

वैदिक काल में धार्मिक विश्वासों की बहुलता के साथ मानवीय लक्ष्यों की एकता भी है, जिसका सूत्र यज्ञ है। यज्ञ में सभी देवताओं का आह्वान होता था। इसका अर्थ है, सभी विश्वास के लोग भेदभाव से ऊपर उठकर इकट्ठा होते थे। सभी देवताओं की स्तुति होती थी, जिनमें रुद्र भी थे। सभी का भाग (हवि) निश्चित था। सभी देवता एक-दूसरे के पूरक और सहयोगी थे। वैदिक समाज के श्रमकेंद्रिक यज्ञों में दूर-दूर से आकर विभिन्न विश्वासों के जनसमूह हिस्सा लेते थे। वे अपना भाग प्राप्त करते थे और एक 'समग्र समाज' का अहसास कराते थे। उनके बीच टकराहट तब होती थी, जब किसी को उसकी हवि नहीं मिलती थी। मरुद्‌गणों की सत्ता को स्वीकारते हुए कहा गया है, 'तरुण मरुद्‌गण कौन-सी हवियां स्वीकार करते हैं, कौन उन्हें यज्ञ से अलग कर सकता है?' (1.165.2)। उस समय संपूर्ण भारतीय क्षेत्र की आबादी 10 लाख से ज्यादा न होगी!

प्राचीन आर्यजन भले रहते थे नदी या जलाशयों के पास, पर पूरा आकाश उनका पालनकर्ता पिता था और विस्तृत पृथ्वी उनकी पोषक माता थी। वे सरस्वती से कहते थे, 'आप बुद्धि द्वारा अन्न और धन देने वाली हैं, हमारे इस यज्ञ को सफल करें।' (1.3.10)। सोम या चंद्र उनकी औषधियों का स्वामी था। ऋग्वैदिक लोग कहते थे, 'जीवन की कामना करो, जिससे हम मृत्यु तक न पहुंचें।' प्राचीन काल के असुरक्षित प्राकृतिक जीवन में भयंकर जानवरों का खतरा कदम-कदम पर था। विषैले प्रभाव से बड़ी संख्या में लोग मरते होंगे। फिर भी उन मनुष्यों में अदम्य जिजीविषा थी, 'हम कभी नष्ट नहीं होंगे। अश्वारूढ़ सूर्य दूर से ही विष का प्रभाव दूर कर देता है। हम कभी नष्ट नहीं हो सकते। अग्नि इक्कीस प्रकार से विष का प्रभाव खींच लेता है, उसकी लपटें अमर हैं।' (1.189.11-12)। यज्ञ केवल वातावरण शुद्ध नहीं करता था, वह मनुष्य में सद्‌बुद्धि और तेजस्विता का संचार भी करता था।

बहुलता और अंतर्मिश्रण

वैदिक सूक्तियों की इतनी अधिक व्याख्याएं हैं, इतने अधिक दर्शनों और धार्मिक आस्थाओं ने उन्हें अपना उद्‌गम बनाया है कि सिर्फ कट्टरवादी

और बौद्धिक उपनिवेशवाद से आक्रांत बुद्धिजीवी ही प्राचीन भारतीय परंपरा को एकरेखीय कह सकेंगे। ऋषियों-चिंतकों के कंठों से सैकड़ों वर्षों तक गूंजते रहे वैदिक मंत्रों और वृत्तांतों में अनगिनत आस्थाओं का मिश्रण है। यह विविधतापूर्ण भारतीय स्मृति की निरविच्छिन्नता ही नहीं, व्यापकता को भी प्रतिध्वनित करता है। प्राचीन लोग प्रकृति की निरंकुशता से भयभीत रहते थे। उनमें से कुछ अग्नि, कुछ वायु, कुछ वरुण, कुछ सूर्य तो कुछ चंद्रमा को अपना प्रधान देवता मानते थे। वैदिक देवता आपस में प्रतिस्पर्धी हैं, जो एक खास काल के वैदिक अंतर्द्वंद्व का प्रतिबिंब है। इंद्र और वरुण कई बार आपस में टकराए। उल्लेखनीय है कि इंद्र देवता अग्नि, सूर्य, मरुत की तरह प्रकृति के किसी खास रूप का सीधा प्रतिनिधित्व नहीं करते, पर वे देवताओं के राजा हैं और वेदकालीन सभ्यतागत अखंडता के सूत्र हैं। 'ऋग्वेद' में देवराज इंद्र की आलंकारिक स्तुतियां सबसे अधिक हैं। वे विष्णु से बड़े देवता हैं।

ऋग्वेद में प्रकृति की वे शक्तियां देव-व्यक्तित्व पाती हैं, जो मनुष्य के जीवन और अस्तित्व के लिए जरूरी थीं। मनुष्य अपने विकास के पहले चरण में प्रकृति के ज्यादा नजदीक था। वह सभ्यता की यात्रा में प्रकृति के ज्यादा साथ था और उसे महत्व देता था। अग्नि, वायु, सूर्य, चंद्र, जल आदि को देवता या सर्वशक्तिमान समझना एक तरह की 'भावात्मक भ्रांति' है, पर वे ऐसे धार्मिक यथार्थ हैं जो सभ्यता के वर्तमान अति-आधुनिक चरण पर भी हिंदुओं की आस्था और प्रकृति के प्रति उनकी कृतज्ञता से जुड़े हुए हैं।

सूर्य आज भी सार्वभौम रूप से पूज्य हैं। अग्नि का हर अनुष्ठान में महत्व है। ऋग्वेद में अग्नि को युवा, बुद्धिमान और गृहपति ही नहीं सत्य द्रष्टा भी कहा गया है। ग्रीक मिथकीय परंपरा में एक नायक प्रमथ्यु देवताओं के पास से मनुष्यों के लिए अग्नि चुराकर लाता है और उसे अनवरत असह्य यंत्रणा सहनी पड़ती है। ऐसा ही एक वैदिक देवता मातरिश्वा है, वह मनुष्य जाति को दूर से लाकर अग्नि देता है!

आज वैदिक देवता इंद्र का महत्व समाप्त हो गया हो, पर सूर्य के साथ-साथ अग्नि का महत्व कम नहीं हुआ। विवाह में अग्नि ही

साक्षी बनती है। आज दवाएं या वैज्ञानिक उपकरण बेचनेवाले दुकानदार भी दुकान बंद करने के बाद थोड़ी-सी आग जला लेते हैं। संभवतः दुकानों के खुलने पर सुनाई देने वाला 'बोहनी' शब्द वह्नि (आग) से बना हो और प्रचलित हो गया हो! ऐसी भावात्मक भ्रांतियां सभी धर्मों में हैं।

प्रकृति और पर्यावरण के प्रति जागरूकता

वैदिक लोगों के प्रकृति प्रेम ने हिंदुओं को प्रकृति के प्रति कृतज्ञता का भाव दिया। वे चींटियों तक के भोजन के बारे में सोचते हैं, नदियों से प्यार करते हैं और पीपल का पेड़ हिंदुओं के अलावा बौद्धों-जैनियों को भी आकर्षित करता है। ऋग्वैदिक चितन में वृक्षों, पहाड़ों, नदियों, पशु-पक्षियों के प्रति श्रद्धा का तत्व है। यह मनुष्य को सृष्टि के केंद्र में रखने बाले मानववाद से एक भिन्न प्रवृत्ति है। यह संपूर्ण सृष्टि के प्रति सहृदयता का संदेश है।

वैदिक जन प्रकृति के अनसुलझे रहस्यों के प्रति चमत्कृत होते थे। वे प्रकृति के भयंकर रूपों से भयभीत होते थे। सामान्यतः वे प्रकृति-सहचर के रूप में कृतज्ञता से भरे रहते थे। उनका प्रकृति के उपयोगी और सुंदर रूपों से प्रेम बढ़ता गया। इसका अर्थ है जीवन के प्रति आदर का बढ़ना और जैव-विविधता की रक्षा में प्रवृत्त होना। यह विस्मयजनक नहीं है कि आगे चलकर हर हिंदू देवता और देवी का एक प्राकृतिक पड़ोस भी बना है। वे सभी एक न एक पशु-पक्षी से जुड़े हुए हैं– शिव बैल से, गणेश चूहे से, सरस्वती हंस से, लक्ष्मी उल्लू से!

वेदों में जिन देवों की स्तुति है, वे सभी प्राकृतिक शक्तियों से संबंधित हैं। वे जिस देव-ऋण से मुक्त होने की बात कहते हैं, वह प्रकृति का ऋण है। प्रकृति और ईश्वर कई जगहों पर एक हैं। यजुर्वेद का कथन है, 'अंतरिक्ष शांति दे। पृथ्वी शांति दे। औषधियां वनस्पतियां शांति दें। विश्वदेव, संपूर्ण ब्रह्मांड शांति दे। सभी तरफ शांति हो, शांति भी शांति दे।' (36.17)। सर्वत्र शांति की कामना प्रकृति और पर्यावरण संरक्षण का ही आद्यरूप है।

अथर्ववेद के भूमिसूक्त में पृथ्वी और मनुष्य के बीच माता और संतान का संबंध है, 'पृथ्वी अपने पर्वत, घाटियों और मैदानों के जरिए मनुष्यों और सभी जीवों के लिए निर्वाध स्वतंत्रता देती है। वह कई पौधों और क्षमता-संपन्न विविध औषधियों को जन्म देती है, उनका पोषण करती है। वह हमें समृद्ध और स्वस्थ रखे। जहां समुद्र और नदियों का जल है, वहां की खेती से हमें वह अन्न हासिल होता है जिसके कारण हम जीवित हैं। माता पृथ्वी हमें जीवन प्रदान करे।' वैदिक साहित्य में अन्न उपजाने वाले खेत और औषधियों से भरे अरण्य बड़े संदर्भ हैं। ऋग्वेद का एक सूक्त अरण्यनी को संबोधित है, जिसमें उसे भयंकर जानवरों की माता कहा गया है (10.146.1-6)।

सिंधु सभ्यता की कई मुहरें ऐसी हैं जिन पर हाथी, जलहस्ती, बाघ, गैंडा, हिरण, बारहसिंघा, भेड़-बकरी के चित्र हैं। देखा जा सकता है कि उस जमाने में समान प्राकृतिक चुनौतियां थीं, क्या आर्यों के सामने और क्या द्रविड़ों के सामने। स्पष्ट है कि जो वैदिक जनसमूह बार-बार शांति, लोककल्याण और परस्पर सद्भाव की कामना करता रहा है, उसे बर्बर नहीं कहा जा सकता। कहना न होगा कि उस काल के आरंभिक धार्मिक विश्वासों में यदि हिंसा के तत्व हैं तो शांति, सभ्यता, प्रकृति प्रेम तथा पर्यावरण रक्षा के भी विचार हैं।

ईश्वर का युग

ऋग्वेद ने जातीय अखंडता का सूत्र दिया था, 'परस्पर मिलो, परस्पर बातचीत करो, अपने मस्तिष्क को समान ढंग से सोचने-समझने लायक बनाओ। उसी तरह परस्पर संगठित हो जाओ, जिस तरह एक साथ मिलकर प्राचीन देवताओं ने अपना-अपना यज्ञ भाग ग्रहण किया था। तुम्हारे इरादे समान हों, तुम्हारे हृदय समान हों, तुम्हारे विचार समान हों, ताकि तुम्हारे बीच व्यापक एकता स्थापित हो।' धार्मिक विश्वास की बहुलता के चित्र के साथ यह हमारे देश की भावात्मक एकता की आवाज है। अलग-अलग देवता के इस दावे के संबंध में कि वे ही सृष्टिकर्ता हैं, ऋग्वेद ने घोषित किया, 'ईश्वर को तुम जानो और दूसरे को सृष्टिकर्ता मत मानो'।

उपनिषद ने इसी धारणा का विकास किया, 'सब एक में हैं और ईश्वर एक है'!

प्राचीनतम उपनिषद 'ईशावास्य उपनिषद्' का पहला मंत्र है, 'इस संसार में जो कुछ है, वह ईश्वरमय है। अतः भोग करो भी तो त्याग के साथ। दूसरे के धन का लोभ मत करो।' ऐसे संदेशों में 'धार्मिक' और 'लौकिक' जुड़ जाते हैं। दूसरे, ऐसे कथन एक उदात्त सार्वभौमिकता की रचना करते हैं। उपनिषदें ईश्वर और जीव की एकता की बात करती हैं, 'तत्त्वमसि' की– वह ईश्वर तू है।

प्राचीन काल में प्राकृतिक विपदाओं तथा बर्बरों का भय बढ़ता गया, ईश्वरीय आस्था की नींव गहरी होती गई। कई बार ऐसा भी हुआ कि मनुष्यों के महान कार्य ही लोक स्मृति का काल्पनिक विस्तार पाकर देवता के कार्य हो गए। दरअसल मनुष्य की कल्पनाशील स्मृति और आस्था ने देवताओं का सृजन किया है। वैदिक देवता आसमान से नहीं आए थे, बल्कि कृतज्ञ, स्मृतिशील और आस्थावान वैदिक जन ने जीवन की समस्याओं से टकराते हुए श्रेष्ठ प्राकृतिक पदार्थों को चुनकर देवताओं का सृजन किया था। सूर्य देवता सूर्य भी थे, अग्नि देवता अग्नि भी थे!

वैदिक देवता एक समय ईरान तक लोकप्रिय थे, लेकिन जरथुस्त्र ने उनका प्रभाव खत्म कर दिया। एक समय ग्रीक मिथकशास्त्र भी उजड़ गया था। भारतीय जीवन में भी वैदिक देवताओं का प्रभाव खत्म हो गया। उनकी जगह पौराणिक देवताओं ने ले ली। राम और कृष्ण की कथाओं में इंद्र न जाने कितनी बार पछाड़े गए। इंद्र और उनका बेटा जयंत सुखवादी, कामातुर और दुष्ट के रूप में देखे जाने लगे।

ऋग्वैदिक समाज में मूर्तियां नहीं थीं। पौराणिक देवताओं की मूर्तियां बनीं और वे पूजे जाने लगे। इस परिवर्तन को समझने की जरूरत है। वेद और पुराण को एक आस्था के तहत जोड़कर देखा जाता है, पर इनके बीच फर्क है।

वेदों का सार्वभौम ईश्वर भारतीय सभ्यता की सैकड़ों साल की एक गहन अंतर्यात्रा की देन है। प्राचीन ग्रंथों में देवताओं के बीच हिंसक प्रतिस्पर्धा के बिंब हैं, पर इनका समाधान एक अखंड ईश्वर में है।

हिंदू परंपरा में देवताओं की संख्या का अंत नहीं है। ऊपर से एक-एक देवता के कई-कई नाम हैं। लेकिन सभ्यता के एक मोड़ पर वे सभी अंतर्मिश्रित होकर एक हो जाते हैं, 'इंद्र मित्रं वरुणमग्निमाहुरथो दिव्यः स सुपर्णो गरुत्मान्। एकं सद्विप्रा बहुधा वदंति अग्निम्यमं मातरश्विानमाहुः।' (1.164.46)। अर्थात– एक ही सत्य को जानने वाले ज्ञानी जन उसे इंद्र, मित्र, वरुण, अग्नि, मातरिश्वा के नाम से पुकारते हैं। आकाश में वही सूर्य है। वही यम और मातरिश्वा भी है। ये एक ही ईश्वर के अनेक रूप हैं। मेधावी व्यक्तियों ने उसकी व्याख्या कई तरह से की है। अद्‌भुत है कि इस मंत्र के देवता इंद्र या विष्णु नहीं हैं, बल्कि सूर्य हैं जो जगत का प्रकाशदाता है और सबके लिए समान है।

वेद ईश्वर को मूर्ति में नहीं देखता। यजुर्वेद में कहा गया है कि ईश्वर मूर्ति में नहीं है 'न तस्य प्रतिमाऽस्ति' (32-3)। आगे यह भी बताया गया है कि यदि ईश्वर के स्थान पर किसी पत्थर, वृक्ष और मानव शरीर की उपासना होती है तो यह अज्ञान और दुख के सागर में डूबना है। वैदिक काल में निम्न उपासना पद्धतियां भी प्रचलित थीं और वैदिक देवताओं को केंद्र में रखकर धार्मिक स्वार्थ पैदा हो चुके थे। हर काल में निम्न उपासना पद्धतियां भारतीय जीवन में घुन की तरह लगी रही हैं और स्वार्थों के महावृत्त बने हैं। स्वार्थ के महावृत्त का एक क्रूर चेहरा वर्ण व्यवस्था है, जो ऋग्वेद के दसवें मंडल के पुरुष सूक्त में है।

पुरुष सूक्त की विडंबना

कई विद्वानों ने ऋग्वेद के 'पुरुष सूक्त' को, जिसमें वर्ण व्यवस्था की प्रस्तावना है, परवर्ती जोड़ कहा है। ऋग्वेद में चार वर्णों का उल्लेख सिर्फ यहीं है, अन्यत्र कहीं नहीं है! दूसरी तरफ, रूढ़िवादी विद्वान इसे ही वैदिक सिद्धांत के संपूर्ण सामाजिक निचोड़ के रूप में उपस्थित करते हैं। वे इसी से वैदिक सभ्यता को परिभाषित करते हैं जो एक 'डिडक्टिव' सोच है, अर्थात यह अंश के ही रंग में संपूर्ण को रंग देना है। निःसंदेह ऋग्वैदिक चिंतन पांच-दस सालों में या अकस्मात नहीं उपजा। वह कई सौ सालों का है। किसी एक खास बैठक में पुरुष सूक्त सैकड़ों साल

बाद वर्चस्ववादियों द्वारा जोड़ा गया होगा, जब वैदिक सभ्यता में दिखावटी कर्मकांड की प्रधानता के साथ ब्राह्मण वर्चस्व बढ़ा होगा। उसी दौर में कल्पना की गई कि ब्रह्म-स्वरूप पुरुष के मुख से ब्राह्मण, बाहु से क्षत्रिय, जंघा से वैश्य और पैर से शूद्र की उत्पत्ति हुई। इस धारणा को सार्वभौम बनाने के उद्देश्य से निर्धारित किया गया कि 'पुरुष' का आशय परमात्मा है। उसे बाद में विष्णु से जोड़ा गया, जो परवर्ती सोच का स्पष्ट संकेत है।

पुरुष सूक्त ने वस्तुतः उदात्त ऋग्वैदिक सभ्यता को प्रदूषित कर दिया, वर्ण व्यवस्था एक कोढ़ के रूप में फैली। तुर्रा यह कि इस कोढ़ का निर्माता ईश्वर को बताया गया। दरअसल ईश्वर के दुरुपयोग से भारत का सांस्कृतिक इतिहास भरा हुआ है।

वर्ण व्यवस्था और इससे निकली जाति व्यवस्था अंततः हिंदू धर्म की एक बुनियादी पहचान बना दी गई। वैदिक साहित्य के लगभग 1000 साल बाद मनुस्मृति जैसे धर्मशास्त्रों ने वर्ण व्यवस्था को शुद्धता की कसौटी बना दी। पहले अंतरजातीय विवाह होते थे, वे बंद हो गए। वर्ण व्यवस्था के आधार पर सामाजिक भेदभाव-आधारित जो शर्मनाक व्यवस्था कायम हुई, वह आज किसी भी युग से ज्यादा मजबूत है। इस वजह से भारत के संपूर्ण सभ्यतागत विकास को नकार देना आत्मसंकुचन ही नहीं, आत्मघात भी है, क्योंकि इस सभ्यता में हिंदुओं के जाति-कूपमंडूकता से संघर्ष और उदारवाद के भी अनगिनत उदाहरण हैं।

पुरुष सूक्त वैदिक जीवन और चिंतन की प्रक्रिया में, कब शामिल हुआ, यह कहना मुश्किल है। यह जरूर है कि इस पर क्षमतावान ब्राह्मण लोग धर्म की मुहर लगाते गए। यह एक दीर्घस्थायी धार्मिक शोषण चक्र का हिस्सा बन गया, हालांकि आगे चलकर उदार हिंदुओं ने इससे संघर्ष किया।

हम देखते हैं कि ब्राह्मण ग्रंथों में वैदिक परंपरा पूरी तरह कर्मकांड प्रधान हो गई। नाम ही है ब्राह्मण ग्रंथ! उनमें पहली बार नरक की भयंकरता के दृश्य हैं, ताकि लोग डरें। कर्मकांड की महत्ता स्थापित करने के लिए कहा जाने लगा– नरक से बचने के लिए यज्ञ करो! वस्तुतः वर्ण व्यवस्था, कर्मकांड और पुनर्जन्म-भाग्यवाद ने भारतीय जीवन को धर्म के उच्च सार से विमुख कर खोखला कर दिया। ये हिंदू धर्म के प्रधान तत्व के रूप में

प्रचारित किए गए। ये धार्मिक जड़ताएं आधुनिक युग के हिंदू विश्वास में वटवृक्ष-सी फैल गईं।

उपनिषद का ज्ञान : वैदिक मोड़

उपनिषद ने ब्रह्म ज्ञान को मनुष्य का लक्ष्य बताया, इसका यह अर्थ नहीं है कि वे जीवन-विरोधी थे। याज्ञवल्क्य ने ईश्वर और मनुष्य की अखंडता का प्रवर्तन करते हुए कहा, 'नदी का जल वही है, जो एक लोटे में है।' उन्होंने आत्मा को, जो एक पवित्र चैतन्य और आनंद है, एकमात्र यथार्थ माना। यह भी दिखता है कि याज्ञवल्क्य के पास हजारों गौएं थीं। उनकी दो पत्नियां थीं। इसका अर्थ है, औपनिषदिक मनुष्य का लक्ष्य कभी भौतिक जीवन से बचना नहीं था, जीवन में त्याग को महत्व देना था। बताया गया है कि 'श्वेताश्वतर उपनिषद्' में सांख्य योग समन्वित है, जो भौतिक जीवन की महत्ता का निरूपण है। दरअसल उपनिषद ग्रंथ उत्तर-वेदकालीन समाज में भौतिकवादी देव सभ्यता के जवाब में आत्मबोध और त्याग का संदेश लेकर आए थे।

छांदोग्य उपनिषद में रैक्व की कथा है। वे गाड़ीवान थे। उनके ज्ञान की प्रशंसा सुनकर जानश्रुति ने उनकी तलाश के लिए राजसेवकों को दौड़ाया। ब्रह्मज्ञानी रैक्व अपनी गाड़ी की छाया में साधारण ढंग से बैठे मिले। राजसेवकों ने उनसे दरबार में चलने का अनुरोध किया, पर वे तैयार नहीं हुए। राजा तब खुद सैकड़ों गाएं, सुवर्ण आदि लेकर रैक्व के पास पहुंचे। उन्होंने सभी चीजें रैक्व के सामने उपस्थित करके उनसे ब्रह्मज्ञान देने का अनुरोध किया। रैक्व ने सुखभोग की वस्तुओं की तरफ तिरस्कार से देखा और राजा की तरफ से भी मुंह फेरते हुए कहा, 'चला जा, मेरी शांति भंग न कर।' राजा को लौट जाना पड़ा। अगली बार राजा फिर रैक्व के पास बहुत कुछ लेकर पहुंचा। इस बार वह रथ से उतरकर बिना अभिमान के रैक्व के निकट जमीन पर बैठा और तब उसने ब्रह्मज्ञान के लिए अनुरोध किया। रैक्व को लगा कि जानश्रुति अब अहंकारविहीन है और उसमें सच्ची जिज्ञासा है। उन्होंने राजा जानश्रुति को ब्रह्मज्ञान दिया। ऐसी सभी कथाओं के बौद्धिक संकेत का महत्व है। रैक्व की उदासीनता

भौतिक जीवन से नहीं थी सुखवाद, संपत्ति-मोह और विलासिता से थी। उपनिषद की ऐसी कथाओं में वैदिक भौतिकवाद और देव सभ्यता से असहमति व्यक्त होती है।

उपनिषद काल की एक मुख्य प्रवृत्ति संवाद है। कठोपनिषद का नचिकेता संवाद करता है। ऋग्वेद में यम-यमी संवाद है। इस प्रवृत्ति का विकास महाभारत तथा गीता में हुआ। इसी तरह ग्रीक साहित्य में प्लेटो और सुकरात संवाद करते हैं। हर संवाद में प्रश्न किए जाते हैं। संवाद का एक लक्ष्य प्रश्न करने की क्षमता पैदा करना है। नए-नए अर्थवान प्रश्न। प्रश्न वहीं हैं, जहां बुद्धि है। वैदिक साहित्य में बुद्धि की महत्ता बताई गई है। बृहदारण्य उपनिषद में प्रश्न है, 'यदि धन-संपदा से भरी यह समूची पृथ्वी मेरी हो जाए तो क्या मैं इससे अमर हो सकता हूं?' उत्तर है, 'नहीं!' इससे स्पष्ट होता है, 'भारतीय संस्कृति की एक धारणा यह बताई गई है कि बुद्धि से लगाव या बौद्धिक होना सिर्फ चिंतन के अंतर्विरोध से मुक्त होना नहीं है, बल्कि एक पीड़ा से मुक्त होना भी है।' (एन.ए.निकम, भारतीय संस्कृति की कुछ अवधारणाएं)।

गीता में कृष्ण अर्जुन से कहते हैं, धन को जीतने वाले हे अर्जुन, तू बुद्धि में शरण ले 'बुद्धौ शरणमन्विच्छ'। बुद्धि और जिज्ञासा मनुष्य को हासिल खास प्राकृतिक क्षमताएं हैं। हिंदू परंपरा में इनके महत्व को स्वीकार किया गया है। कहीं-कहीं ऐसा भी है कि तर्क करने वाले बुरे लोग हैं, नास्तिक हैं। सत्ता हमेशा जागरूक व्यक्तियों की बौद्धिक क्षमताओं को कुंद करने और उनका मुंह बंद कर देने का प्रयास करती है, पर संस्कृति प्रश्न करने के लिए ललकारती है।

ब्राह्मण ग्रंथों में कर्मकांड की महत्ता थी, उपनिषद ग्रंथों ने इसकी जगह आत्मज्ञान को प्रतिष्ठित किया। इन्होंने कहना चाहा कि आत्मज्ञान ही ब्रह्मज्ञान है, इसलिए अपने को जानो! औपनिषदिक दर्शन ने वैदिक देव परंपरा के इंद्र, अग्नि, वायु आदि देवताओं को चुनौती देने में हिचक नहीं दिखाई। केनोपनिषद की एक कथा में ये देवता एक साधु यक्ष की हथेली पर रखे साधारण तिनके को न वज्र से तोड़ पाते हैं, न आग से जला पाते हैं और न आंधी बनकर उड़ा पाते हैं। उपनिषदों में वैदिक

देवताओं की जगह ईश्वर एक उच्चतर सत्य बनकर उपस्थित हुआ। ईश्वर 'श्रेयस्कर' और 'कल्याणकारी' मूल्यों का आध्यात्मिक रूप था। यह उस जमाने के लोभ, ईर्ष्या, भेदभाव, अन्याय, हिंसा और मिथ्या धार्मिक आडंबर का प्रतिपक्ष था।

वैदिक समय में जब धार्मिक विश्वासों के बीच आपसी संघर्ष बढ़ गया, कठोपनिषद ने कहा, 'केवल सूर्य उस परमात्मा को प्रकाशित नहीं कर सकता, न चंद्रमा, न तारा ही। बिजली की कड़क भी परमेश्वर को उद्भासित नहीं कर सकती, तब इस सामान्य अग्नि की बात ही क्या। ये सभी परम ईश्वर की वजह से प्रकाशित होते हैं।' ईश्वर की यह धारणा सभी आस्थाओं के लोगों को सामाजिक सौहार्द के सूत्र से बंधने का बौद्धिक संदेश देती है।

प्राचीन समाज एक दौर के बाद साम्यमूलक से वर्ण-संवेदी समाज बनता जा रहा था। सृष्टि को अखंड रूप में देखते हुए भी यह एक विभाजित समाज था, जिसमें ब्राह्मण की नैतिकता अलग थी, शूद्र की अलग। उनकी जीवन दशाओं में भिन्नता थी। इसलिए ईश्वर के सामने सभी की समानता, ईश्वर तथा सभी मनुष्यों की एकता और 'तत्त्वमसि' के सिद्धांत को लगातार वैचारिक संघर्ष से गुजरना पड़ा। यह वैचारिक संघर्ष विफल होता रहा, पर एक न एक रूप में हमेशा था। इस संघर्ष का इतिहास वेदांत, बौद्ध धर्म, भक्ति आंदोलन और नवजागरण में है और वह तात्पर्यपूर्ण है। यह संघर्ष आज भी चल रहा है। यह मुक्तिबोध के इस प्रश्न में भी ध्वनित है, 'ओ मेरे आदर्शवादी मन। ओ मेरे सिद्धांतवादी मन। अब तक क्या किया, जीवन क्या जिया?'

लगभग उपनिषदों के ही काल में एक यूनानी दार्शनिक क्जेनोफेंस (500 ईसवी पूर्व) ने कहा था कि 'मनुष्य विश्वास करते हैं कि देवता उसी तरह अस्तित्व में आए जैसे वे खुद। वे सोचते हैं कि देवताओं के पास भी मनुष्य जैसी इंद्रियां, वाणी और शरीर हैं। यदि बैलों और घोड़ों के पास हाथ होते तो बैल देवताओं को बैल की शक्ल का बनाते और घोड़े घोड़े की शक्ल के। इथोपिया के लोग अपने देवताओं को काले और चिपटी नाक वाले बनाते और थ्रेस के लोग रक्तकेशी और नीली आंखों वाले।' (दर्शन-दिग्दर्शन, राहुल सांकृत्यायन)। दक्षिण भारत के देवताओं

के चेहरे-मोहरे उत्तर भारत के उन्हीं देवताओं के चेहरे से काफी भिन्न हैं।

यह प्राचीन हिंदुओं का आत्म-जागरण था कि उन्होंने अपने सामाजिक द्वंद्वों का समाधान एक ईश्वर और अद्वैतवाद में ढूंढ़ा! हालांकि अद्वैतवाद इस कठिन देश में कोई बड़ा सामाजिक नतीजा नहीं दे सका, जिस तरह इतने आधुनिक भौतिक विकास के बावजूद विज्ञान भी सामाजिक मन में कोई बड़ा बदलाव न ला सका।

उपनिषदें कर्मकांड से प्रस्थान नहीं हैं, पर सामाजिक विकास के एक खास मोड़ पर आत्मबोध भारतीय संस्कृति का एक प्रधान हिस्सा बन जाता है। मुंडक उपनिषद तक पहुंचते-पहुंचते दिखावटी यज्ञ, कर्मकांड और पुरोहितवाद का सामान्य विरोध आरंभ हो जाता है। इसमें कहा गया है, 'जिस तरह नदियां बहकर समुद्र में अपना नाम और रूप खो देती हैं, उसी तरह अपने नाम और स्वरूप से उन्मुक्त आत्मज्ञानी अखंड ईश्वर का अनुभव करते हैं।' (3.2.8)। भारतीय परंपरा की दुहाई देने वाले जो हिंदू धर्माचार्य बाह्य देवरूप को चरम धार्मिक मूल्य बना देते हैं, वे उपनिषद की परंपराओं से अनजान हैं।

संस्कृत के एक कथन का अर्थ है, 'अन्न की इच्छा रखने वाला आदमी जिस तरह छिलका छोड़ देता है, उसी प्रकार तत्व का भूखा धर्मग्रंथों के आडंबर में नहीं पड़ता!'

गुरुनानक ने कहा था, 'काहे रे मन वन खोजन जाई। कहे नानक बिनु आपा चीन्हे मिटै न भ्रम की काई।' एक ऐसा समय आया, जब विवेकवान मनुष्यों को अहसास होने लगा कि धर्माडंबर धर्म में जमी काई है। एक कथा है–कठिन यात्रा पर निकले अरबी, तुर्क, पारसी और हिंदू को किसी पड़ाव पर भूख लगी। पूछा गया, कौन क्या खाएगा। अरबी ने कहा एनब, तुर्क ने उजम, पारसी ने अंगूर, और हिंदू ने द्राक्षा। सभी झगड़ने लगे, तभी फल बेचने वाला आया और उसने टोकरी रख दी। सभी खुश हो गए, उन्होंने एक ही फल के अलग-अलग नाम बताए थे!

उपनिषदों के काल में अद्वैतवाद की महत्ता के प्रचार के बावजूद समाज में वर्ण व्यवस्था के आधार पर भेदभाव मौजूद था। कोई उच्च दर्शन अपना व्यापक सामाजिक आधार नहीं बना सकता, यदि निहित स्वार्थ प्रबल हों।

ईश्वरवाद और अनीश्वरवाद

बौद्ध और जैन धर्म ईश्वर को नहीं मानते। इसका यह अर्थ नहीं है कि वे धर्म को नहीं मानते। अनीश्वरवादियों का भी अपना एक धर्म हो सकता है। नास्तिक होने का भी यह अर्थ नहीं है कि उसके पास कोई धर्म नहीं है!

बौद्ध धर्म का लगभग उसी दौर में उदय हुआ था, जब वैदिक दर्शन उभार पर थे। बुद्ध ने हिंदू कर्मकांड को ही नहीं, वर्ण व्यवस्था और हिंसा को भी चुनौती दी। उन्होंने तप, चिंतन, करुणा और मित्रता की शिक्षा देते हुए कहा, 'जो जीवों को सताता है, वह कभी पापमुक्त नहीं हो सकता। केवल वही व्यक्ति जो सभी जीवों के प्रति अहिंस्र है, पापमुक्त माना जा सकता है।' (धम्मात्था वग्गे, 1.5)। वे अनित्य की धारणा मुख्यतः सनातन मान ली गई वर्ण व्यवस्था के विरोध में देते हैं।

महावीर कहते हैं, 'जो अपना दुख जानता है, वह अपने से बाहर दूसरों का दुख भी जानता है। जो अपने से बाहर दूसरों का दुख जानता है, वही अपना दुख जानता है।' (आचारांग)। उन्होंने यह भी कहा, 'हे मनुष्य, तू जिसे मारने की इच्छा करता है, जरा विचार कर, वह तेरे जैसा ही सुख-दुख का अनुभव करने वाला प्राणी है। तू जिस पर हुकूमत करना चाहता है, विचार कर कि वह तेरे जैसा ही एक प्राणी है। जिसे दुख देना चाहता है और अपने वश में करना चाहता है, विचार कर कि वह तेरे जैसा ही एक प्राणी है। जिसके प्राण हर लेने की इच्छा रखता है, वह तेरे जैसा ही एक प्राणी है। अच्छे मनुष्य में यह विवेक होता है।' (वही)।

बौद्ध और जैन धर्म संसार से भेदभाव, लोभ, हिंसा और सत्ता का अहंकार खत्म नहीं कर सके। लेकिन उन्होंने भारत के भेदभावपूर्ण और हिंसात्मक सामाजिक वातावरण में अहिंसा, त्याग और मैत्री का महत्व प्रतिपादित किया। बाह्याडंबरों के प्रति भर्त्सना का स्वर उत्थानशील बौद्ध-जैन दर्शनों में है, हालांकि कुछ सदियां बीतने पर इनमें भी बाह्याडंबर बढ़ गए। फिर भी इन्होंने नई राहें खोजी थीं और अपनी ऐतिहासिक सीमा में जीवन के उच्च सार से परिचित कराया था।

प्राचीन भारत में धार्मिक कट्टरवाद की उपस्थिति के बावजूद उदारवाद, सामाजिक लचीलापन और गतिशीलता के कई उदाहरण हैं।

समाज इकहरा और कठोर न था, भले परिवर्तन की गति धीमी थी और देश में कलह था। बौद्ध साक्ष्य में कलह और तनाव के अनगिनत चित्र हैं। अशोक ने अपने 12वें शिलालेख में तनाव कम करने तथा मिलजुलकर रहने के राज्यादेश दिए थे, 'हर अवसर पर हरेक को दूसरों के संप्रदाय का आदर करना चाहिए; क्योंकि ऐसा करके वह अपने संप्रदाय के प्रभाव की अभिवृद्धि करता है और दूसरे संप्रदाय को भी लाभ पहुंचाता है। ...पारस्परिक मेलजोल प्रशंसनीय वस्तु है, ताकि लोग एक-दूसरे के सिद्धांतों को सुन सकें और पालन कर सकें।' (उद्धृत, रोमिला थापर, पूर्वकाल और पूर्वग्रह)। अशोक अपने उत्तर-जीवन में बौद्ध धर्म की ही गरिमा की रक्षा नहीं कर रहा था, वह सभी धर्मों का आदर करता था। वह समदर्शी था, ब्राह्मण और श्रमण दोनों को दान देता था। उसे भारत की उदारवादी परंपरा का एक प्रमुख आलोकस्तंभ समझना चाहिए। भारतीय दृष्टि यही है कि दूसरे धर्मों और विचारों का सिर्फ आदर ही नहीं करो, उनसे संवाद और आदान-प्रदान के माध्यम से समवाय भी बनाओ। वैयक्तिक आस्था और सामाजिक मंगल को साथ लेकर चलना ही सांस्कृतिक मानवतावाद का चिह्न है, यही धर्म है।

हिंदू धर्म में उदारवाद का एक रूप बहुदेववाद है। खासकर जब-जब बहुदेववाद उपनिषदों से प्रेरणा लेता रहा है, उसकी एक सकारात्मक भूमिका रही है। हिंदू धर्म बहुलता की स्वीकृति, उदारवादी बहुकेंद्रीयता और धार्मिक स्वतंत्रता का एक महान उदाहरण है। हम देखते हैं कि बहुदेववाद के कारण ही ऐसे कई धार्मिक आंदोलन हुए, जिनसे धार्मिक कट्टरवाद और पाखंडों को चुनौती मिली और 19वीं सदी में उदारवाद की परंपरा आगे बढ़ी।

कहना न होगा कि भारतीय जीवन में अनीश्वरवादी जैन और बौद्ध दर्शनों के साथ-साथ ईश्वरवादी उपनिषदों ने भी एक बड़ी सांस्कृतिक भूमिका निभाई है। एक फर्क है, वेदांत बौद्ध तथा जैन धर्मों की तरह कभी राजाश्रय का अंग नहीं बना। वह एक खुली वैचारिक भूमि है जहां कई व्याख्याएं हैं। वेदांत सत्ता विमर्श की जगह हमेशा संस्कृति विमर्श रहा है। वह कड़े नियम-कायदों में कभी बंधा नहीं रहा है। यह अलग बात है कि उपनिषदों की आदर्शवादी परंपरा खुद हिंदुओं के बीच उपेक्षित थी।

इनके बीच पुरोहितों का धार्मिक पाखंड ज्यादा छाया हुआ था। उपनिषदों की आदर्शवादी परंपरा लोक चेतना का अंग नहीं बन पा रही थी, क्योंकि लोकचेतना लोकप्रियतावादी पौराणिक कथाओं और कर्मकांड में फँसी हुई थी। दरअसल 'महान' और 'लोकप्रिय' की रस्साकशी में लोकप्रिय ही जीतता रहा है।

देखा जा सकता है कि उच्च धार्मिक धारणाओं और आम लोगों के बीच निम्न-धार्मिक विश्वासों की एक दीवार हमेशा रही है, जिसका रक्षक राजसत्ता से जुड़ा पुरोहित वर्ग रहा है। फलतः आम हिंदू सामान्यतः आत्म-विच्छिन्नता में जीते रहे हैं।

एक समय अनीश्वरवादी बौद्धों और जैनियों के भी भौतिक तामझाम राजाश्रय की वजह से बढ़ गए थे। बौद्ध-जैन श्रमणों में प्रभुत्व की लालसा पैदा हो गई थी, त्याग का भाव सीमित हो गया था। दूसरी तरफ, वे निम्न बौद्धिक कोटि की धार्मिक धाराओं तथा तंत्र-मंत्र में विभाजित होते जा रहे थे। उनके धर्म में मूर्तियों का जाल बिछता जा रहा था। रंगीन झंडों के साथ उनके धार्मिक जुलूस निकलते थे और कर्मकांड बढ़ गया था। पता नहीं वे इस तरह ईश्वर को कैसे हटा सकते थे जो दमनमूलक समाज व्यवस्था की चक्की में पिस रहे वंचितों और दरिद्रों की भूखी अंतड़ियों में बैठा था!

फिर भी अपने-अपने समय में उच्च ईश्वरवादी और अनीश्वरवादी दर्शनों ने लोगों को भेदभाव, लोभ, हिंसा और बाह्याडंबर की बुराइयों से सावधान किया। धर्म के मकड़झोल साफ करने में इन दर्शनों की एक बड़ी भूमिका है। इन्होंने अपनी ऐतिहासिक सीमा में मानवता को जीवन के उच्च मूल्यों से परिचित कराया। निश्चय ही प्राचीन भारतीय सभ्यता में सब कुछ स्वर्ण-स्वर्ण और हरा-हरा नहीं है। फिर भी देखा जा सकता है कि जाग्रत लोग एक सभ्य समाज के निर्माण की कोशिश कर रहे थे, भले हर तरफ अराजकता, बर्बरता और निम्न-उपासना पद्धतियां थीं।

सत्य का मुँह जब सोने के पात्र से ढका है

समाज शब्द 'समज' से बना है, जिसका कभी अर्थ था पशुओं का झुंड। प्राचीन भारत के लोग झुंड से निकलकर ऐसा समाज बनाने का प्रयास

कर रहे थे जिसमें मानव श्रम, रिश्तों-नातों, मूल्यों, आचार-विचार और स्मृतियों का एक स्वच्छ विश्व हो। किसी समय धर्मों ने ही मनुष्य को निम्न विश्वासों की दुनिया से बाहर निकाला था, लोगों को सामाजिकता का अहसास कराया था और विकासशील मानवता की नैतिक-आध्यात्मिक आधारशिला रखी थी। धर्मों की दुनिया में सैकड़ों साल तक बहुत कुछ घटित होता रहा है। धर्मों से बाहर कुछ न था। उनमें रूढ़ियां पैदा होती थीं और विद्रोह की आवाजें भी थीं।

हम कह सकते हैं कि ऋग्वेद और उपनिषदों में ऐसा बहुत कुछ है जो धार्मिक असहमति और प्रतिवाद की देन है। निश्चय ही अपने समय में वेदांत, अर्थात ईश्वर की सर्वव्यापकता और ईश्वर तथा मनुष्य की एकता का दर्शन पुरोहितों के प्रपंच से दब गया था और विशिष्टवर्गी दर्शन के रूप में सीमित था। आगे चलकर हजार सालों तक चले भक्ति आंदोलन ने वेदांत को पौराणिक शरीर में न केवल पुनः संभव बनाया, बल्कि लोक व्यापक भी किया।

उल्लेखनीय है कि ईश्वरवादी होते हुए भी भक्ति आंदोलन ने अनीश्वरवादी जैन और बौद्ध धर्मों के जाति भेदभाव और कर्मकांड-विरोध की छूटी दो बड़ी परियोजनाओं को विविध तरह से आगे बढ़ाने का काम किया। भक्त कवियों की सरल आकांक्षा ईशावास्योपनिषद के इन शब्दों में रखी जा सकती है, 'सत्य का मुँह सोने के पात्र से ढका है। हे पूषन, उसे अनावृत करो ताकि मैं सत्य देख सकूं!' आज उत्तर-सत्य ने वही दशा कर रखी है, सत्य का मुँह चाकलेट से भरा है!

भारत दुनिया का एक ऐसा देश है, जहां की सभ्यता में एक साथ कई धार्मिक विश्वास मौजूद हैं। आमतौर पर हर धार्मिक इंसान सिर्फ अपने धर्म से लगाव रखता है। लेकिन भारतीय सभ्यता में ऐसी परंपराएं भी मौजूद हैं, जो दूसरे धार्मिक विचारों को समझने, उनसे कुछ सीखने और उन्हें समान रूप से आदर देने की प्रेरणा देती हैं। लक्षित किया जा सकता है कि वैदिक समय से ही भारत में धार्मिक बहुलता के बीच न सिर्फ सांस्कृतिक-आध्यात्मिक अखंडता बनी रही है, बल्कि इस देश की सभ्यता ने हर संकट के दौर में आंतरिक जर्जरता से उबरकर अपनी पुनर्रचना की है।

दर्शन का लोकतंत्र

भारतीय दर्शन ईश्वर के बारे में धार्मिक चिंतन से कुछ अधिक है। इसकी शुरुआत ढाई-तीन हजार साल पहले के वैदिक दर्शनों से होती है, जो अपनी ऐतिहासिक सीमा में सृष्टि तथा मनुष्य के रिश्ते की सचाइयों का तार्किक उद्‌घाटन करते हैं। उन दिनों दर्शन वही महत्व रखते थे, जो आज विज्ञान का है। उनमें प्राचीन जिज्ञासु मनुष्य की बुद्धि, नैतिक चेतना और न्याय का सूर्य उदित हो रहा था।

दर्शन में तर्क की स्वतंत्रता एक बुनियादी चीज है। तर्क की उपस्थिति की वजह से दर्शन की प्रकृति धर्म से भिन्न है। धर्म आस्था का मामला है, जबकि दर्शन तर्क का। हिंदू धर्म को तर्क और विचार करने की स्वतंत्रता ने हमेशा प्रभावित किया। वैचारिक स्वतंत्रता की वजह से ही हिंदू आस्था कभी इकहरी नहीं थी, उसमें विविधता थी। इतना ही नहीं, जितने धर्म भारत में जन्मे, किसी दूसरे देश में नहीं। इस देश को धर्मों की भूमि कहा गया है।

वैदिक दर्शन अपने युग का एक अनोखा वैचारिक संघर्ष है। सृष्टि और मानव जीवन से जुड़े सवालों पर दार्शनिक चिंतन सभ्यता के शुरुआती दौर का होकर भी कम तात्पर्यपूर्ण नहीं है। भारतीय समाज के अविकसित भौतिक संसाधनों के बीच भी तर्क, विवेक और उदात्तता का स्तर ऊंचा था, जबकि आधुनिक विकास की गति जितनी तेज है, तर्क उतने असहाय हैं, विवेक का उतना दिवाला पिट गया है और मानसिकता उतनी ही संकीर्ण होती गई है।

धर्म दर्शन को बांध नहीं पाया

निःसंदेह दर्शन उस वातावरण से अप्रभावित नहीं होता, जिसमें वह जन्म

लेता और विकास करता है। इसके बावजूद वह किसी खास मत तक कभी सीमाबद्ध नहीं रहा है। उसमें एक विश्वदृष्टि मिलती है। धर्म को मान्यता देते हुए भी दार्शनिक चिंतक उसकी चहारदीवारी में बंद नहीं रहता। वैदिक दर्शन धर्मशास्त्र-पोषित सनातन के घेरे से कम बाहर निकल पाए, लेकिन इन्होंने सवाल उठाए। 'धर्म' में सवाल दबाया जाता है, जबकि दर्शन सवाल उठाता है। वह मानव बुद्धि को गतिशील रखता है। दर्शन के लोकतंत्र में मनुष्य एक ही तरह से सोचने के लिए बाध्य नहीं है।

वैदिक दर्शन वैदिक देवताओं की उद्भावना के लंबे समय बाद तब अस्तित्व में आए, जब सनातन विश्वास मनुष्य की विकसित हो रही बुद्धि को संतुष्ट करने में असमर्थ हो चुके थे। दूसरे शब्दों में, उस जमाने का भारतीय दर्शन अंधी आस्था से बौद्धिक विद्रोह है। वह धर्म का प्रतिपक्ष नहीं है, उसके इकहरेपन और मतांधता के विरोध में है। सामान्यतः भारतीय दर्शन प्राचीन धार्मिक परंपराओं की उपेक्षा न कर सके। इसके बावजूद, सामाजिक विकास की सीमा में ये विवेक की आवाज से जुड़े। दार्शनिक उपदेशकों ने अंध-परंपराओं को चुनौती दी, 'उपदेश्योपदेष्टत्वात् तत्सिद्धिः। इतरान्ध परंपरा' (सांख्य सूत्र)। इससे निष्कर्ष निकलता है कि दार्शनिक भूमि पर धार्मिक मतांधता को लेकर सचेतनता थी।

इसमें संदेह नहीं कि प्राचीन युगों में दर्शन धर्म का पोषण करता रहा है। फिर भी यह देखकर विस्मय हो सकता है कि अविकसित भारतीय सामाजिक माहौल में वैदिक दर्शनों में कितनी तार्किकता और उदात्तता है– सृष्टि तथा मानव जीवन की समस्याओं को समझने का कैसा बौद्धिक उत्साह है। वैदिक और बौद्ध-जैन दार्शनिक भौतिक अभावों, बाधाओं और पीड़ाओं से गुजरते हुए, आपस में कभी टकराते और कभी घुलते-मिलते हुए और अपने विश्वासों को तर्क के आधार पर जांचते हुए वस्तुतः एक बहुकेंद्रिक दिक्काल में कुछ नया सोच रहे थे। वे समाज के बौद्धिक आधार को व्यापक करना चाहते थे।

निश्चय ही दर्शन यदि स्वायत्त सत्ता नहीं है तो वह ऐसा दास भी नहीं है कि परंपरागत धार्मिक आस्था के प्रति आलोचनात्मक होकर सभ्यता की नई आकांक्षाओं को प्रतिबिंबित न कर सके। हर युग के जागरूक

मनुष्यों में धार्मिक आस्था के बावजूद, आलोचनात्मक अंतर्दृष्टि मौजूद रही है। इसलिए वह नए लक्ष्यों के अनुसार अपनी आस्था का तार्किक पुनर्गठन करता रहा है। निःसंदेह धर्म अन्य तमाम व्यवस्थाओं की तुलना में ज्यादा कठोर होता है, फिर भी देखा जा सकता है कि वह दर्शन की तार्किक अन्वेषण की प्रवृत्ति पर कभी अंकुश नहीं लगा सका। धर्म कभी दर्शन को अपने कठोर ढांचे में बांध नहीं पाया और वह मनुष्य की स्वतंत्र बौद्धिक सोच को रोक नहीं पाया।

हर धर्म अपनी पूर्णता का दावा करता है। वह दूसरे धर्मों के असर से अपने को कठोरतापूर्ण बचाकर रखना चाहता है, जबकि दर्शन अपने तर्क की परिधि में अधिक उदार, समावेशी और वैश्विक होता है। बल्कि एक धर्म में दूसरे धर्मों के गुण दर्शन की राह से मिश्रित होते हैं। दर्शनों ने धर्मों का रूपांतरण किया है, उनमें सुधार किया है और जोखिम उठाकर कूपमंडूकता को चुनौती दी है।

दर्शन की अंतरराष्ट्रीयता

राहुल सांकृत्यायन ने दर्शन के उदात्त गुणों की ओर संकेत किया था, 'विश्वव्यापी दर्शन की धारा देखने से मालूम होगा कि वह राष्ट्रीय की अपेक्षा अंतरराष्ट्रीय ज्यादा है। दार्शनिक विचारों को ग्रहण करने में उसने कहीं ज्यादा उदारता दिखाई, जितना धर्म ने दूसरे देश के धर्म को स्वीकार करने में। यह कहना गलत होगा कि दर्शन के विचारों के पीछे आर्थिक प्रश्नों का कोई लगाव नहीं था, तो भी धर्मों की अपेक्षा वह एक राष्ट्र के स्वार्थों को दूसरे राष्ट्र पर बहुत कम लादना चाहता रहा। इसीलिए हम जितना गंगा-आमू-दजला और नालंदा-बुखारा-कार्दोवा का स्वतंत्र स्नेहपूर्ण समागम दर्शनों में पाते हैं, उतना साइंस के क्षेत्र से अलग कहीं नहीं पाते।' (दर्शन-दिग्दर्शन)। राहुल ने परिचयात्मक ही सही, विश्व के सभी प्रमुख दर्शनों के विकास का इतिहास इस उद्देश्य से सामने रखा कि उनकी भिन्नता के साथ-साथ सारभूत अखंडता भी जाहिर हो सके। उन्हें अफसोस था, 'समय और साधन के अभाव से हम चीन और जापान की दार्शनिक धारा नहीं दे सके, किंतु ऐसा होने पर भी, इस निष्कर्ष में तो कोई अंतर

नहीं पड़ता कि दर्शन के क्षेत्र में राष्ट्रीयता की तान छेड़ने वाला खुद धोखे में है और दूसरों को भी धोखे में रखता है।' (वही)।

'दर्शन-दिग्दर्शन' 1944 में छपा था। पूरा संसार तब तक दूसरे विश्व युद्ध से दहल चुका था और राष्ट्रवादी संकीर्णताओं से ऊब चुका था। इस पृष्ठभूमि में दर्शन का नया महत्व उजागर हुआ था। आधुनिक यूरोप में प्रचुर दार्शनिक चिंतन हुआ, जिसका असर विश्व साहित्य और संस्कृति पर पड़ा। इस परिप्रेक्ष्य में राहुल ने कहना चाहा था कि दर्शन सत्य पर विचार करता है, जो गतिशील है। राहुल सांकृत्यायन भारतीय दर्शन के विकास को उपनिषद के आत्मवाद (वाद), चार्वाक के भौतिकवाद (प्रतिवाद) तथा बुद्ध के अभौतिक अनात्मवाद (संवाद) के द्वंद्ववाद से परिभाषित करते हैं।

बुद्ध का झुकाव सनातन की जगह अनित्य की ओर था। वह एक ओर कर्मकांड और भोगमय जीवन के विरोध में थे, दूसरी ओर, शरीर सुखाने को मूर्खता समझते थे। उन्होंने मध्यम मार्ग चुना था। अजातशत्रु से अच्छा संबंध होते हुए भी उन्होंने जनतांत्रिक गुणों के कारण लिच्छिवियों की प्रशंसा की थी, वैशाली का पक्ष लिया था। इन्हीं कारणों से राहुल सांकृत्यायन को गौतम बुद्ध अधिक रैशनल लगते थे। भारत में बौद्ध धर्म के उदय के कुछ सौ सालों के बाद वह राजाश्रय में चला गया। वह निरंकुश सत्ताओं का पोषक बनकर पतन का शिकार हुआ। उसे विस्थापन झेलना पड़ा। बौद्धों को प्रताड़ित भी होना पड़ा। इस देश में बौद्ध धर्म फैल नहीं पाया।

राहुल सांकृत्यायन दार्शनिक एस. राधाकृष्णन के एक अतिरंजनापूर्ण कथन के जवाब में कहते हैं, 'भारतीय दर्शन विज्ञान या कला का लग्गू-भग्गू न रहा हो, किंतु धर्म का लग्गू-भग्गू तो वह सदा से चला आता है।' राहुल भारत के आदर्शवादी दर्शन के सकारात्मक तत्वों को मान्यता न दे सके थे, जैसा कि मार्क्स ने हीगेल के आदर्शवाद को उसकी ऐतिहासिक महत्ता स्पष्ट करके मान्यता दी थी। देवीप्रसाद चट्टोपाध्याय सहित कई बुद्धिजीवियों ने आमतौर पर भारतीय दर्शन की भौतिकवादी परंपरा को ही 'जीवंत' कहकर महत्व दिया तथा आदर्शवादी परंपरा को 'मृत' कहकर संरक्षणवादियों के उपयोग के लिए छोड़ दिया!

वैदिक दर्शन की बहुलता

वैदिक दर्शन लगभग एक हजार साल के बिखरे विचारों के व्यवस्थित तार्किक रूप हैं। उनमें कई स्रोतों से धारणाएं शामिल हुई हैं। यहां तक कि उनमें चार्वाक दर्शन का तत्व भी है, जिसके अनुसार आत्मा कुछ नहीं है। वैदिक दर्शन से संबंधित दार्शनिकों की सबसे बड़ी खूबी यह है कि वे राजाश्रय में नहीं थे।

प्राचीन भारतीय समाज कई आंतरिक परिवर्तनों से गुजर रहा था। फलतः नए-नए दर्शनों का विकास हुआ। कोई भी दर्शन निस्तेज हो जाता है, जब उसका सामाजिक आधार खिसक जाता है। ऐसे समय नई ऐतिहासिक जरूरत से नया दर्शन अस्तित्व में आता है। वैदिक दर्शनों में कुछ अनीश्वरवादी दर्शन हैं, जैसे सांख्य, पूर्वमीमांसा और वैशेषिक। कुछ ईश्वरवादी दर्शन हैं, जैसे न्याय, योग और वेदांत (उत्तरमीमांसा)। इस तरह कुल छह वैदिक दर्शन हैं। अनीश्वरवादी दर्शन ईश्वर को मान्यता नहीं देते, लेकिन वेदों से संबंध रखते हैं।

यह भी एक महत्वपूर्ण तथ्य है कि ईश्वर को नहीं मानने वाले दर्शन लोकप्रिय नहीं हो सके क्योंकि अभाव, विपदा और निराशा से निरंतर घिरे लोगों को ईश्वर से अलग करना संभव नहीं था।

वैदिक दर्शनों की भूमिका केवल भौतिकवाद या आदर्शवाद के पक्ष में खड़े होने तक सीमित नहीं है। हम इनका सही मूल्यांकन तब कर पाएंगे, जब देखेंगे कि परस्पर विरोधी तत्व लेकर चलते हुए भी इनमें कितनी उदात्तता और गतिशीलता है। ये वैदिक साहित्य की व्याख्या में किस तरह लोकतांत्रिक बहुलता का परिचय देते हैं और लगभग एक हजार साल के भारतीय मानस की आस्था ही नहीं उसके संशयों को भी उजागर करते हैं।

उल्लेखनीय है कि आमतौर पर सभी वैदिक दर्शनों का उदय बुद्ध के काल के आसपास होता है। इसे एक तरह से दार्शनिक संवाद और सामाजिक उथलपुथल का काल कहा जा सकता है।

सांख्य ने न केवल संसार को ईश्वर की सृष्टि नहीं माना, बल्कि यह भी घोषित किया कि वैदिक यज्ञों और धर्मानुष्ठानों से दुखभोग का निवारण नहीं होगा। यज्ञ के साथ हिंसा जुड़ी है, जिससे दुख बढ़ता है,

घटता नहीं है। सांख्य ने धार्मिक तामझाम के संबंध में लिखा कि यज्ञादि धर्मानुष्ठान से हम थोड़े समय के लिए पाप दूर कर सकते हैं, उनसे हमेशा के लिए छुटकारा नहीं पा सकते। सांख्य वैदिक उपायों से अपनी असहमति दर्ज करते हुए बताता है, 'अनुश्रविक (वेद) के उपाय पूरी तरह विशुद्ध नहीं हैं, वे क्षयशील और अतिशयतापूर्ण हैं।' देवीप्रसाद चट्टोपाध्याय ने सांख्य को अनीश्वरवादी दर्शन ही नहीं, वेद-विरोधी दर्शन भी कहा है, जबकि वेदों की आलोचना करते हुए भी सांख्य के दार्शनिकों ने वेदों की निंदा करने की जगह केवल उनकी सीमाएं बताई हैं।

सांख्यकारिका की द्विपदियों में भौतिक औषधियों की भी सीमा बतलाई गई है। कहा गया है, 'शारीरिक व्याधियों से मुक्ति का उपाय औषधियों का सेवन है। फिर भी इससे दुखभोग पूर्णतया निर्मूल नहीं हो सकता।' इसका मतलब है कि सांख्य पूरी तरह भौतिकवादी दर्शन नहीं है। वेद के प्रति सांख्य का रुख निंदा का नहीं है, केवल आलोचना का है। यही वजह है कि श्वेताश्वतर उपनिषद में प्रकृति और पुरुष के साथ ईश्वर का तत्व शामिल करके सांख्य के प्रथम दार्शनिक कपिल (700-600 ईसा पूर्व) की महिमा गाई गई है, 'हर चीज, हर रूप, हर स्रोत पर शासन करने वाले परमेश्वर ने सर्वप्रथम कपिल को विवेक से परिपूर्ण किया और इसे उत्पन्न होते देखा।' यदि सांख्य वेदनिंदक होता तो कपिल को उपनिषद में सम्मानजनक जगह नहीं मिलती। कहा जाता है कि गौतम बुद्ध ने कपिल के शिष्यों से शिक्षा ली थी और उन्हीं की स्मृति में कपिलवस्तु नगर बना था।

सांख्य दर्शन से तीन निष्कर्ष निकलते हैं। पहला, हिंदू धर्म में असहमति की परंपरा काफी प्राचीन है। दूसरा, वैदिक दर्शन में बाह्य प्रदर्शन और हिंसा को साहसपूर्वक बुरा घोषित किया गया है और तीसरा, सांप्रदायिक समतलीकरण भारतीय परंपरा नहीं है। यही वजह है कि कपिल के दर्शन को उपनिषद में भी सम्मान मिला और बौद्ध धर्म में भी। इसका मतलब है कि वैचारिक संघर्ष ही नहीं, अंतर्मिश्रण भी एक भारतीय यथार्थ है।

सांख्य ने प्रकृति (पंच महाभूतों से बना वस्तुजगत) और पुरुष (आत्मा) को सनातन मानकर प्रकृति को कार्य-कारण संबंध से परिभाषित

किया था। कपड़ा तभी बनेगा, जब धागा हो। बिना कारण के कोई कार्य नहीं होता, यह धारणा विकासवाद की बुनियाद है। सांख्य इस धारणा का विरोध करता है कि ईश्वर की मर्जी या चेष्टा से कार्य होता है। इस प्रकार वह धर्म की अलौकिकता पर आक्रमण करता है। सांख्य के अनुसार, सत्व, रजस और तमस के गुणों से समन्वित त्रिगुणात्मक जगत ही प्रकृति है। उसका लक्ष्य आत्मा को उसकी नींद से जगा देना है। पुरुष अर्थात आत्मा एक निष्क्रिय सत्ता है। वह प्रकृति की क्रियाओं का स्थल है।

'गीता' में अर्जुन एक ऐसी ही निष्क्रिय सत्ता हैं। जो भी कार्य है, वह श्रीकृष्ण करते हैं। श्रीकृष्ण अर्जुन को नींद से जगाते हैं। उनका मुख्य लक्ष्य अर्जुन में यह भाव पैदा करना है, "मैं नहीं है, मेरा कुछ नहीं है और मेरे मन में कोई अहं नहीं है।" (सांख्यकारिका)। 'गीता' कर्म को महत्व देते हुए भी कर्म करने वाले मनुष्य को महत्ता नहीं देती, उसे नगण्य ठहराती है। दूसरे ध्रुव पर वेदांत मनुष्य को महत्ता देते हुए उसमें ईश्वर देखता है। इसने सवाल उठाया, 'मैं कौन हूं?' (बादरायण)। दर्शन में ऐसे ही विषय रहे हैं, 'मैं हूं', 'मैं कौन हूं', 'सृष्टि क्यों है', 'जीवन का लक्ष्य क्या है', 'जगत क्या है?'

देखा जा सकता है कि सांख्य का विस्तार बौद्ध दर्शन तक सीमित नहीं है, 'गीता' तक है, जहां वह योग के मेल से खड़ा है। छह प्राचीन वैदिक दर्शनों में सबसे अधिक लौकिक और वैज्ञानिक तत्व सांख्य में हैं।

सांख्य की कमी यह है कि उसमें विकास के नियमों के लिए स्थान नहीं है जो स्वाभाविक है। वह एक ऐसी सांख्यिक/यांत्रिक दृष्टि है, जिसमें मनुष्य अपनी ही क्षमता से अनजान है। वह प्रकृति के हाथों कठपुतली बना होता है। इसलिए प्रकृति पर नियंत्रण या उस पर विजय की कोई सचेत कार्रवाई नहीं कर पाता। मनुष्य अपनी जगह एक पूर्व-निर्धारित सत्ता होता है, जैसा अर्जुन थे।

उल्लेखनीय है कि प्राचीन वैदिक दर्शनों ने हिंदू धर्म से अपना जैसा भी संबंध रखा हो, लेकिन हिंदू धर्म ने वैदिक दर्शन के सार से अपने को अकसर विच्छिन्न रखा। दर्शन विशिष्ट वर्ग के बौद्धिकों की बहस का मामला था, जबकि धर्म अभावग्रस्त साधारण लोगों की भोली आस्था का

अंग था। आम हिंदू शिक्षा के अभाव और आर्थिक पिछड़ेपन के कारण वैदिक दर्शन की नई युक्तियों के प्रति आकर्षित नहीं हो पाए। वे मुख्यतः उन चमत्कारपूर्ण और रहस्यात्मक पौराणिक कथाओं में रुचि लेते थे जो दार्शनिकों की जगह पुरोहितवाद की देन थीं।

फिर भी वैदिक दर्शनों ने प्राचीन समय में एक सकारात्मक भूमिका निभाई थी। इन्होंने यथासंभव आस्था को विवेक से जोड़ने और उसे बुद्धि से परिष्कृत करने की कोशिश की थी। यह जागरण का काम है। उस युग के सभी दार्शनिक व्यावहारिक धरातल पर विफल हुए। फिर भी दार्शनिकों ने आखिरी क्षणों तक अंधास्था के विरुद्ध जो वैचारिक संघर्ष चलाया, उसे हम अद्वितीय कहेंगे।

पूर्व मीमांसा में वैदिक यज्ञ और इसके मंत्रों का औचित्य स्थापित करते हुए भी ईश्वर का अस्तित्व नकारा गया है। इसका पहला सूत्र है, 'अथातो धर्म जिज्ञासा'। इस दर्शन के प्रवक्ता जैमिनी (लगभग 400 ईसा पूर्व) न यह मानते हैं कि वेदों की रचना ईश्वर ने की, न वह देवताओं की भौतिक यथार्थता स्वीकार करते हैं। उनके अनुसार, स्मृति ग्रंथों के उन धार्मिक निर्देशों को त्याग देना चाहिए, जिनका निर्माण स्वार्थ की प्रेरणा से हुआ है। इस दार्शनिक परंपरा के एक अन्य प्रतिनिधि कुमारिल भट्ट (8वीं सदी) बतलाते हैं कि हम अपने कर्मों का फल देवताओं की कृपा से नहीं प्राप्त करते। ऐसे विचारों के बावजूद वे वैदिक कर्मकांड को धर्म का प्रमुख रूप मानते हैं और यज्ञ को प्रधानता देते हैं, जिसे कुछ प्रगतिशील चिंतकों ने आवरण कहा है। देखा जा सकता है कि पूर्व मीमांसा वैदिक साहित्य की औपनिषदिक धारा को महत्व न देते हुए अनीश्वरवाद के रास्ते पर है, पर वह कर्मकांड का दामन नहीं छोड़ पाता।

कुमारिल भट्ट ने कहा है कि धर्म को स्वप्निल सुख भर नहीं होना चाहिए और प्रत्यक्ष वस्तुएं भ्रम नहीं हैं, वे वास्तविक हैं। धर्म की व्याख्या में सैकड़ों साल पहले पूर्व मीमांसा का इस हद तक भौतिकवाद की ओर बढ़ना साधारण घटना नहीं है। इसे विज्ञान या बुद्धिवाद नहीं कहा जाएगा। यह जड़ भौतिकवाद ही है और औपनिषदिक आदर्शवादी इसे नीरस कर्मकांड

मानेगा। फिर भी एक ही धार्मिक परंपरा में ईश्वर को नहीं मानने की स्वतंत्रता का यह एक गौरवशाली उदाहरण है।

वैदिक दर्शनों में कणाद (600-400 ईसा पूर्व) के वैशेषिक सूत्र का एक खास महत्व है। इसका भी पहला सूत्र है 'अथातो धर्म जिज्ञासा'। उपनिषदों ने भौतिक जगत की सत्ता को मान्यता नहीं दी थी। कणाद ने न केवल इसे यथार्थ माना, बल्कि बताया कि यह ईश्वर द्वारा निर्मित नहीं है। कणाद के वैशेषिक सूत्र का आरंभ इस प्रसिद्ध कथन से हुआ, 'अब मैं धर्म का व्याख्यान करता हूँ। जिससे लौकिक और पारलौकिक सुख मिले, वह धर्म है।' उनके दर्शन में योगी की क्षमता की चर्चा है और मोक्ष का प्रतिपादन है। फिर भी कणाद के वैशेषिक दर्शन के सार का संबंध पदार्थवाद से है। इस दर्शन के अनुसार, धर्म मनुष्य को केवल काल्पनिक ज्ञान नहीं कराता, यथार्थ का भी ज्ञान कराता है। वस्तुएं जिस रूप में हैं, उस रूप में उनका ज्ञान कराना धर्म का काम है। पारलौकिक (निःश्रेयस) के साथ लौकिक (अभ्युदय) को महत्व देना कणाद की विशिष्टता है। उन्होंने लौकिकता और पदार्थवाद का प्रवर्तन करके वस्तुतः अध्यात्मवाद को अपर्याप्त करार दिया।

कणाद के दर्शन को परमाणुवाद भी कहा जाता है, क्योंकि वह भौतिक जगत की सभी वस्तुओं का विकास परमाणु से मानता है। वैशेषिक ने सभी वस्तुओं को नौ कोटियों में बांटा—पृथ्वी, जल, आग, हवा, आकाश, समय, दिशा, आत्मा और मन। इनमें पहली चार भौतिक वस्तुएं हैं तथा बाकी अभौतिक। पहली चारों वस्तुओं के प्राथमिक परमाणु शाश्वत हैं। उनका निर्माण किसी ने भी, ईश्वर ने भी नहीं किया। वे इस तरह शाश्वत हैं– घड़ा टुकड़े-टुकड़े हो सकता है, किंतु उसके परमाणुओं को कभी नष्ट नहीं किया जा सकता। कणाद ने आगे बढ़कर यह भी सोचा कि चेतना, बुद्धि इत्यादि भी पदार्थ के ही संश्लिष्ट सम्मिश्रण की उपज हैं। यहां तक कि दिक् और काल भी पदार्थ हैं।

कणाद ने परमाणुवाद की धारणा अनीश्वरवादी जैन धर्म से ली थी, जिसके अनुसार भौतिक वस्तुएं सूक्ष्म परमाणुओं से बनी हैं। परमाणुवाद को भौतिकवादी दर्शन माना जाता है, लेकिन कणाद के वैशेषिक सूत्र में

पुण्य लाभ के लिए ब्राह्मण भोज, दान-दक्षिणा, उपवास तथा पुरोहित वर्ग के विशेषाधिकारों का समर्थन है। यह अस्वाभाविक नहीं है कि प्राचीन दर्शन में पुरानी धारणाएं और संस्कार बचे हुए हैं, क्योंकि पुरानी सामाजिक संरचना के तत्व नए विकासों के बावजूद हर युग में पूरी ताकत से विद्यमान रहे हैं। यही वजह है कि भारतीय दर्शन की अनीश्वरवादी धारा में रूढ़िवादी धार्मिक तत्व भी मौजूद थे।

भौतिकवादी दृष्टिकोण तक पहुंच कर भी कणाद वैज्ञानिक दृष्टिकोण नहीं दे सके थे, क्योंकि उनके लिए पदार्थ के अंतर्विरोधों और समाज की शक्तियों को पहचानना मुश्किल था। उन्हें जीवन और शक्तियों के स्रोत के रूप में अंततः आत्मा की ही धारणा उपस्थित करनी पड़ी थी। राधाकृष्णन (भारतीय दर्शन) और राहुल सांकृत्यायन (दर्शन-दिग्दर्शन) दोनों ने एक स्वर से इस दर्शन को बौद्ध 'अनित्य' और 'अनात्मवाद' के विरुद्ध कणाद की दर्शनिक प्रतिक्रिया कहा है। हम जानते हैं कि पुराने प्रभावों के कारण खुद बौद्ध दर्शन भी 'अनित्य' और 'अनात्मवाद' के बावजूद पुनर्जन्मवाद की धारणा लेकर चल रहा था। यदि आत्मा ही नहीं है तो पुनर्जन्म कैसे संभव है!

भारतीय धार्मिक परंपराओं में आस्था का सर्वोच्च स्थान है, पर दर्शन में उसे पर्याप्त नहीं माना जाता। आस्था में यदि सचाई को जांचने की शक्ति न हो, तो उसकी आधारशिला कच्ची है, तब वह तर्क को अपना दुश्मन समझती है। न्याय सूत्र को अक्षपाद गौतम (लगभग 400 ईसवी) ने सूत्रबद्ध किया था, हालांकि न्यायशास्त्र की परंपरा पुरानी है। आस्था और तर्क, सोचने पर आज जितना विरोधी लगते हैं, पहले नहीं थे। न्यायशास्त्र में कहा गया है, 'न्याय से किस बात का बोध होता है? न्याय से वस्तु की जांच-पड़ताल का बोध होता है।' किसी तर्क या अन्वीक्षा का लक्ष्य है न्याय। धर्मात्माओं और पुरुषार्थियों ने खोज और जांच-पड़ताल के बाद मनुष्यों के कल्याण के लिए पहले जो कुछ कहा गया था, उसे 'आप्तोपदेशः शब्दः' माना गया, अर्थात आप्त कथन। न्याय दर्शन अनुमान या अन्वीक्षा द्वारा पहले से ज्ञात बातों को तर्क पर कसकर उनके बारे में जानकारी देता है। उसका लक्ष्य पहले से ज्ञात वस्तु के ज्ञान को प्रत्यक्ष ज्ञान की

कसौटी पर जांचना है, इस तरह पुराने ज्ञान को तर्कसम्मत बनाना है। यदि वेद पहले तर्कसम्मत था, तो उसकी परंपरा भी तर्कसम्मत होनी चाहिए। न्याय-वैशेषिकों ने तर्क से वस्तुतः यही काम लिया। उन्होंने आस्था की धुलाई-सफाई करते रहने पर जोर दिया।

विश्व के जिन दार्शनिकों ने तर्कसम्मत चिंतन की नींव डाली, उनमें अक्षपाद गौतम को ऊंचा स्थान दिया गया है। उनके न्यायसूत्र की पहली स्थापना है, 'संशय न्यायशास्त्र का मार्गदर्शक है'। यदि मनुष्य का सर्वोच्च लक्ष्य पारलौकिक सुख पाना हो तो भी गौतम ने घोषणा की कि इसे यथार्थ के पूर्ण ज्ञान द्वारा ही पाया जा सकता है। न्याय दर्शन ने सृष्टि को नित्य माना। आत्मा की भी नित्य सत्ता स्वीकार की और बौद्ध दर्शन से अलग, परंपरागत लाइन पकड़ी। उन्होंने सृष्टि और आत्मा को भौतिक पदार्थ के रूप में देखा। उनकी दृष्टि से ईश्वर की यहां कोई भूमिका नहीं है। न्याय दर्शन यथार्थ के ज्ञान के लिए अनुमान, तर्क, बुद्धि आदि दिमागी क्रियाओं को जरूरी मानता है।

न्याय सूत्र के एक प्रमुख भाष्यकार वात्स्यायन न्याय दर्शन में ब्रह्म की धारणा शामिल कर लेते हैं, पर वे इस मत का विरोध करते हैं कि सभी कार्य परमात्मा की प्रेरणा से होते हैं और पुरुषार्थ का कोई स्थान नहीं है (न्याय भाष्य)। न्याय दर्शन द्वारा मनुष्य की इच्छाशक्ति और पुरुषार्थ को महत्व देना उस युग की सीमा में उन्नत विवेक का लक्षण कहा जाएगा। एक तरह से यह उस सांख्य दर्शन से अलग रास्ता है, जो पुरुष (व्यक्ति) को नगण्य करार देता है।

अज्ञानता पीड़ा का जनक है। अक्षपाद गौतम ने पीड़ा से मुक्ति के लिए जिन सोलह पदार्थों का ज्ञान जरूरी माना, उनमें पहला स्थान दिया प्रमाण को। प्रमाण चार प्रकार के बतलाए– प्रत्यक्ष, अनुमान, उपमान और आप्त शब्द। प्रत्यक्ष ज्ञान इंद्रियों के अनुभव से प्राप्त किया जाता है। अनुमान करने के लिए इंद्रियनिष्ठ संज्ञानात्मक सीमाओं के पार जाना होता है, जैसे धुएं को देखकर आग का अनुमान होता है। इस तरह परंपरागत आस्था के समानांतर, अनुभव और तर्क को महत्व देना एक दार्शनिक विकास है। किसी वस्तु का सीधा ज्ञान न हो तो पूर्वज्ञात वस्तु

के उदाहरण, उपमान या तुलना से भी ज्ञान प्राप्त हो सकता है, जैसे नीलगाय गाय जैसी होती है। विश्वसनीय ऋषियों या विद्वानों द्वारा कहे गए आप्त शब्द भी ज्ञान तक पहुंचाते हैं।

न्याय सूत्रकार अक्षपाद गौतम द्वारा प्रमाणों पर जोर देना मनुष्य के लौकिक अनुभव और तर्कशक्ति का महत्व स्थापित करना था, क्योंकि धार्मिक आस्था जीवन की नई आवश्यकताओं से विच्छिन्न होकर रहस्य और चमत्कारों से घिरती जा रही थी। रहस्य, चमत्कार या शक्ति के प्रचार के लिए धर्म का इस्तेमाल उसी प्रकार होने लगा था, जिस तरह आज किया जाता है। आज सोशल मीडिया के प्रचार या साइबर औजारों से बचना कठिन है। उस जमाने में भी मिथ्या धार्मिक प्रचारों से विरत रहना कठिन था। इसलिए न्याय दर्शन ने जीवन के यथार्थ को जानने के लिए प्रमाणों के महत्व को बचाने की कोशिश की। धार्मिक विशेषाधिकार-प्राप्त पुरोहितों, धर्माचार्यों और महंतों का वर्ग ऐसे प्रयासों के विरुद्ध था।

अक्षपाद गौतम ने वैदिक प्रमाण को निश्चय ही नहीं त्यागा, क्योंकि उनका चिंतन धार्मिक परंपरा के खुलेपन का उपयोग करते हुए भी बुनियादी धर्मशास्त्रीय ढांचे के विरुद्ध नहीं जा सकता था। फिर भी यह साधारण घटना नहीं है कि गौतम ने ज्ञान की रहस्यवादी पद्धति के समानांतर हेत्वानुमान का लौकिक सिद्धांत रखा, अर्थात किसी भी बात पर विचार करते समय 'क्यों' का तर्कयुक्त जवाब पाना जरूरी है।

पूर्वपक्ष तथा उत्तरपक्ष के बीच वाद-विवाद की द्वंद्वात्मक पद्धति न्याय दर्शन की एक अन्य महत्वपूर्ण खूबी है। कहा जाता है कि इस पर सुकरात के संवाद का प्रभाव है। वस्तुतः न्याय दर्शन का लक्ष्य था धर्म को मतांधता से बचाना। कहने की जरूरत है कि दर्शन ज्ञान दे सकता है, लेकिन सैकड़ों साल की घटनाओं से यही जाहिर होता है कि उसके पास समाज को बदलने की ताकत नहीं होती।

न्याय दर्शन स्मृतिकारों (कठोर धार्मिक निर्देशों के संकलनकर्ता) तथा पुरोहित वर्गों के लिए खतरा पैदा करने वाला था। अतः स्मृतिकारों ने न्याय दर्शन का विरोध किया। 8वीं सदी के लोकप्रिय धर्माचार्य और दार्शनिक शंकर ने उसका विरोध किया। आस्था और अनुभव, धर्म और

तर्कबुद्धि में अंतर्क्रिया की जो परंपरा न्याय-वैशेषिकों ने स्थापित की थी, उसका विकास नहीं हो सका। अंकुर सूखी मिट्टी में निर्जीव हो गया। फिर भी सख्त भारतीय समाज में अनुभव और तर्क की महत्ता का उद्घोष करते हुए भ्रांतियों के खिलाफ एक दर्शन खड़ा हो रहा था!

पतंजलि (लगभग 200 ईसा पूर्व) प्राचीन काल के एक चिकित्सक थे। उनके योग दर्शन में वस्तुतः योग प्रणाली के सूत्र हैं। इसे ईश्वरवादी सांख्य भी कहा जाता है। पतंजलि ने सैकड़ों साल से चली आ रही योग की परंपरा को सुसंगठित किया। इसमें कई विधियां जैन, बौद्ध और तांत्रिक परंपराओं की हैं। वेदांतियों की भी इस दार्शनिक पद्धति में दिलचस्पी थी। उन्होंने इसे आत्मज्ञान के साधन के रूप में अपनाया। योग प्रणाली में लौकिक तत्व ज्यादा थे। इसका प्रसार बौद्ध और जैन धर्मावलंबियों के बीच ही नहीं, ईसाइयों और सूफी साधकों के बीच भी हुआ। योग शुरू से एक वैश्विक मामला रहा है।

योग शरीर और मन पर नियंत्रण की प्रणाली है। यह शरीर और इंद्रियों के स्तर पर एक ऐसी साधना है, जिसका लक्ष्य केवल आध्यात्मिक नहीं है। आगे चलकर यह पंथनिरपेक्ष रूप से दुनिया भर में लोकप्रिय हुआ और इसका व्यवसाय भी हुआ।

पतंजलि के लिए योग सिर्फ शरीर का मामला नहीं था। उनके योगशास्त्र में नैतिक आयाम महत्वपूर्ण हैं। उसमें कहा गया है– जो योग साधना आरंभ करना चाहता है, वह हिंसा का भाव छोड़ दे और किसी से वैर न रखे, सत्य बोले, सदाचरण करे, जितेंद्रिय हो और निरभिमानी हो। ये पांच यम हैं जिनकी तरफ आधुनिक युग के योगाभ्यास करनेवाले शायद ही ध्यान देते हैं।

योग साधना के नैतिक आयाम इसके प्रमाण हैं कि हिंदुओं के लक्ष्य कई मामलों में कितने उदात्त थे।

वेदांत और इसकी स्वीकार्यता

वैदिक दर्शनों में आखिरी है वेदांत। यह एक प्रस्थान बिंदु है। यह वेदों के अंतिम चरण उपनिषदों पर आधारित है। भारतीय दर्शन का यह ऐसा

विकास है जो कई धाराओं में हुआ। इसका एक छोर यदि बादरायण (300 ईसा पूर्व) है तो दूसरा विवेकानंद (1863-1902) है। बीच में शंकर, रामानुज और रामानंद ने अपने-अपने काल में इसे वैचारिक मोड़ दिया।

भारतीय दर्शन में वेदांत ही अंततः विभिन्न राहों से लोकमानस तक पहुंच सका। बाकी दर्शन पीछे छूट गए, गौण हो गए या वेदांत में मिश्रित हो गए। ऐसा क्यों हुआ, यह समझना कठिन नहीं है। लोकायत तथा न्याय-वैशेषिक दर्शन भारतीय समाज में अपनी एक महत्वपूर्ण भूमिका निभाते हैं। लेकिन उनके भौतिकवादी तत्व अनोखे होने के बावजूद न वैचारिक समग्रता पा सके और न लोक में व्यापक रूप से स्वीकार्य हुए। वेदांत एक आदर्शवादी दर्शन के रूप में भारतीय समाज की प्रकृति के अधिक अनुकूल साबित हुआ। इसने अपनी सीमा में समय-समय पर किस तरह सामाजिक परिवर्तन की भारतीय आकांक्षाओं को बल प्रदान किया और सांस्कृतिक मानवतावाद का रास्ता साफ किया, यह देखने की जरूरत है। वेदांत की प्रेरणा से कई सामाजिक रूढ़ियां टूटीं। हर तरह के भौतिकवादी अंततः सुखवाद में फँस गए, जबकि भारतीय अंतरात्मा को वेदांत के आदर्शवाद ने थोड़ा-बहुत बचा कर रखा।

वेदांत अद्वैत पर आधारित दर्शन है, जिसमें कोई 'पर' नहीं है और 'ईश्वर' की उपस्थिति हर जगह है। 'अहं ब्रह्मास्मि' (मैं ब्रह्म हूं) और 'तत्त्वमसि' (तुम जिस ईश्वर को खोज रहे हो वह खुद तुम हो) इसके प्रमुख सूत्र हैं। अद्वैत की धारणा ने धार्मिक बाह्याचार की जगह आत्मबोध को महत्व दिया। भक्त कवियों पर इसका व्यापक प्रभाव पड़ा। कबीर कहते थे, 'जब मैं था तब हरि नहीं, अब हरि हैं मैं नांहि।' तुलसी ने भी कहा, 'जानत तुम्हहि तुम्हहि होइ जाई'। भक्ति आंदोलन ने वेदांत का रसमय और अधिक यथार्थ प्रचार किया।

कई विद्वानों ने वेदांत को एक भूलभुलैया माना है, जो जीवन की वास्तविक समस्याओं को जानने से विमुख करता है। उनका आरोप है कि वेदांत ने 'मनुस्मृति' का पक्ष लेकर शूद्रों को पहले सी अपमानजनक दशा में रखा और बौद्धों के जातिविहीन समाज के सारे प्रयासों पर पानी फेर दिया। वेदांत ने आस्था के पक्ष में तर्क की धज्जियां उड़ा दीं और

रहस्यवाद को मजबूत किया। यह शोषक वर्गों का जड़ और भ्रामक आदर्शवादी दर्शन है, जिसने अनीश्वरवादी भौतिकवादी दार्शनिक विकास को कुंठित किया। वेदांत पर ये कुछ परंपरागत आरोप हैं। फिर भी लगभग दो हजार सालों से भारतीय समाज के सांस्कृतिक विकास को समझना हो तो वेदांत के प्रति एलर्जी से काम नहीं चलेगा।

वेदांत के पहले प्रवक्ता बादरायण ने 'अथातो ब्रह्म जिज्ञासा' से अपनी चर्चा शुरू की थी और वैदिक मतभिन्नता का समाधान करना चाहा था। उनके 'ब्रह्म सूत्र' के पहले अध्याय का नाम है 'समन्वय'!

सिकंदर के आक्रमण के बाद यह मौर्य साम्राज्य के विस्तार का युग था। भारतीय दर्शन में यह पहला अवसर था, जब ईश्वर से मनुष्य के रिश्ते को पहचानने के लिए 'समन्वय' को प्रमुखता दी गई। इसकी जरूरत क्यों पड़ी, इस पर सोचना चाहिए।

300 ईसा पूर्व के आसपास वर्ण व्यवस्था और कर्मकांड पर बौद्धों का प्रहार तीव्र हो चुका था। कृषि और दस्तकारी के मेल से बने अनगिनत आत्मनिर्भर ग्राम समुदाय थे, पर अब नगर भी अस्तित्व में आ रहे थे। यहां रहने के लिए विभिन्न जनसमूहों के लोग आ चुके थे। यही वजह है कि समाज को समन्वय के आदर्श की जरूरत महसूस हुई। इसके अलावा, जगत के यथार्थ को धर्मशास्त्रीय स्वीकृति दी जाने लगी। बादरायण का वेदांत इस जगत के यथार्थ को स्वीकार करता है, कुछ परवर्ती वेदांतियों की भांति उसे भ्रांति घोषित नहीं करता। उपनिषदों में आत्मा की परम सत्ता की धारणा के बावजूद, संसार की सचाई और कर्म का निषेध नहीं है। इसलिए बादरायण अपने 'ब्रह्म सूत्र' में यदि संसार के यथार्थ पर बल देते हुए कहते हैं, 'प्रत्यक्ष है, अतः अयथार्थ नहीं है,' तो यह वेदांत की परंपरा का एक जरूरी तत्व है, भले इसे ठुकराकर शंकर कहें, 'ब्रह्म ही सत्य है, जगत मिथ्या है'!

भारतीय दर्शन : भौतिकवाद बनाम आदर्शवाद की बहस

भारतीय दर्शन की आदर्शवादी अंतर्धारा के प्रति नकारात्मक तथा अनीश्वरवादी-भौतिकवादी अंतर्धारा के प्रति सकारात्मक दृष्टि अपनाने

की एक परंपरा भारतीय बुद्धिजीवियों के बीच रही है। इसमें सुधार लाने की जरूरत है।

यहां उल्लेख करना जरूरी है कि 14वीं सदी के 'सर्व दर्शन संग्रह' में कर्नाटक के माधवाचार्य ने उस समय तक ज्ञात सभी दर्शनों की चर्चा की है। उनमें लोकायत या चार्वाक दर्शन भी है। यह उनका उदारवाद है कि वे जिन दर्शनों से असहमत हैं, उन्हें भी आदर से जगह देते हैं, जो भारतीय परंपरा है।

देवी प्रसाद चट्टोपाध्याय रणनीतिक कुशलता से काम लेते हैं। वे आदर्शवाद का प्रतिपक्ष खड़ा करते समय लोकायत की चर्चा करते हैं और उसका भारतीय दर्शन के जीवंत हिस्से के रूप में निश्चय ही अनोखा मूल्यांकन करते हैं। उन्होंने लोकायत की परंपरागत समझ पर टिप्पणी की है, 'लोकायत ने अनुमान की विश्वसनीयता, वेदों की सत्ता, ईश्वर-आत्मा और अमरत्व की सत्यता को नहीं माना। इसने तात्कालिक इंद्रिय-आनंद को छोड़ अन्य सभी नैतिक मूल्यों का खंडन किया।' मात्र इसी विवरण पर अपना ध्यान केंद्रित करते हुए राधाकृष्णन ने केवल एक ही प्रश्न पूछना उचित समझा– 'प्राचीन भारत में ऐसे अति-नकारात्मक दृष्टिकोण के पनपने का कारण क्या था?' (लोकायत)। लोकायत के कई मत वैदिक साहित्य से बहिष्कृत होते हुए भी लोक में दीर्घ काल तक प्रचलित थे, जैसे 'जब तक जियो सुख से जियो', 'कौवा खाए पितर क्यों पावे' आदि।

देवीप्रसाद चट्टोपाध्याय मेहनत से प्राचीन ग्रंथों तथा यूरोपीय लेखकों के ग्रंथों से बृहस्पति, चार्वाक, मक्खलि घोषाल आदि लोकायत दार्शनिकों के दबे हुए वैचारिक विवरणों को इकट्ठा करते हैं। वे अपनी पुस्तक 'लोकायत' में कहते हैं, 'इसमें संदेह नहीं कि लोकायतिकों ने श्रुति और स्मृति की प्रामाणिकता को स्वीकार नहीं किया और हिंदुओं के कर्मकांड, परलोक और स्वर्ग के विचारों की खिल्ली उड़ाई। ब्राह्मणों के रूढ़िवाद की लोकायतिकों द्वारा की गई आलोचना के कारण ही हमारे विद्वानों ने तुरंत यह कल्पना कर ली कि लोकायतिक लोग प्राचीन कूट तार्किक, संशयवादी या नास्तिक उन्हीं अर्थों में थे जिन अर्थों में आज हम इन शब्दों का प्रयोग करते हैं। किंतु यह संदेहास्पद है। ब्राह्मणों के कर्मकांड का विरोधी होने

का अनिवार्य अर्थ यह नहीं है कि लोकायतिक लोग हर प्रकार के कर्म के विरुद्ध थे। ...लोकायतिकों ने जिस प्रकार के अनुष्ठान किए, उनका संबंध परलोक से नहीं रहा होगा। लोकायत निश्चित रूप से इहलौकिक दृष्टिकोण की अभिव्यक्ति था।' इस प्रकार देवीप्रसाद चट्टोपाध्याय यह नहीं बता पाते कि लोकायतिक किन रूपों में कर्मठ थे। वे इनकी परंपरा की अति-सकारात्मक व्याख्या करते हैं।

देवीप्रसाद चट्टोपाध्याय घोषित करते हैं कि वेदों की प्रामाणिकता के प्रति न्याय-वैशेषिकों की श्रद्धा बनावटी और रणनीतिक थी। वे ऐसे झुकावों को उनकी रणनीति मानते हुए लिखते हैं, 'न्याय-वैशेषिक दर्शन के मूल प्रवर्तकों की यही स्थिति है। प्रताड़ित होने से बचने के लिए विज्ञान और अंधविश्वास का सम्मिश्रण करके दर्शन को वे कुछ विचित्र ही रूप प्रदान कर देते हैं। इस समझौते से भारतीय दार्शनिक परंपरा को जो लाभ होता है, उसे नजरअंदाज नहीं किया जा सकता। धर्मशास्त्र प्रणेताओं और निहित स्वार्थों के अन्य प्रवक्ताओं ने जो राजनीतिक वातावरण खड़ा कर दिया था, उसमें यह कल्पना करना भी कठिन या कि तर्कविज्ञान और परमाणुवाद पर्याप्त रूप से धर्मनिष्ठ होने का दिखावा किए बिना, आधिकारिक रूप से स्वीकृत दर्शन क्षेत्र में कोई स्थान प्राप्त कर सकते हैं।' (भारतीय दर्शन में क्या जीवित है और क्या मृत)। क्या उस युग के दार्शनिक चिंतक इतने भोले थे कि न्याय-वैशेषिकों का उद्देश्य समझ नहीं पाते? फिर ऐसी ही छूट देवीप्रसाद चट्टोपाध्याय आदर्शवादी दार्शनिकों को क्यों नहीं देते?

कई आधुनिक विचारकों की एक विडंबना यह है कि उनका एक वर्ग दार्शनिक विकास को बिलकुल आदर्शवाद के तट पर पटक देता है तो दूसरा वर्ग बिलकुल भौतिकवाद के तट पर। इससे भारतीय दर्शन की आदर्शवादी तथा भौतिकवादी परंपराओं की उपलब्धियों और विडंबनाओं को ठीक से रेखांकित करना संभव नहीं हो पाता।

देवीप्रसाद चट्टोपाध्याय तर्कसंगत विश्लेषण के नाम पर प्राचीन भौतिकवाद और आदर्शवाद के बीच आधारभूत अंतर्विरोध देखते थे। स्पष्ट है कि प्राचीन काल में भौतिकवाद द्वंद्वात्मक भौतिकवादी दर्शन के रूप में विकसित नहीं हो सकता था। वह यांत्रिक या सुखवादी-

भौतिकवाद ही था। भौतिकवाद के अधकचरे तत्वों के आगे वेदांती आदर्शवाद के उच्च सकारात्मक तत्वों को बिलकुल खारिज कर देना समझदारी नहीं है। सामान्यतः यूरोपीय दार्शनिक परंपरा में हीगेल के आदर्शवाद के महत्व को जिस तरह सहजता से स्वीकार कर लिया गया, भारत में आदर्शवाद की परंपरा को महत्व नहीं दिया गया।

राहुल सांकृत्यायन को लगा था, 'उपनिषद के मंत्रकर्ता ने अपनी प्रथम और अंतिम शिक्षाओं से राज्य के हाथ को मजबूत करना चाहा।' (दर्शन-दिग्दर्शन)। उपनिषदें क्षयशील देवसत्ता के समानांतर उत्थानशील आदर्शवादी दर्शन की स्रोत हैं। यही वजह है कि वे भक्ति साहित्य और आधुनिक सुधार आंदोलनों की प्रेरणा बनी हैं। श्रीनिवास सरदेशाई को भी लगा था, 'वेदांत का तत्वज्ञान सत्ताधारी शोषक वर्ग का था।' (भारतीय दर्शन)। भारतीय दार्शनिक परंपरा में उत्थानशील आदर्शवाद को क्षयशील आदर्शवाद से अलग करना जरूरी है। दोनों के अंतर्विरोधों की तरफ दृष्टि जानी चाहिए। यह भी उल्लेखनीय है कि विभिन्न भारतीय परंपराओं के बीच 'द्वंद्व के साथ संवाद' और 'संवाद के साथ द्वंद्व' सदा रहा है।

आदर्शवाद के दो रूप हैं–उत्थानशील आदर्शवाद और क्षयशील आदर्शवाद। आदर्शवाद से नाक-भौं सिकोड़ने की जगह देखना होगा कि प्राचीन काल में जब भौतिकवादी दर्शन और जीवन-प्रणाली विकसित नहीं थी, आदर्शवाद भारतीय जीवन को कहां ऊंचा उठा रहा था और कहां नीचे गिरा रहा था, वह कहां सकारात्मक तथा कहां नकारात्मक था। भारतीय जीवन में आदर्शवाद ने हमेशा क्षयशील भूमिका नहीं निभाई।

उत्थानशील आदर्शवाद ने विभिन्न युगों में भारतीय समाज को जोड़ने और लौकिक-आध्यात्मिक स्तर पर आगे ले जाने की कोशिश की है। यह वेदांत, बौद्ध दर्शन, भक्ति आंदोलन तथा नवजागरण–चारों मोड़ पर लक्षित किया जा सकता है। भारतीय आदर्शवाद स्थिर न था, वह द्वंद्वात्मक और विकासशील था। भारतीय सांस्कृतिक इतिहास में द्वंद्वात्मक आदर्शवाद के कई ऊंचे शिखर हैं। द्वंद्वात्मक भौतिकवाद को भी उतनी ही मानवीय-नैतिक ऊंचाई लेकर खड़ा होने की जरूरत थी। दरअसल द्वंद्वात्मक आदर्शवाद द्वंद्वात्मक भौतिकवादियों के लिए केवल एक चुनौती ही नहीं, शिक्षा भी है।

देवीप्रसाद चट्टोपाध्याय यह स्वीकार करने को तैयार नहीं दिखते कि भारत की अनीश्वरवादी-भौतिकवादी दार्शनिक परंपरा की भी अपनी कुछ कमियां हैं। भौतिकवादी परंपरा में सब कुछ को जीवंत और आदर्शवादी परंपरा में सब कुछ को मृत नहीं कहा जा सकता।

मनुस्मृति की विडंबना

वेदांत की बुनियादी प्रकृति से भिन्न है 'मनुस्मृति' (लगभग 200 ईसा पूर्व)। इसने वेदांत का पीछा नहीं छोड़ा। हिंदू धार्मिक परंपरा में श्रुति (वेद) और स्मृति (वैदिक साहित्य के अलावा बाकी धर्मग्रंथ) में श्रुति की प्रधानता घोषित है और स्मृति के ऐसे धार्मिक निर्देशों को अमान्य ठहराने के लिए कहा गया है, जो श्रुति के विरुद्ध हों। लेकिन 'मनुस्मृति' के दूसरे अध्याय में एकतरफा फैसला है कि वेद और स्मृति धर्म के समान रूप से प्रमुख अंग हैं। हर प्रकार से 'स्मृति के निर्देशों' को मानना चाहिए और तर्क नहीं करना चाहिए। दरअसल धार्मिक विशेषाधिकार प्राप्त पुरोहित वर्गों ने मनुस्मृति के जरिए संगठित रूप से सरल प्रकृति के हिंदुओं के लिए कठोर धार्मिक निर्देश बनाए। इस ग्रंथ में शासन संबंधी निर्देश भी हैं। देखा जा सकता है कि हिंदू समाज पर वैदिक दर्शन सहित श्रुतियों का उतना प्रभाव नहीं पड़ा, जितना पौराणिक कथाओं और 'मनुस्मृति' के दमनात्मक धार्मिक निर्देशों का।

'मनुस्मृति' का उद्देश्य बौद्धों की सामाजिक क्रांति को दबाकर ब्राह्मण-वर्चस्व के साथ धार्मिक कट्टरवाद लाना था। उसका उद्देश्य हिंदू समाज को कठोर धार्मिक नियमों से नियंत्रित करना था। उस जमाने में अपने को धर्म का रक्षक समझने वाले ब्राह्मण पुरोहित जो कुछ रचते थे मनु, याज्ञवल्क्य या व्यास के नाम से चला देते थे, ताकि वह लोक में सहजता से ग्राह्य हो जाए। उन्हें राजाओं का संरक्षण मिला हुआ था। 'मनुस्मृति' में वही सब ज्यादा है जो श्रुतियों में नहीं है। इसमें वर्ण व्यवस्था, भाग्यवाद-पुनर्जन्मवाद और कर्मकांड के त्रिभुज पर जो कठोर धर्मशास्त्र खड़ा है, वह द्विजों के सामाजिक-राजनीतिक हित में है। साधारण लोक की नजर में वह ईश्वर कथन है, इसलिए प्रत्यक्ष कानून से बढ़कर रहा है!

'मनुस्मृति' में वेद पाठ सुन लेने वाले शूद्र के कान में पिघला गर्म शीशा डालने का निर्देश है। उसकी जीभ काट लेने को कहा गया है। इस ग्रंथ में शूद्रों के प्रति क्षुद्र भाव हैं, स्त्रियों के प्रति भी ऐसे ही भाव हैं। उन्हें पिता, पति और पुत्र के अधीन रहना है। वे खुद अपना प्रतिनिधित्व नहीं कर सकतीं। यह भी कहा गया है कि मन में किसी तरह का विरोध लाना 'दुष्ट भाव' है, अपराध है। ऐसा व्यक्ति अगले जन्म में चांडाल होता है। ऐसे कथन वैदिक भावना के विरुद्ध हैं।

'मनुस्मृति' ऐसा धर्मशास्त्र है, जो हिंदू धर्मसत्ता का सबसे बड़ा अस्त्र बना दिया गया, पर उसे लोक विमर्शों ने कभी मान्यता नहीं दी। उसे हिंदुओं का कानूनी ग्रंथ बताया जाता रहा है, हालांकि वह कभी सर्वमान्य नहीं रहा है। 'मनुस्मृति' जन्मना वर्ण व्यवस्था के आधार पर सामाजिक श्रेणी-विभाजन की प्रस्तावना करके कर्मणा वर्ण व्यवस्था के 'सनातन' कथन को तोड़ती है। वह कठोरता से शुद्धता-अशुद्धता, कर्तव्य-अकर्तव्य, धर्म और न्याय का स्वरूप तय करती है। वह बताती है कि समाज जाति-संबंधों के आधार पर किस तरह काम करे। इस युग में वर्ण वस्तुतः जातियों के औपचारिक दर्जे में प्रवेश कर रहे थे और स्थायी भिन्नता की ओर बढ़ रहे थे। हालांकि रोमिला थापर ने जाति-आधार पर भारतीय स्थिरता के औपनिवेशिक निष्कर्ष का विरोध करते हुए लिखा है, 'धर्मशास्त्रों में अपरिवर्तनशील वर्ण व्यवस्था के वर्णन का मतलब यह नहीं है कि समाज गतिशून्य और लोचहीन बन गया।' (पूर्वकाल और पूर्वग्रह)। समाज में स्त्रियों और निम्न जातियों के प्रति अवमानना की दृष्टि थी, पर उदारवाद के पक्ष में बोलने वाले लोग थे।

जाति स्थिरता को सभ्यता की स्थिरता के रूप में इसलिए नहीं देखा जा सकता, क्योंकि किसी भी जाति में सभी लोगों की सामाजिक स्थिति समान नहीं थी। ऐतिहासिक साक्ष्यों से स्पष्ट है कि इस देश में राजा क्षत्रिय और ब्राह्मण तक सीमित न थे। रोमिला थापर ने पौराणिक उल्लेखों को शामिल करते हुए प्राचीन राजवंशों का जाति-इतिवृत्त बताया है, 'परशुराम की कथा से प्रकट होता है, क्षत्रियों को अपने को ब्राह्मण व्यवस्था के अनुरूप ढालने में कठिनाई का अनुभव होता था। बौद्ध ग्रंथ

भू-स्वामी तथा जनजातीय सरदार की भूमिका में क्षत्रियों को अधिक महत्व देते हैं। सिद्धांततः राजा क्षत्रिय को होना चाहिए था, किंतु प्राक्-गुप्त काल में क्षत्रिय राजवंश विरल ही देखने को मिलते हैं। नंद शूद्र थे। ब्राह्मण परंपरा के ग्रंथों में मौर्यों को निम्न वंश-मूल का बताया गया है। शुंग लोग ब्राह्मण थे। प्रारंभिक चेदि, चोल, चेर, पांडया और आंध्र राजवंश या तो क्षत्रियेतर थे या उन्होंने जाति-गोत्र के संबंध में कोई दावा नहीं किया। भारतीय-यूनानी, शक तथा कुषाण आदि निर्विवाद रूप से विदेशी मूल के राजवंशों को बहुत अनिच्छापूर्वक ही व्रात्य क्षत्रियों का दर्जा दिया गया, यद्यपि पाणिनि और मनु ने शकों का और यवनों का उल्लेख शूद्र के रूप में किया है। पुराणों में दिए गए वंशवृक्षों में कुछ राजवंशों के क्षत्रियेतर मूल को छिपाने का कोई प्रयत्न नहीं है। व्यावहारिक राजनीति में यह बात एक तरह से स्वीकार कर ली गई थी कि किसी राजवंश का शासन विशेष निम्न जाति से जुड़े होने के कारण अमान्य नहीं हो जाता।' (वही)। ऐसे ऐतिहासिक तथ्यों के आधार पर अनुमान लगाया जा सकता है कि जब राजाओं के मामले में वर्ण व्यवस्था का बंधन टूट गया था तो आखिरकार ईश्वर की उपासना और धर्म के सामाजिक मामलों में एक समय वर्ण व्यवस्था का बंधन कितना कठोर या बाध्यतामूलक होगा। यह नहीं माना जा सकता कि धर्मशास्त्रों के निर्देश सामाजिक वास्तविकता के प्रतिबिंब हैं। समाज का एक बड़ा हिस्सा धर्मशास्त्र के निर्देशों के बाहर लोक परंपराओं को लेकर चलता था।

ब्राह्मणों की धर्मसत्ता मंदिरों के बाहर मजबूत नहीं थी। यही वजह है कि अतीत में ऐसे कई दार्शनिक, सैद्धांतिक व्याख्याकार, कवि और कलाकार हुए जिन्होंने धर्म, सामाजिक संबंध, नीतिशास्त्र और सौंदर्यबोध के स्तर पर बार-बार अतीत का विखंडन और धर्मबोध का पुनर्गठन किया। यह नहीं कहा जा सकता कि 'मनुस्मृति' जैसे ग्रंथ किसी भी अर्थ में आजकल के 'संविधान' जैसे थे और उनके आधार पर दंड देना आमतौर पर संभव था। हम कह सकते हैं कि शुरुआत से वर्ण व्यवस्था की परवाह नहीं की जाती थी और धार्मिक कठोरता नहीं थी। यदि ऐसा होता, बुद्ध की वही दशा होती, जो ईसा की हुई थी!

वर्ण व्यवस्था ने जाति के आधार पर सामाजिक सत्ता के निर्धारण का एक सैद्धांतिक आधार जरूर प्रस्तावित किया, लेकिन 'वर्ण व्यवस्था के सर्वथा विपरीत सामाजिक परिवर्तन का एक उदाहरण पांचवीं सदी के एक अभिलेख में है। इसमें रेशम बुनकरों के एक संघ के खर्चे से एक सूर्य मंदिर का निर्माण किया गया है। इस संघ के लोग लाट (दक्षिण गुजरात) से जाकर पश्चिमी मालवा के दशपुर नगर (वर्तमान मंदसौर) में बस गए थे। यहां उन्होंने इतनी समृद्धि और उन्नति प्राप्त की कि अपने पैसे से मंदिर बनवाने में कोई कठिनाई न हुई। ...कुछ बुनकरों ने दूसरे पेशे भी अपनाए।' (वही)। रोमिला थापर यह उदाहरण रखकर स्पष्ट करती हैं, 'बुनकर जाति के लोग अन्य पेशों को अपनाएं, यह बात ध्यान देने योग्य है।' कहना न होगा कि ऐसे कई उदाहरण इतिहास में दबे हुए हैं जो स्पष्ट कर सकते हैं कि सत्ता के निर्माण में वर्ण व्यवस्था की बड़ी भूमिका नहीं थी।

इतिहास जितना ज्ञात है, उससे अधिक अज्ञात है। फिर इतिहास कई बार 'निर्मित किया गया इतिहास' होता है, जिसका वास्तविक इतिहास से संबंध नहीं होता। यह एक बड़ा जटिल क्षेत्र है।

निःसंदेह 'मनुस्मृति' के बीज वैदिक साहित्य के पुरुष सूक्त में हैं। वैदिक साहित्य में वर्ण के आधार पर धार्मिक निर्देश मौजूद हैं। लेकिन भारतीय समाज आरंभ से इतना संकर, विविधतापूर्ण और बहुमुखी रहा है कि इस पर संदेह किया जा सकता है कि वे निर्देश कभी सर्वमान्य थे और जीवन की स्वतंत्रता नहीं थी। निश्चय ही शुद्धतावाद का प्रचार था और 'मनुस्मृति' को एक ऐसा ही प्रचार समझना चाहिए। शुद्धता का दावा करने वाला यह ग्रंथ सैकड़ों साल के अधर्म के नाले से निकला था।

'वैदिकी हिंसा हिंसा न भवति' वस्तुतः 'मनुस्मृति' का ही कथन है। यह ग्रंथ हिंसा का समर्थक था। कहा जा सकता है कि आगे चलकर गुप्त काल में पुरोहितों की मनुस्मृति-आधारित धर्मसत्ता मजबूत होती गई। मंदिर पुरोहितों की सत्ता के स्रोत बन गए। मंदिरों की संख्या जितनी बढ़ी, ईश्वर का अर्थ उतना सिकुड़ता गया और ब्राह्मणों-पुरोहितों की सत्ता ईश्वर का

स्थान लेती गई। हालांकि ब्राह्मणों-पुरोहितों की सत्ता सबसे ज्यादा मजबूत हुई अंग्रेजों के काल में, आधुनिक युग में!

भूलना नहीं चाहिए कि 1947 में देश की आजादी के बाद भी ब्राह्मणों-पुरोहितों का इतना असर रहा है कि 1957 तक बनारस के विश्वनाथ मंदिर में दलित घुस नहीं सके थे!

'मनुस्मृति' की वर्ण व्यवस्था नस्लवाद तक जाती है, 'आर्यवाचो म्लेच्छवाचः सर्वे ते दस्यवः स्मृताः', अर्थात आर्यावर्त्त से बाहर जो लोग हैं, वे दस्यु या म्लेच्छ हैं। दक्षिण भारत के लोग आर्यावर्त्त के बाहर थे, तो क्या वे ऐसे थे? 'मनुस्मृति' का अंध-आर्यावर्त्तवाद एक नस्लवादी दृष्टिकोण है, जो भारत और भारतीय अंतरजातीय चेतना के विरुद्ध है। यह दृष्टिकोण द्रविड़ तथा अन्य जातियों के संदर्भ में विद्वेषपूर्ण और अवमाननापरक है। 'मनुस्मृति' को नस्लवादी और कट्टरवादी हिंदुत्व का उद्‌गम कहा जा सकता है।

यह विस्मयजनक नहीं है कि 'मनुस्मृति' के समानांतर बादरायण का 'ब्रह्मसूत्र' और कौटिल्य का 'अर्थशास्त्र' लगभग उसी काल (300 ईसा पूर्व) में अस्तित्व में आए। 'ब्रह्मसूत्र' और 'अर्थशास्त्र' दोनों ही 'मनुस्मृति' का अतिक्रमण करते हैं। ये मौर्य शासन के उदारवाद की देन हैं। रोमिला थापर ने मौर्य काल की आर्थिक गतिशीलता का चित्र खींचते हुए बताया है कि किस तरह मथुरा एक व्यापारिक केंद्र के रूप में उभर रहा था। व्यापार के लिए सूती वस्त्र का उत्पादन होने लगा था। स्त्रियां भी जीविका के लिए सिलाई से जुड़ रही थीं, जो स्त्री-पुरुष के बीच नए संबंध का चिह्न था। 16 महाजनपद अस्तित्व में थे। 'अर्थशास्त्र' जैसा ग्रंथ आर्थिक गतिशीलता का नतीजा था। (कल्चरल पास्ट)। इन घटनाओं की दार्शनिक-सांस्कृतिक प्रतिध्वनि के रूप में वेदांत का दर्शन विकसित हुआ। यह जिम्मेदार मौर्य शासन व्यवस्था के लिए विभिन्न समुदायों के बीच एकता और भाईचारे का एक सांस्कृतिक आधार था।

प्राचीन रूढ़िवादी धार्मिक निर्देशों का असर प्राचीन महाकाव्यों, वैदिक दर्शनों और पुराणों पर है। वाल्मीकि रामायण में राम द्वारा शूद्र होने के कारण वेद पाठ करने वाले शंबूक की हत्या का प्रसंग है। महाभारत में

द्रोणाचार्य ने एकलव्य को शिक्षा नहीं दी और उसका अंगूठा काट लिया। सूतपुत्र कर्ण को अपमान सहना पड़ा। ये सर्वविदित उदाहरण हैं। 'गीता' में कृष्ण द्वारा चार वर्णों की व्यवस्था का समर्थन इस तरह है, 'मैंने ब्राह्मण, क्षत्रिय, वैश्य और शूद्र ये चार वर्ण उनके गुणों और कर्मों के आधार पर बनाए हैं।' निःसंदेह इन ग्रंथों में 'समन्वय' के भी उदाहरण हैं। ऐसे सभी ग्रंथ लंबे काल में रचे जाने और विकसनशील होने की वजह से एक ही विचारधारा का प्रतिनिधित्व नहीं करते। वे एकरेखीय नहीं हैं।

प्राचीन काल में निम्न जाति के कई ज्ञानियों के उदाहरण हैं। ब्रह्मज्ञानी रैक्व गाड़ीवान थे। निम्न जाति के जाबालि ने गौतम ऋषि से वेद ज्ञान हासिल किया था। रामायण में जाबालि राम से नास्तिकता पर चर्चा करते हैं और उन्हें नास्तिक बनाना चाहते हैं। इसके भी उदाहरण हैं कि लोकायत परंपरा के कई नास्तिक ब्राह्मण थे।

'महाभारत' के वनपर्व में युधिष्ठिर नहुष के एक प्रश्न के उत्तर में कहते हैं– 'जातिरत्र महासर्प मनुष्यत्वे महामते संकरात्सर्व वर्णानां दुष्परीक्ष्येति मे मतिः', अर्थात हे महासर्प, मुख्य जाति तो आजकल मनुष्यत्व है, क्योंकि सब वर्णों का संकर हो जाने से भिन्न-भिन्न जातियों की परीक्षा अत्यंत कठिन है। देखा जा सकता है कि विदुर शूद्र होते हुए भी विद्वान थे और अपना स्वतंत्र मत रखते थे। उनके घर कृष्ण ने भोजन किया था। इन सबके बाजवूद यह कहना कठिन है कि अद्वैतवाद केवल एक आध्यात्मिक धारणा ही नहीं, बल्कि एक सामाजिक धारणा के रूप में भी पनप पाया!

शंकर का दर्शन

बादरायण सभी मनुष्यों में ईश्वर को देखते हुए भी ब्रह्मज्ञान का अधिकार शूद्र को नहीं देते। शंकर (800 ई.) 'मनुस्मृति' के दबाव के कारण भिन्न रास्ता नहीं चुनते। उनके वेदांती गुरु गौड़पाद बौद्ध दर्शन के शून्यवाद से प्रभावित थे, पर शंकर बौद्ध धर्म के जाति-ध्वंसक तत्वों को निकट आने नहीं देते।

शंकर यह जरूर अहसास करते हैं कि वर्णाश्रम व्यवस्था ह्रासोन्मुख हो गई है। वह दक्षिण भारत के वर्ण भेदभाव से मुक्त नायनारों और

आलवारों के भक्ति आंदोलन से अपरिचित नहीं रहे होंगे। उनके असर के कारण शंकर शूद्र के लिए ज्ञान और संन्यास का मार्ग बंद करना नहीं चाहते। लेकिन धार्मिक कट्टरवाद के रास्ते पर चलते हुए वेदों के अध्ययन के विषय में कहते हैं कि शूद्रों को वेदों का अध्ययन करने योग्य नहीं मानना चाहिए, भले वे पूरे स्वस्थ हों और विद्या अभिलाषी हों। वेदों का विशेष अध्ययन समाज में जैसे विशेष प्रतिष्ठा चिह्न हो!

शंकर को शूद्रों के वेद-अध्ययन के अधिकार पर अपनी राय देनी पड़ती है तो वे 'मनुस्मृति' की ओर बेतहाशा गिरते हैं। दूसरी ओर, वे द्विजों के लिए व्यावहारिक रास्ता निकालने में पीछे नहीं रहते। उन्हें रियायत देते हुए वे कहना चाहते हैं कि द्विज जब तक यह 'ज्ञान' हासिल न कर लें कि आत्मा और ब्रह्म में द्वैत भाव नहीं है और संन्यास लेकर मायावाद से मुक्त न हो जाएं, तब तक वे सामान्य पद्धति से गृहस्थ जीवन का सुख भोग सकते हैं।

हम जानते हैं कि शंकर के मायावाद के प्रचार के कारण ही माया शब्द सैकड़ों साल तक लोकप्रिय रहा है। वे भी अक्सर माया की बात करते रहे हैं जो शंकर के दर्शन को नहीं जानते। उल्लेखनीय है कि शंकर के कारण भारत में बौद्ध धर्म का प्रभाव घटा, हालांकि रामानुजाचार्य ने शंकर को प्रच्छन्न बौद्ध कहा था। परंपरागत हिंदू पुरोहित शंकर से नाराज थे, क्योंकि वे इनके अद्वैत वेदांत से खतरा महसूस करते थे। शंकर ने द्रविड़ भक्ति आंदोलन के असर में वेदांत के साथ शिव, विष्णु और शक्ति को भी महत्व दिया था। इस तरह उन्होंने धार्मिक बहुलता का प्रचार किया था।

यह वह समय था, जब एक तरफ अनीश्वरवादी जैन और बौद्ध आचार्यों के अलावा कई ईश्वरवादी कवि-दार्शनिक भी जाति व्यवस्था पर प्रहार कर रहे थे। दूसरी तरफ, कर्मकांडी पुरोहित अधिक उग्र रूप से संरक्षणवादी होते जा रहे थे। वेदांत की परंपरा से जुड़ने की वजह से शंकर अपने समय के जैन-बौद्ध मतों से ही नहीं, संरक्षणवादी कर्मकांडी हिंदू पुरोहितों से भी भिन्नता रखते हैं।

उस युग के वैचारिक संघर्ष का एक चित्र गोविंद चंद्र पांडेय ने उपस्थित किया है, 'ऐतिहासिक तथ्य यह है कि जैसे-जैसे उत्तर-वैदिक काल

से सामाजिक, आर्थिक और राजनीतिक जीवन जटिल होता गया, वैदिक वर्ण व्यवस्था ने भी अपने मूल आदर्शों से च्युत होकर एक जटिल जाति व्यवस्था का रूप धारण कर लिया (अर्थात वह गुण-कर्म पर आश्रित न होकर जन्म-आश्रित हो गई), जो कि निरंतर बढ़ते हुए स्मृति साहित्य में प्रतिबिंबित है। जहां एक ओर वर्ण व्यवस्था का रूपांतरण हुआ, वहीं दूसरी ओर उसकी अनेक दिशाओं में आलोचना भी हुई। न सिर्फ बौद्ध और जैन आचार्यों ने जाति व्यवस्था का खंडन किया, बल्कि प्रबुद्ध आस्तिकों ने भी उसका विरोध किया, जैसा कि महाभारत के कुछ स्थलों पर देखा जा सकता है। शायद उसी आलोचना से शंकित होकर मीमांसकों और धर्मशास्त्रियों ने जाति प्रथा को और कट्टर रूप दे दिया। उदाहरण के लिए, कुछ आचार्य शूद्रों को यज्ञ के अधिकारी मानते थे, जबकि जैमिनी (पूर्व-मीमांसा) और बादरायण (उत्तर-मीमांसा) ने इस धार्मिक सुधार को सर्वथा अग्राह्य कर दिया था। शंकर ने कट्टरपंथी धर्मशास्त्रीय परंपरा में प्रचलित मत का समर्थन किया। वे यह अवश्य कहते हैं यह निषेध वैदिक अध्ययन और कर्मकांड के विषय में है, ज्ञान के विषय में नहीं। शूद्रत्व विदुर आदि के ज्ञान उपलब्ध करने में प्रतिबंधक नहीं रहा है और न इतिहास-पुराणदि वेदेतर साहित्य के श्रवण से शूद्रों के लिए ज्ञानार्जन में कोई बाधा है।' (शंकराचार्य : विचार और संदर्भ)।

शंकर खुद संन्यासी होने के कारण अस्पृश्यता के बोध से मुक्त थे। यह चांडाल के कथा-प्रसंग से स्पष्ट होता है। संन्यासी होने के कारण उन्हें कर्मकांड और वर्णाश्रम व्यवस्था मिथ्या अभिमान लगते थे। उनकी दृष्टि में संन्यासी होने का अर्थ है अपने को पूर्णतः पहचान लेना कि मैं कौन हूँ। इससे यह निष्कर्ष निकाला गया कि एक प्रबुद्ध समाज में आत्मज्ञान ही स्वतंत्रता का मुख्य आधार है। क्या ऐसा हिंदू समाज बन पाया, क्यों नहीं बन पाया?

शंकर का हिंदू गृहस्थों के लिए एक बड़ा योगदान बद्रिकाश्रम, शृंगेरी, द्वारका और पुरी में चार पीठों की स्थापना है। उन्होंने समन्वय की परंपरा को कई तरह से विकसित किया। वेद के अलावा पुराणों में तत्वोपदेश थे, शंकर ने इन पर सभी वर्णों का, शूद्रों का भी अधिकार माना। यहां तक

कि संप्रदाय मुक्त हो, घूम-घूमकर विभिन्न पौराणिक देवताओं– विष्णु, शिव और शक्ति का प्रचार किया। इन पर छंदों की रचना की। हिंदू धर्म उच्च वैदिक दर्शन की चेतना से विच्छिन्न होकर पंचमकारी वामाचार, तंत्र-मंत्र, भैरव के लिए नरबलि, कुत्ते के रूप में शिव की पूजा, मानव शरीर को विष्णु के चिह्नों (शंख, चक्र, गदा, पद्म) से दागने की प्रथा तथा अन्य कई तरह की निम्न सांप्रदायिक उपासना पद्धतियों से जर्जरित हो चुका था। शंकर ने इन धार्मिक विकृतियों का विरोध किया।

जैन-बौद्ध धर्म एक समय अपने उच्च दर्शन और तप के बल पर बढ़ रहे थे, वे अनीश्वरवादी थे। शंकर ने जैन-बौद्ध अनीश्वरवादियों को कई बार पराजित किया। उन्होंने लोगों को अद्वैत वेदांत की परंपरा से जोड़ने के लिए शास्त्रार्थ किया।

शंकर ने अपने समाज की सभी निम्न प्रवृत्तियों से संघर्ष नहीं किया और सभी उच्च प्रवृत्तियों से सामंजस्य स्थापित नहीं किया। फिर भी धर्म और अध्यात्म के क्षेत्र में उनकी भूमिका ऐतिहासिक महत्व की है। उन्होंने कहा था, 'बहुत से व्यक्ति जटाजूट बढ़ा लेते हैं, बहुत से सिर मुड़ा लेते हैं, बहुत से अपने केश नोचते हैं, बहुत से गेरुआ वस्त्र धारण करते हैं अथवा अन्य रंगों के वस्त्र पहन लेते हैं, किंतु ये सभी काम वे केवल पेट भरने के लिए करते हैं।' शंकर ने पौराणिक विकृतियों और पाखंडों से संघर्ष किया और साफ कहा कि धर्म को धंधा मत बनाओ। वे उदार शैव थे। उन्होंने वैष्णव और शाक्त परंपराओं के प्रति भी आत्मीयता रखी। शंकर द्वारा स्थापित पीठों पर शंकराचार्य सदियों से होते आए हैं, लेकिन आदि शंकर-सा स्वतंत्र मस्तिष्क कभी नहीं हुआ।

एक वेदांती के रूप में शंकर का योगदान मनुष्य को अकिंचनता, तुच्छता और नगण्यता के बोध से मुक्त करने के लिए 'अहं ब्रह्मास्मि' का मंत्र देना है। उन्होंने गीता का निष्क्रिय अकिंचनताबोध ग्रहण नहीं किया, लेकिन उसका ज्ञान मार्ग चुना। मनुष्य और ब्रह्म दो नहीं हैं, अद्वैत है। उन्होंने वेदांत का सार यह बताया कि हर वस्तु में ब्रह्म है। सृष्टि के सभी अंशों में गरिमा है, एकता है और पूर्णता है। उन्होंने 'तत्त्वमसि' कहकर संप्रदायवाद का खंडन किया। वेदांत का आध्यात्मिक

कल्पलोक यही है, 'सृष्टि की आत्माओ, एक हो जाओ।' यह एक आदर्शवादी सोच है।

शंकर ने आदर्शवाद की वैदिक परंपरा में महायानी बौद्ध परंपरा के 'सत्यद्वय' और 'निष्प्रपंच अद्वय' के दार्शनिक तत्वों को मिश्रित किया। वे 'सनातन' तक सीमित न थे, बल्कि अपने समय के एक महत्वपूर्ण धार्मिक सुधारवादी थे। इससे स्पष्ट होता है कि हिंदू विमर्श में सनातनता ही नहीं है, नैरंतर्य ही नहीं है, धार्मिक सुधार भी एक यथार्थ है। इसलिए बौद्धों पर वेदांत का और वेदांत पर बौद्धों का प्रभाव पड़ा, 'आत्मज्ञान' और 'निर्वाण' निकट आए।

एक संन्यासी होने के कारण शंकर सांसारिक सुख और कोलाहल से दूर थे। वे ज्ञानी थे। हालांकि संन्यास का व्रत धारण करने के बावजूद वे अपनी मां की अंत्येष्टि में शामिल हुए थे। इस वजह से कहा जाता है कि उन्हें केरल के परंपरावादी नंबूदिरि ब्राह्मणों का बहिष्कार झेलना पड़ा था। शंकर ने प्रवृत्ति और निवृत्ति मार्गों में निवृत्ति मार्ग को श्रेष्ठ बताया था। वे कहते थे कि ज्ञान ही मुक्ति का मार्ग है, न कि कर्म। वे सभी कर्मों को अहंकार और वासना पर आधारित मानते थे। उनके अनुसार, कर्म ही वस्तुतः दुख के कारण हैं। यह उनका निवृत्ति मार्ग था।

शंकर सामान्य वेदांतियों और भक्त कवियों के मत से भिन्न, ब्रह्म को आनंदस्वरूप नहीं मानते थे। बुद्ध के बाद ज्ञान को इतना महत्व देने वाले एक शंकर ही हैं, हालांकि दोनों के ज्ञान के तत्व भिन्न हैं। शंकर की एक छवि निषेधवाद की है। उनको भक्त कवियों और आधुनिक काल में बालगंगाधर तिलक ने स्वीकार नहीं किया, जबकि राजा राममोहन राय और विवेकानंद दोनों ने उनके महत्व को माना।

राहुल सांकृत्यायन कहते हैं, भारतीय 'दर्शन का स्वर्ण युग 700 ई. पू. के बाद की तीन-चार शताब्दियां हैं। इसी वक्त भारत में उपनिषद से लेकर बुद्ध तक के और यूरोप में थेल्स से लेकर अरस्तू तक के दर्शनों का निर्माण होता है। ये दोनों दर्शनधाराएं आपस में मिलकर विश्व की सारी दर्शनधाराओं का उद्गम बनती हैं।' (दर्शन-दिग्दर्शन)। वे आगे कहते हैं, 'नौवीं से बारहवीं सदी... के बाद यह ऐसी समाधि लेता है कि आज

तक उसकी समाधि नहीं खुली है।' (वही)। स्वाभाविक वजहों से राहुल और अन्य भौतिकवादी विचारक रामानुज-रामानंद-वल्लभ के महत्व पर ध्यान न दे सके। उन्होंने भक्ति के दर्शन की उपेक्षा की।

इसमें संदेह नहीं कि धर्मांधता तर्क को मिटाकर भावावेग को चरम पर पहुंचा देती है, जिसका असर जीवन की शांति, खुशियों और प्रगति पर पड़ता है। मनुष्य के चिंतन और कर्म में तर्क की प्रतिष्ठा हो, इसलिए दर्शन आए थे।

किसी-किसी काल में दर्शन नींद में था। मुख्य बात यह है कि जब- जब हिंदू धर्म और दर्शन के बीच संबंध स्थापित हुआ, हिंदू धर्म के तत्वों में ऊंचाई आई, अन्यथा वह 'रिचुअल्स' में सीमित होकर रह गया।

यूरोपीय संदर्भ में माना जाता है कि यहां 16वीं सदी में ही दर्शन ने धर्म से अपना पल्ला झाड़ लिया था। रिनेसां काल से दर्शनों का एक नया सिलसिला बना था। बेकन, हाब्स, देकार्त्त, स्पिनोजा, ह्यूम, रूसो, कांट, हीगेल, मार्क्स, बर्ट्रेंड रसेल, सार्त्र जैसे दार्शनिक हुए थे। आधुनिक भारत में धार्मिक वृत्त से बाहर आकर ऐसे दार्शनिक नहीं हुए जो उस तरह कुछ दे सकें, जिस तरह उपर्युक्त पश्चिमी दार्शनिक नए विचार दे रहे थे।

दरअसल उपनिवेशवाद भारत को आर्थिक रूप से ही नहीं, बौद्धिक-सामाजिक रूप से भी काफी खोखला कर चुका था। इसका फायदा देश में उदारवाद की विफलता के बाद संकीर्ण और कट्टरवादी राजनीतिक ताकतों ने उठाया। फलस्वरूप प्राचीन और नई निर्बुद्धिपरकताएं राष्ट्रीय संस्कृति का आभूषण बन गईं।

यह सही है कि भारत के कई आधुनिक दार्शनिकों ने वेदों और उपनिषदों को ही परिपूर्ण दर्शन के रूप में देखा या उन्होंने पश्चिमी दार्शनिक सिद्धांतों की छत्तरी तान ली। 19वीं-20वीं सदी में राजा राममोहन राय, दयानंद सरस्वती, विवेकानंद, महर्षि रमण, श्री अरविंद, रवींद्रनाथ आदि ने यही किया। इस बीच बौद्धिक रस्साकशी खूब हुई, शोर भी कम नहीं था, लेकिन भारत में कोई नया दर्शन न उभर सका। भारत दर्शनों और सिद्धांतों का एक आयातकर्ता देश बनकर रह गया या अपने अतीत में दुबका रहा।

कहना न होगा कि हर युग में जो सचमुच दार्शनिक रहे हैं, उन्हें कट्टरवादियों के विरोध का सामना करना पड़ा है और जितने बड़े विरोध का सामना करना पड़ा है, उतना ही महान रहा है उनका दर्शन।

भारतीय समाज में आज बहुत कुछ अतार्किक, अविवेकपरक और खंड-खंड पाखंडपूर्ण है। अब न प्राचीन द्वंद्वात्मक आदर्शवाद का कोई असर सुरक्षित है और न आधुनिक द्वंद्वात्मक भौतिकवाद का। वर्तमान समय में निश्चय ही दर्शन अतीत की वस्तु बन चुका है, 'सिद्धांत के अंत' की बात कही जा रही है। लोगों ने सोचने, तथ्यों के आधार पर तर्क करने को सामान्यतः अलविदा कह दिया है। वर्तमान निर्बुद्धिपरक समय में कोई नया दर्शन उभर न पा रहा हो, पर समाज को तर्क की जरूरत है, विचारों के लोकतंत्र की जरूरत है।

पौराणिक आस्था और यथार्थ

पुराण प्राचीन धार्मिक कथाएं हैं। ये लंबे काल से हिंदू आस्था ही नहीं भारतीय काव्य, संगीत, मूर्तिशिल्प, स्थापत्य और दूसरी कलाओं के भी मुख्य आधार रहे हैं। अंततः वैदिक दर्शनों की जगह पौराणिक देवी-देवताओं का ही हिंदुओं के मन पर चिरस्थायी प्रभाव पड़ा। पौराणिक देवी-देवताओं का महत्व इस वजह से भी है कि वे भक्त कवियों की भावनात्मक प्रेरणा बने। खासकर श्रीमद्भागवत पुराण (800 ई.) का भक्तों पर ज्यादा प्रभाव पड़ा। यह अलग बात है कि आधुनिक युगों में सच्ची भक्ति दबती गई। चमत्कार में विश्वास, धार्मिक बाह्याडंबर और जाति भेदभाव बढ़ते गए। धर्म उच्च मूल्यों के स्रोत की जगह सामाजिक जहर बनने लगा। विवेक पर अंधविश्वास भारी पड़ गए। पुराकथाओं का बुद्धिपरक अवरहस्यीकरण हो या काव्यात्मक पुनर्रचना, आम लोग दोनों से कट गए।

पुराण, रामायण और महाभारत महाकाव्यों से भिन्न देवकथा-केंद्रित धार्मिक वृत्तांत हैं। ये अलग-अलग संप्रदायवादी विश्वास के अनुसार बने थे। देखा जा सकता है कि वैदिक दर्शन 'हाई कल्चर' तक सीमित हो गए, जबकि पुराण 'पापुलर कल्चर' बनकर छा गए। हिंदू धर्म में पुराणों ने दार्शनिक तर्क की जगह चमत्कारवाद को प्रतिष्ठित किया। हम बड़ी सहजता से कहते हैं कि हिंदू धर्म का संबंध वेद-पुराण से है, जबकि वेद और पुराण दिन-रात की तरह दो भिन्न छोरों पर हैं।

पुराण क्या है

महाभारत के आदि पर्व में शौनक कहते हैं, 'पुराण में दिव्य कथाएं हैं। इनमें बुद्धिमान लोगों के लिए आदि वंशों के वृत्तांत हैं। मैंने पहले तुम्हारे पिता से यह कथा सुनी थी।' इस कथन से उजागर होता है कि पुराण

लंबे समय से चले आ रहे ऐसे वृत्तांत हैं, जो लोक विश्वास के अंग हैं और सुने हुए वृत्तांत हैं। उनको इतिहास के रूप में नहीं पढ़ा जा सकता, क्योंकि पुराकथाएं 'दिव्य कथाएं' हैं।

पुराण की कुछ कथाएं विकसनशील हैं, जैसे भागवत पुराण में कृष्ण की वही कथा नहीं है जो महाभारत में थी। शिव पुराण में वही शिव नहीं हैं जो पुराकाल में 'शिश्नदेव' थे। हिंदू देवता लोक आस्था में विविध स्रोतों से विविध रूपों में विकसित हुए। किसी का उत्तर भारत में एक नाम और रूप है तो दक्षिण भारत में दूसरा नाम और रूप है। हर देवकथा में स्थान के अनुसार रूपभेद हैं। कहा जा सकता है कि किसी भी देवता के मूल का पता लगाना दही में दूध या इससे आगे बढ़कर चारा खोजना है। वस्तुतः 'असली कथा' निर्धारित करना एक असंभव मामला है।

पुराणों की एक खूबी यह है कि इनमें वैदिक कथाओं की तरह फुटकरपन नहीं है। इनमें जैसी भी एक प्रबंधात्मकता है, कथा पूरी ताकत से उपस्थित है।

रामायण और महाभारत से पौराणिक प्रबंधात्मकता का सिलसिला शुरू हो जाता है, हालांकि वे महज देव-वृत्तांत न होकर सामाजिक संदेश देनेवाले महाकाव्य थे। उनकी मुख्य कथा के भीतर लोक-वृत्तांत भी भरे हुए हैं। वाल्मीकि और वेदव्यास ने अपने महाकाव्य में आंखों देखी घट नाओं का वर्णन नहीं किया है, भले ऐसा आभास हो। उन्होंने सैकड़ों साल से सुनी जा रही कथाओं का महाकाव्यात्मक पुनर्गठन किया है। इससे इंकार नहीं किया जा सकता कि इन ग्रंथों में कुछ चीजें बाद में भी सैकड़ों साल तक घुसती रही हैं और इन ग्रंथों के आदि रूप का बस अनुमान लगाया जा सकता है।

रामायण और महाभारत इतिहास नहीं हैं। फिर भी इनमें अच्छाई और बुराई, नैतिकता और अनैतिकता या धर्म और अधर्म के बीच जो द्वंद्व है, वह प्राचीन भारतीय समाज की जटिलताओं को उद्घाटित करता है।

वाल्मीकि और वेदव्यास ने अपने-अपने समय के नैतिक-बौद्धिक द्वंद्व को व्यक्त करने के लिए सैकड़ों सालों से कही-सुनी जाने वाली

विशृंखलित पुराकथाओं को सुगठित महाकाव्य का रूप दिया था। उनमें उन युगों की सामाजिक विडंबनाओं के वर्णन के साथ मौजूद है अनोखा प्राचीन सौंदर्यबोध। उनमें एक लंबे काल की नैतिकता के शिखर और खाइयां दोनों हैं। निश्चय ही धर्म ने उपर्युक्त कवियों को सृजनात्मक कल्पना और अंतर्दृष्टि की स्वतंत्रता दी, बल्कि धर्म ने अपनी कई दबी पंखुरियां महाकाव्यों में खोलीं।

रामायण और महाभारत पुराण नहीं हैं, क्योंकि वे महज देव-वृत्तांत नहीं हैं। वे महाकाव्य हैं। उनमें जीवन के सुंदर चित्र हैं, भले चमत्कारपूर्ण घटनाओं के साथ। उनमें प्राचीन मनुष्यों की जीवन यात्रा है। महाकाव्यों में यथातथ्य वर्णन नहीं हैं, बल्कि कथाएं हैं। इन दिनों ऐसे विद्वानों की कमी नहीं है जो कुरुक्षेत्र में खुदाई कराके अर्जुन के रथ के पहिये और उनका गांडीव खोज लेंगे, जबकि महाकाव्य को महाकाव्य के रूप में पढ़ना चाहिए, इतिहास के रूप में नहीं।

प्राचीन महाकाव्यों को प्राचीन भारतीय जीवन के ऐसे विश्वकोश के रूप में देखा गया है, जिसमें विभिन्न स्रोतों से लोककथाएं और जीवन की नदियां आकर मिली हैं। उनमें राम-सीता या कौरव-पांडवों की मुख्य कथा के साथ कई छोटी-छोटी कथाएं हैं जो जीवन के अर्थ खोलती हैं। महाकाव्यों की कथाएं बाद में भी, खासकर आधुनिक भारतीय भाषाओं में नए-नए दृष्टिकोण के साथ नई-नई कल्पना लेकर पुनर्रचित हुईं। इससे उन प्रख्यात कथाओं की साहित्यिक शक्ति का बोध होता है।

पुराण धार्मिक आस्था से जन्मी देवकथाएं हैं। वे प्रत्यक्ष तौर पर घटित घटनाएं नहीं हैं। शौनक ऋषि ने यही कहा था, 'वे सुनी हुई दिव्य कथाएं हैं'। 14वीं सदी के दक्षिण भारतीय आचार्य सायण ने पुराण को सृष्टि की उत्पत्ति और विकास का ऐसा वर्णन कहा जो लोकप्रसिद्ध हो। वैदिक दर्शन और पुराण दोनों में आस्था एक प्रमुख तत्व है। हालांकि वैदिक दर्शन तर्क को महत्व देता है और पुराण में तर्क के लिए जगह नहीं है। पुराणों की चमत्कारपूर्ण घटनाओं को तर्क से नहीं समझा जा सकता। वैदिक दर्शन में सार्वभौमिकता है, जबकि पुराण में एक न एक स्थान का महत्व है, जैसे क्षीरसागर, कैलास, अयोध्या, ब्रज! इसके अलावा

पुराण जिस संप्रदाय में रचा गया जैसे– वैष्णव, शैव या शाक्त, उसका भी महत्व है।

वैदिक साहित्य की तरह पुराण संस्कृत में रचे गए थे। यह उनकी धर्मशास्त्रीय पहचान तथा पवित्र ग्रंथ के रूप में मान्यता के लिए जरूरी था। पुराणों को वेदों की परंपरा में रखा जाता है, जबकि दोनों के बीच उपासना की पद्धति के स्तर पर ही नहीं, धार्मिक अंतर्वस्तु में भी काफी फर्क है। ईश्वर की अखंडता तथा दार्शनिक प्रश्न करने की प्रवृत्ति– इन दो मुद्दों पर वैदिक साहित्य से पुराण भिन्न हैं। पुराणों में न ईश्वर की अखंडता है और न प्रश्न करने की गुंजाइश छोड़ी गई है। हर पुराण में अपने खास इष्ट देवता का महिमामंडन है। नारद पुराण में कहा गया है, 'जिनको सुनने से सब कुछ सुन लिया, जिसको जानने से सब कुछ जान लिया, जो करने पर सब कुछ कर लिया और जिन ग्रंथों से तू वर्णों और आश्रमों के व्यावहारिक धर्म का साक्षात्कार करेगा, हे वत्स! तू सुन, मैं अब उन पुराणों का समुच्चय बताऊंगा।' (पूर्व भाग, 92-9-10)। 'वेदों में सब कुछ है', 'महाभारत में सब कुछ है' के बाद कहा जाने लगा– 'पुराणों में सब कुछ है'! यह प्रचार करते हुए वर्ण और आश्रम में ही सब कुछ देखा जाने लगा।

वैदिक दर्शन में ईश्वर की एकता है, जबकि पुराणों में वर्णित हर देवता का श्रेष्ठता के लिए होड़ लेता हुआ महिमामंडन है। जिस तरह बड़े व्यापारिक घरानों के बीच स्पर्धा होती है, पौराणिक देवताओं के बीच भी स्पर्धा है। यह वस्तुतः पुरोहित वर्गों की महत्वाकांक्षाओं और उनके अंतर्कलह का प्रतिबिंब है। बौद्ध और जैन धर्मों का मुकाबला करने के लिए तेजी से हिंदू मंदिर बने। मंदिरों को दान में जमीन-जायदाद मिलनी शुरू हुई तो पुरोहित वर्गों की सत्ता मजबूत हुई। उनका राजतंत्र से संबंध सघन हुआ। उनकी महत्वाकांक्षाएं बढ़ीं। हिंदू धर्म के भीतर संप्रदायवादी विभाजन होने लगे। शैव, वैष्णव और शाक्त धाराओं के बीच संप्रदायवादी हितों की टकराहट बढ़ गई और यह हिंसक भी हुई। सत्ता संघर्ष की प्रक्रिया में, देवमूर्तियां ईश्वरीय गुणों के प्रतिबिंब की जगह साक्षात भगवान बना दी गईं। पुरोहित भगवान के प्रतिनिधि बन गए।

पुराण मुख्यतः 300 ई.पू. से 10वीं सदी तक के धार्मिक निर्माण हैं। इस काल में राज्यों के बीच युद्ध, लूट-मार, हिंसा और स्त्रियों पर अत्याचार बढ़े-चढ़े थे। समाज की दशा कितनी भयंकर थी, इसकी कल्पना नहीं की जा सकती। इसलिए यदि पुराणों में देवगुणों की चर्चा है तो प्रतिस्पर्धा और हिंसा के बिंबों की भी कमी नहीं है।

दरअसल एक सीधी खड़ी दुनिया खोज पाने में अक्षम विशेषाधिकार प्राप्त धार्मिक पुरोहितों ने आम लोगों को अपनी औंधी दुनिया थमा दी।

पुराणों का रचनाकाल ठीक-ठीक निश्चित नहीं किया जा सका है। सबसे प्राचीन विष्णु पुराण माना जाता है। बताया गया है कि यह मौर्य शासन के काल में लगभग 300 ईसा पूर्व रचा गया था। पुराणों में सबसे महत्वपूर्ण भागवत पुराण का रचनाकाल 600-800 ईसवी बताया जाता है। यह भी कहा जाता है कि इसकी रचना दक्षिण भारत में हुई। प्रायः सभी पुराणों के रचनाकार व्यास बताए गए हैं, हालांकि कई पुराण एक-दूसरे के भीषण प्रतिस्पर्धी हैं। जाहिर है, महाभारत से लेकर विभिन्न पुराणों-उपपुराणों तक लगभग 1500 सालों तक जिन व्यास का जिक्र आया है, उनका इस्तेमाल प्रामाणिकता की सांस्कृतिक सील-मुहर के रूप में होता रहा है। बल्कि नए युग के कथावाचकों ने भी व्यास पीठ बना ली!

पुराण का संबंध वैदिक देवताओं से नहीं है। उनका संबंध वैदिक काल के बाद लोकविश्वास में उभरे ब्रह्मा, विष्णु और शिव की त्रिमूर्ति, कालांतर में विष्णु के अवतारों, शिव तथा शक्ति की कथाओं से है।

मुख्य पुराण 18 माने गए हैं। उनमें प्रमुख हैं—विष्णु पुराण, ब्रह्मवैवर्त पुराण, भविष्य पुराण, वायु पुराण, शिव पुराण, भागवत पुराण, स्कंद पुराण, देवी भागवत आदि। ये एक लंबी कालावधि में बने हैं। इनमें सामान्यतः अलग-अलग देवताओं-देवियों से संबंधित चमत्कारपूर्ण कथाओं का सुगठित और महिमामंडित रूप है।

ईश्वर ने क्यों किया व्यक्तित्व धारण

पुराणों की एक खूबी है, ईश्वर मानव व्यक्तित्व धारण करता है। यह वैदिक युग से भिन्न मामला है। एक अर्थ में, रूपरहित से रूप की

ओर बढ़ना सीमित होना है, पर मूर्त होने से उसका आकर्षण बढ़ जाना भी है।

मैक्स मूलर, पी.वी. काणे जैसे विद्वानों का विचार है कि वैदिक युग में न मूर्ति थी, न मंदिर थे और न मूर्ति पूजा होती थी। पाणिनि लगभग 400 ईसा पूर्व में देवमूर्तियों और इनके संरक्षकों का उल्लेख करते हैं। यह भी माना जाता है कि 300 ई. पू. के मौर्य साम्राज्य के समय मूर्तिकला का विकास शुरू हुआ और मूर्ति उपासना शुरू हुई। उस समय राम, कृष्ण, शिव, गणेश, दुर्गा आदि की मानवाकार मूर्तियां नहीं थीं और न रामकथा को छोड़कर कोई सुगठित देव कथा थी। एक मत है कि सबसे पहले गांधार और मधुरा के इलाकों में बुद्ध की मूर्तियां बनीं। जैन परंपरा में तीर्थंकर, यक्षिणी आदि की मूर्तियां बनीं। अतः प्रतिस्पर्धा में वैष्णवों और शैवों ने भी मूर्तियों का निर्माण शुरू कर दिया। (जान की, इंडिया ए हिस्ट्री)। मूर्ति कलाकार मुख्यतः कलाकार होते होंगे, संप्रदाय-निरपेक्ष!

वेदों से भिन्न पुराणों में मूर्ति पूजा मान्य है। वेदों के निस्सीम ब्रह्म को नृ-रूप देने का उद्देश्य धार्मिक प्रतिस्पर्धा में हिंदू धर्म को अधिक लोकग्राह्य बनाना था। देवी-देवताओं की पौराणिक कथाएं और उनकी मूर्तियां आम जनता को ज्यादा आकर्षित करती थीं और उसे अधिक आस्थावान बनाती थीं।

ईश्वर मानव रूप के अलावा पेड़-वनस्पति, पशु, नदी-पहाड़, सूर्य-अग्नि-जल तक में देखा जाता रहा है। जनजातीय विश्वास की यही स्थिति है। ईश्वर अव्यक्त रहकर अनंत सृष्टि में लगा रहता था। अब वह ससीम में भी दर्शन देने लगा। उसके मानवाकार रूप की एक वजह है उसकी दयालुता की परिकल्पना। समाज में दुख-कष्ट बढ़ते गए। विषमता बढ़ती गई। जटिलता और संघर्ष बढ़ते गए। ज्ञान का सत्ता के हित में उपयोग करने वाली श्रेणी अस्तित्व में आई। पारस्परिकता और निःस्वार्थ भावना का अभाव हो गया। निरंकुश सत्ता का उत्पीड़न बढ़ा तो निराशा बढ़ने लगी। एक तरफ लोभ बढ़ा, दूसरी तरफ भय बढ़ा। सार्वभौम असहायता का सामना करने के लिए ईश्वर के दयालु रूप की कल्पना जरूरी हो गई। लोग मानसिक पिछड़ेपन के कारण ईश्वर के मूर्त रूप के बिना राहत

नहीं पा सकते थे। इसलिए सिर्फ ब्राह्मणों ने ही नहीं, श्रमणों और तांत्रिकों ने भी देखा-देखी अमूर्त की जगह मूर्त को महत्व देना शुरू कर दिया।

पौराणिक कथा में तर्क का स्थान नहीं है

पुराणकथा के मुख्यतः तीन तत्व हैं—लोकविश्वास, तर्कहीनता और सार्वभौम संदेश। हर पौराणिक क़था लोकविश्वास पर आधारित है। उसकी घटनाओं को तर्क से सिद्ध नहीं किया जा सकता। इसके बावजूद, देवताओं की कथा में कोई न कोई सार्वभौम सत्य या संदेश छिपा होता है।

रामायण-महाभारत के करीब एक हजार साल बाद मुख्यतः गुप्त काल में पुराण की रचना हुई थी। पुराण लोकविश्वास के धर्मशास्त्रीय पुनर्गठन थे। पुराण के रचनाकार धर्मशास्त्रीय कथाशिल्पी थे। उन्होंने लोकविश्वास में मौजूद देवकथाओं का अपनी कल्पना के संयोग से पुनर्गठन किया।

धर्मशास्त्रीय कथाशिल्पियों ने लोकविश्वास के पौराणिक पुनर्गठन की प्रक्रिया में सबसे पहले धार्मिक आस्था को तर्क-वितर्क से अलग किया। इस तरह पुराण-कथा का दूसरा बड़ा लक्षण है तर्कविमुखता। ब्राह्मण पुराणकारों को जैन-बौद्ध श्रमणों के प्रभाव को रोकना था। कहा जा सकता है कि पौराणिक ग्रंथ ईश्वरवादी आदर्शवाद तथा अनीश्वरवादी भौतिकवाद की निष्फलता के कारण फैली निराशा की देन थे। आदर्शवाद या भौतिकवाद जब भी विडंबनापूर्ण होगा, निर्बुद्धिपरक धार्मिक विश्वासों की प्रधानता होगी और तर्क पर आस्था भारी पड़ेगी। पुराणकारों ने दार्शनिक तकाजे की जगह उस लोकरुचि को ध्यान में रखा था, जिसका संबंध चमत्कारपूर्ण घटनाओं से था। आम लोग ताकत की पूजा करते थे। जिस देवरूप की ज्यादा ताकत हो, उसके क्रोध से वे ज्यादा डरते थे और उसकी दया पर ज्यादा आश्रित होते थे। पुराणों के निर्माणकर्ता काव्य रचना नहीं कर रहे थे, वे अपने संप्रदाय का धार्मिक प्रचार कर रहे थे।

पौराणिक विश्व में एक चीज समान है– चमत्कारपूर्ण घटनाएं। हर पौराणिक देवता की एक अपनी चमत्कृत कर देनेवाली दुनिया है। पुराण में लीलाएं हैं, जिनकी गहरी जड़ें लोकमन में फैलती गईं। इनमें कल्पना का अद्‌भुत नृत्य है। जैसे पृथ्वी शेषनाग के फन पर है। गंगा शिव की

जटा पर उतरती है। समुद्र मंथन से ऐरावत हाथी, अश्व, कौस्तुभ मणि, लक्ष्मी, विष, अमृत के अलावा कई अन्य भौतिक वस्तुएं निकलती हैं। रुद्र के अश्रुजल से रुद्राक्ष बन जाता है। इंद्र द्वारा ब्रजवासियों को अतिवृष्टि करके सताने पर कृष्ण अपनी कानी अंगुली पर गोबर्द्धन पहाड़ उठा लेते हैं। वैदिक समय के देवराज इंद्र की दशा यह है कि वह पौराणिक काल में कृष्ण की स्तुति करते दिखते हैं।

गौर करने की चीज है, पुराण में सिर्फ चमत्कारपूर्ण देवकथाएं और धर्म-अधर्म की बातें नहीं हैं। उनमें देवी-देवताओं की कथा के अलावा राजाओं, निजंधरी नायकों, चिकित्सा, खगोलविद्या, जीवन रीति आदि के बारे में भी वर्णन हैं। दरअसल हर पुराण आस्था के एक न एक स्कूल की तरह है।

हम पुराणों से अवतार की धारणा पाते हैं, अर्थात ईश्वर के जगत कल्याण के लिए धरती पर बार-बार आने की कथा। अवतार मुख्य रूप से वैष्णव परंपरा की चीज है। पहला है मत्स्य अवतार जो पूरी तरह जल के बीच है। कच्छप अवतार का संबंध जल और थल दोनों से है। इसके बाद वाराह तक पशु रूप है। फिर नृ-सिंह के आधा पशु और आधा मनुष्य के टोटम रूप में हिरण्यकश्यप का वध है। नृ-सिंह रूप विष्णु अवतार के एक खास पायदान की ओर संकेत करता है, जहां वह अपने को पशु रूप से अलग कर रहा होता है। वे वामनावतार में पूरी तरह 'एंथ्रोपोमार्फिक' हैं, पर यह एक अविकसित मानवाकार है। परशुराम रूप में विष्णु पूरे मानव आकार में हैं, लेकिन प्रकृति से क्रोधी हैं। विष्णु अवतारवाद की प्रक्रिया में पहली बार राम और कृष्ण के रूप में दो पूर्ण मनुष्य रूप बनते हैं।

वैष्णव परंपरा में ईश्वर पूर्ण मानव व्यक्तित्व धारण कर अधिक लोक ग्राह्य हो जाता है। शैव परंपरा में 'पशुपति' या 'शिव' बिना अवतार के मानवाकार में महादेव हैं। इन उदाहरणों से स्पष्ट हो सकता है कि हिंदू परंपरा में ईश्वर की धारणा स्थिर नहीं है, कुछ अन्य धर्मों की तरह सुनिर्धारित और एकरेखीय नहीं है। देवरूप में सामाजिक स्थितियों, खासकर स्थानीयता के दबाव के कारण विविधता है, जो एक तरह से आस्था और कल्पना की स्वतंत्रता का चिह्न है–जो जिसकी उपासना जैसे करे!

हिंदुओं की पौराणिक आस्था ने यदि एक तरफ उन्हें विपदाओं के बीच जीने की प्रेरणा दी और पीड़ाओं के समय राहत दी तो दूसरी तरफ उन्हें चमत्कार-प्रेमी बनाया। इससे विश्वास वहां नहीं होता जहां तर्क है, बल्कि वहां होता है जहां चमत्कार है। सवाल उठ सकता है, दुनिया में हिंदू देवी-देवता ही सबसे ज्यादा हथियारबंद क्यों हैं? वे दयालुता से भरे शरणदाता होने के बावजूद प्रायः हथियारों के बिना अधूरे दिखते हैं। वैदिक देवता हथियारबंद नहीं थे। देवताओं का यह सशस्त्रीकरण आखिरकार किस युग में पाप कम कर पाया या भक्तों को न्याय मिल सका? दरअसल ईश्वर का पौराणिक सशस्त्रीकरण संप्रदायवादी पुरोहितों के भय का प्रतिबिंब है। हिंदू धर्म के प्रतिस्पर्धी संप्रदायों की आपसी होड़ की वजह से पुराणकारों ने अपने-अपने देवता या देवी को भयंकर हथियारों से सजाया। इसके लिए उनके चार हाथ, दस हाथ बनाए। पुराणों में देवताओं के आपस में लड़ने के अद्भुत दृश्य हैं। विष्णु और शिव लड़ते हैं। ब्रह्मा पर शिव का कोप दिखता है, उनका सिर काटा जाता है। कृष्ण और शिव लड़ते हैं। गणेश और कार्तिकेय में प्रतिस्पर्धा है। दो अवतार परशुराम और राम टकराते हैं!

पौराणिक प्रतिस्पर्धा का एक उदाहरण इस प्रकार है– वैष्णवों के भागवत पुराण में 12 स्कंध और 18 हजार श्लोक हैं। शाक्त पीछे क्यों रहें, देवी भागवत में भी इतने ही स्कंध और श्लोक रखे गए। भागवत पुराण में जिस तरह विष्णु और उनके अवतार का महिमामंडन है, देवी भागवत में 'शक्ति' का महिमामंडन उससे बढ़कर है। इसमें कहा गया है, श्रीपुर की स्वामिनी देवी ने यह संपूर्ण सृष्टि रची। उन्होंने ही ब्रह्मा, विष्णु और महेश को रचा। उन्होंने बारी-बारी से तीनों के सामने विवाह का प्रस्ताव रखा, फिर उपर्युक्त तीनों और इंद्र को अपनी पालकी ढोनेवाला कहार बना लिया! शिव पुराण में बाकी सभी छोटे देव हैं, शिव महादेव हैं। रोचक बात यह है कि सभी पुराण एक ही व्यक्ति व्यास ने बनाए, जबकि उनके बनने की कालावधि लगभग एक हज़ार साल है।

पौराणिक कथाओं में देवताओं के अंतर्द्वंद्व के अलावा अंतर्मिश्रण और आत्मसातीकरण की प्रवृत्तियां भी लक्षित की जा सकती हैं। अंतर्मिश्रण का एक उदाहरण है शिव का नटराज रूप। इसमें वैदिक अग्नि और द्रविड़

शिव के बीच संबंध है, शिव के एक हाथ में अग्नि है! अंतर्मिश्रण के दो अन्य प्रमुख उदाहरण हैं 'हरिहर' और 'अर्धनारीश्वर' के रूप। दुर्गा को भी अंतर्मिश्रित शक्ति के रूप में देखा जा सकता है। आत्मसातीकरण का एक उदाहरण खुद दुर्गा के संदर्भ में वैष्णो देवी हैं, जिनकी सवारी सिंह है। वैष्णो देवी पीछे पड़ गए भैरव का सिर काट डालती हैं और विष्णु से प्रेम करती हैं। वे दुर्गा का वैष्णव रूप हैं। इसी तरह 20वीं सदी तक पौराणिक कथाएं बनती रही हैं।

पुराण काल की सामाजिक स्थितियां

गुप्त काल में पुराणों की रचना अधिक हुई। उसे आर्थिक और सांस्कृतिक गतिशीलता का काल माना जाता है, जब कई उत्कृष्ट काव्य और कलाकृतियों की भी रचना हुई। राजाओं द्वारा पौराणिक कथाओं के आधार पर मंदिर बनाए गए। इनकी देखरेख के लिए ब्राह्मणों को कृषि की जमीनें मिलीं। वैदिक दार्शनिक राज्याश्रय में नहीं गए थे, लेकिन पुराणकारों को राज्याश्रय मिला। पुराण धार्मिक संप्रदाय बनाने के अलावा धर्म और राजनीति के बीच संबंध में सहायक हुए। पुराणों ने सामाजिक संरचना को काफी प्रभावित किया।

रामशरण शर्मा ने पुराणों के उदाहरण से उस काल में शूद्रों की स्थिति का खुलासा किया है, 'गुप्त काल में ब्राह्मणों को अग्रहार (भूमिदान) दिए जाने से निजी उद्यम को बढ़ावा मिला होगा।... मार्कण्डेय पुराण में ग्राम उस बस्ती को कहा गया है जहां बहुत से शूद्र जन हों और कृषक लोग समृद्ध हों। (49.47) ...नृसिंह पुराण से इस वर्णन की पुष्टि होती है। वहां कृषि को शूद्र का कर्म बताया गया है (58.10.15)। गुप्त काल में वाणिज्य को भी शूद्रों का कर्तव्य माना जाने लगा। ... पुराणों में कहा गया है कि शूद्र क्रय-विक्रय और व्यापारिक लाभ से जीवन निर्वाह कर सकता है। (मार्कण्डेय पुराण-28.3.8, विष्णु पुराण iii. 8.32-33)। व्यापार और वाणिज्य की तीसरी शताब्दी में बड़ी उन्नति हुई और इनकी उन्नति में शिल्पी और व्यापारी के रूप में शूद्रों की भूमिका महत्वपूर्ण थी। ...इस काल में शूद्र राजाओं की चर्चा मिलती है, जैसे–सौराष्ट्र, अवंति

और मालवा के।... ब्राह्मणीय मुहावरे में बौद्धों को निंदा स्वरूप शूद्र कहा जाता था...। मार्कण्डेय पुराण ने दान देना और यज्ञ कराना शूद्र का कर्तव्य बताया है। ...शूद्रों की धार्मिक प्रतिष्ठा में सुधार का बड़ा संकेत मूर्ति-स्थापन संबंधी नियमों में मिलता है। ...ऐसा मत व्यक्त किया गया है कि शूद्रों के आध्यात्मिक उत्थान के पीछे ब्राह्मणों का स्वार्थ काम कर रहा था। ...दरअसल शूद्रों के धार्मिक अधिकारों में वृद्धि उनकी समृद्ध भौतिक स्थिति में परिवर्तन के कारण भी हुई। इसकी बदौलत वे पुरोहित को समुचित दक्षिणा देकर संस्कार और यज्ञ कराने में समर्थ हुए।' (शूद्रों का प्राचीन इतिहास)। गुप्त काल में धार्मिक गतिविधियों के बढ़ने के पीछे कृषि-वाणिज्य में हुई प्रगति है। दरअसल धार्मिक-कर्मकांड के विस्तार के साथ पुरोहित ब्राह्मणों की शक्ति बढ़ी। धार्मिक कर्मकांड जातिभेद की व्यापक स्वीकृति में सहायक हुआ।

माना गया है कि गुप्त काल में ही अछूत प्रथा मजबूत हुई थी। ब्राह्मण-क्षत्रिय एक श्रेणी में थे तथा वैश्य-शूद्र एक दूसरी श्रेणी में। दोनों श्रेणियों के बीच ऊंच-नीच भेद के बावजूद लेना-देना था। उच्च वर्ण के लोग निम्न वर्णों से कन्या ले सकते थे, 'शूद्र जाति की स्त्रियां सिर्फ आनंद के लिए ब्याही जाती थीं।' (वही)। किसी की मृत्यु के बाद वैश्य-शूद्र के लिए अशौच की अवधि अपेक्षाकृत लंबी होती थी। उल्लेखनीय है कि चार वर्णों के जो बाहर थे, वे अछूत थे। रामशरण शर्मा इनके बारे में बताते हैं, 'इस काल में न केवल अस्पृश्यों की संख्या में वृद्धि हुई, बल्कि अस्पृश्यता की प्रथा भी कुछ दृढ़ हुई। फाहियान ने बताया है कि जब कोई चांडाल किसी नगर या बाजार के भीतर प्रवेश करता था तो वह एक लकड़ी को पीटता चलता था, ताकि लोग समझ जाएं कि चांडाल आ रहा है और वे उसके स्पर्श से बचने की कोशिश करें। ...इसका कोई प्रमाण नहीं मिलता है कि चर्मकार जो परवर्ती काल में अछूत समझे जाने लगे, इस काल में वैसा ही माने जाते थे।' (वही)। उल्लेखनीय है कि समाज में वर्ण व्यवस्था सर्वमान्य नहीं थी। बौद्ध अश्वघोष की 'वज्र सूची' (100 ईसवी) से समाज में वर्ण व्यवस्था के विरूद्ध आक्रोश की सूचना मिलती है, अर्थात वर्ण व्यवस्था के विरोध की परंपरा हर दौर में मौजूद थी।

पहली सहस्राब्दी में कट्टरवादी और उदारवादी दोनों अंतर्धाराएं थीं। कट्टरवादी और उदारवादी दोनों तरह के ब्राह्मण थे। बौद्धों का दबाव भी था। रामशरण शर्मा लिखते हैं, 'कई सुधारवादी विचारधाराओं, विशेषकर वैष्णव संप्रदाय का उदय हुआ, जिससे बहुत हद तक शूद्रों को धार्मिक सत्ता प्राप्त हुई। वैष्णव धर्म गुप्त काल में विकास की चोटी पर पहुंच गया या, जब न केवल उत्तर भारत में अपितु दक्षिण और पश्चिम भारत के कई भागों में इस संप्रदाय के अद्वितीय प्रभाव के प्रमाण मिलते हैं। उस समय के पुरालैखिक, मुद्रात्मक और मूर्ति-संबंधी अभिलेख भारी संख्या में मिलते हैं। महाभारत और पुराणों में वैष्णव संप्रदाय के जो सिद्धांत प्रतिपादित हैं, उनसे प्रकट होता है कि ब्राह्मण धर्म की प्राचीन कट्टरपंथी परंपरा से जुड़े इस संप्रदाय ने नए युग में शूद्रों और अस्पृश्यों के लिए अपना द्वार बंद नहीं रखा, बल्कि उनको भी ईश्वर को जानने और मोक्ष प्राप्त करने का अधिकार दिया।... भगवान को यह घोषित करते हुए चित्रित किया गया है कि ब्राह्मण से लेकर श्वपाक तक सभी मेरी भक्ति से पवित्र हो जाते हैं। श्रद्धालु और श्वपाक चांडाल मुझे उस ब्राह्मण से अधिक प्रिय हैं जो अन्य गुणों से समन्वित रहने पर भी भगवान का भक्त नहीं है। ...यह कहा गया है कि वेदज्ञ ब्राह्मण पुण्यवान शूद्र को विश्व के दीप्तिवान विष्णु जैसा ही मानते हैं। जो व्यक्ति विष्णु-भक्त शूद्र का अपमान करता है, वह करोड़ों वर्ष तक नरक भोगता है (यह खास कथन महाभारत के दक्षिण भारतीय संस्करण से उद्धृत है)। जो वैश्य, स्त्रियां और शूद्र ब्राह्मण के मुंह से दक्ष-शिव युद्ध की कथा सुनते हैं वे रुद्रलोक में स्थान पाते हैं। द्विजों की भांति शिवभक्त शूद्र भी गणपति की कोटि में पहुंच सकता है। (वायु पुराण)'। रामशरण शर्मा के इन उद्धरणों से पुराणों के प्रभाव से शूद्रों की थोड़ी-बहुत बदलती सामाजिक स्थिति के संकेत मिलते हैं।

ब्राह्मण और श्रमण परंपराएं

ब्राह्मण परंपरा के समानांतर श्रमण परंपरा है। ब्राह्मण परंपरा की तरह श्रमण परंपरा भी एकरेखीय नहीं है। एक श्रमण परंपरा राजाश्रय वाली है, दूसरी लोकाश्रय वाली। पतंजलि (150 ईसा पूर्व) ने ब्राह्मण (वैदिक)

और श्रमण (वेद विरोधी) के बीच सांप और नेवला का जो संबंध बताया था, वह सत्ता संघर्ष के संदर्भ में था।

ध्यान देने योग्य बात है कि बौद्ध धर्म का व्यापक प्रचार करने के लिए जातक कथाएं (300 ईसा पूर्व) बनी थीं और वे लोकप्रिय थीं। पौराणिक चमत्कारवाद बौद्ध धर्म में था, इसका परिचय भारत आए फाहियान (400 ईसवी) के यात्रा विवरण से मिलता है। फाहियान लिखते हैं, 'जीतवान विहार के पूर्वी द्वार से सत्तर कदम उत्तर की ओर सड़क के पश्चिम में वह स्थान है, जहां गौतम बुद्ध ने 16 पंथ के नास्तिक आचार्यों को शास्त्रार्थ में पराजित किया था। उसी अवसर पर पंचमना नामक स्त्री ने बुद्धदेव को कलंकित और दूषित करने का प्रयत्न किया। उसने अपने पेट पर कपड़ा बांधा और बतलाना चाहा कि बुद्धदेव ही इसके लिए दोषी हैं। परंतु उसी क्षण प्रपंच मिट गया। देवराज इंद्र और अन्य देवों ने सफेद चूहे के रूप में पंचमना के वस्त्र में प्रवेश किया और पेट पर बंधे कपड़े को नीचे गिरा दिया। कपड़े के गिरते ही सभी को उसका छलकपट मालूम हो गया।' बौद्धों के निकट इंद्र एक अच्छे देवता के रूप में खड़े दिखते हैं।

दरअसल अपने धर्म के संदर्भ में गौतम बुद्ध को अनगिनत षड्यंत्रों का सामना करना पड़ा होगा, ऊपर उसी का पुराणीकरण है।

राजाश्रय वाले जैन श्रमण दक्षिण भारत के तमिल क्षेत्र तथा बौद्ध श्रमण उत्तर भारत के कश्मीर क्षेत्र में अत्याचारी राजाओं का समर्थन करते थे। श्रमणवाद को दूध का धुला मान लिया जाता है, जबकि एक खास दौर में धर्म का निनाद करते हुए भी राजाश्रय वाले श्रमण कुकृत्य में लिप्त थे। विचार और आचरण का फर्क हमेशा था, यह ब्राह्मण-श्रमण दोनों परंपराओं में था। कुशल श्रमण राजाश्रय या शासन का अंग होने की वजह से जब प्रभुता पा गए तो वे क्रूर होते गए। फलस्वरूप उनका शैवों से टकराव हुआ। 700-800 ईसवी में कई बौद्ध और जैन मंदिर तोड़े गए या वे शिव मंदिर में बदल दिए गए।

ब्राह्मण और श्रमण परंपराओं के सह-अस्तित्व, अंतर्क्रिया और अंतर्मिश्रण के उदाहरण हैं। उदार वैष्णव ब्राह्मणों पर अनीश्वरवादी श्रमण परंपराओं– बौद्ध, जैन और आजीविका का असर था। दक्षिण भारत में

शैव और वैष्णव भक्ति आंदोलन की शुरुआत यदि निरीश्वरवादी श्रमण परंपराओं से टकरा कर होती है तो उन परंपराओं के कर्मकांड और जाति भेदभाव-विरोध को तथा अहिंसा के दर्शन को आगे बढ़ाते हुए भी होती है।

भरतमुनि (300 ईसवी पू.-100 ई. के बीच अनुमानित) एक उदारवादी ब्राह्मण थे। वे रस सिद्धांत के प्रवर्तक थे। उन्होंने 'नाट्यशास्त्र' की रचना की। उनके अनुसार, शूद्रों को नाटक में भाग लेने का अधिकार है। इसे 'पंचम वेद' कहा गया। इसकी खूबी है कि इसमें सभी कलाओं का मिश्रण है। सबसे महत्वपूर्ण बात है कि भरत के नाट्यशास्त्र ने कला-साहित्य के लिए एक सार्वजनिक क्षेत्र या 'कॉमन प्लेस' का निर्माण कर दिया, जहां कोई भेदभाव नहीं है। यह सभी को रसानुभूति का अधिकार देता है। भरतमुनि की नजर में नाटक 'शोकार्त को विश्राम देनेवाला धर्म, यश और आयु बढ़ाने वाला हितकारी, बुद्धि की विशेष वृद्धि करनेवाला तथा संसार को उपदेश देनेवाला है।' वे नाटक के लिए शास्त्र की जगह लोक को प्रमाण मानते हैं। भरतमुनि का आगे कहना है, 'लोक के भाव और चेष्टाओं का निर्णय शास्त्र से संभव नहीं। ...इसलिए नाट्य प्रयोक्ता को लोक प्रमाण को स्वीकार करना चाहिए।' (संक्षिप्त नाट्यशास्त्रम्, 23.25-26, राधावल्लभ त्रिपाठी)। कहना न होगा कि यह 'लोक' इकहरा नहीं है, वह एक मिश्रित समाज है।

शूद्रक का नाटक 'मृच्छकटिकम्' (मिट्टी की गाड़ी) 600 ईसवी के आसपास आया था। इसमें गरीब ब्राह्मण, चोर, गणिका, नाई जैसे पात्र मिलकर दुष्ट राजा की सत्ता पलट देते हैं और गणराज्य की स्थापना करते हैं! इसका अर्थ है, उस जमाने में 'राजा का अत्याचार', 'सामाजिक भाईचारा', 'गणतंत्र' जैसी धारणाएं एक न एक रूप में थीं। ऐसी धारणाओं के निर्माण और प्रसार में साहित्य खासकर नाटकों की महत्वपूर्ण भूमिका थी।

वैदिक परंपरा में बौद्ध-जैन उभार और लोकायत के प्रभाव को रोकने की सांस्कृतिक क्षमता नहीं थी। इसलिए पुराणों का उपयोग किया गया। 'वैदिक' का जब 'पौराणिक' में कायाकल्प हुआ, धर्मशास्त्रियों का लोक विश्वासों की तरफ झुकाव हुआ। सैकड़ों साल के लोकविश्वासों को आधार बनाकर कल्पना के सहयोग से पुराणों की रचना होने लगी।

पुराणों को ब्राह्मण धर्मशास्त्रियों और पुरोहितों की शक्ति वृद्धि के उपकरण के रूप में देखा जाना चाहिए। इस दौर में देवी-देवताओं को नए-नए अस्त्र-शस्त्र, चमत्कार तथा कथा प्रसंग से सुसज्जित किया गया। मंदिरों को धार्मिक सत्ता के पुनर्गठन का केंद्र बनाया गया। अतीत में धर्म से शक्ति वृद्धि के कई उदाहरण हैं।

एक समय शक्ति की उपासना प्रचलित हो चली थी, जिससे शुरू में उच्च जातियां विमुख थीं। ब्राह्मण परंपरा ने शाक्त देवियों को कालांतर में आत्मसात कर लिया। इसका अर्थ है, जिसे ब्राह्मण परंपरा कहा गया, उसमें एक उदारवादी अंतर्धारा थी। वह हमेशा एक ही जगह खड़ी नहीं थी। उदार ब्राह्मणों ने कालांतर में विभिन्न स्थानीय देवताओं तथा लोक उपासना पद्धतियों को अपना कर अपना प्रभाव विस्तार किया, जैसे पंढरपुर में विठ्ठल, पुरी में जगन्नाथ, असम में देवी कामाख्या। वे एकरेखीय या शुद्धतावादी न थे, भले अधिकांश ही कठोर या उदार रूप में वर्ण व्यवस्था के समर्थक थे।

दर्शन ऋषियों-विद्वतजनों की दुनिया का मामला है, जबकि पौराणिक कथाओं में लोकपरकता है। यही वजह है कि पौराणिक कथाएं राजनीतिक अंतर्वस्तु बनीं, राजसत्ता का औजार। राज्याश्रय पाकर मूर्तियां और मंदिर बने। एक नया सिलसिला बना जो आज तक जारी है। पौराणिक कथाएं धर्म और राजनीति के बीच संबंध स्थापित करने में सहायक हुईं। केवल भक्त कवि राज्याश्रय से दूर थे।

पुरोहित ब्राह्मणों और इनके विरोधी बौद्ध-जैन श्रमणों दोनों ने चमत्कारिक कथाओं का सहारा लिया। दरअसल दोनों ने धर्म प्रचार के लिए समान रूप से लोकप्रियतावाद का रास्ता चुना और राजसत्ताओं की सेवा की।

पौराणिक आस्था का प्राचीन शोषण

पौराणिक देवताओं के प्रति हिंदू आस्था का राजसत्ताओं द्वारा तरह-तरह से शोषण होता रहा है। कौटिल्य (350 ईसा पूर्व) के 'अर्थशास्त्र' में राजा को हिंदुओं की पौराणिक आस्था का अपने हित में उपयोग करने की एक

से बढ़कर एक विधि बताई गई है। कौटिल्य ने राजाओं को सलाह दी है कि वे भोलीभाली जनता के पौराणिक विश्वासों का उपयोग राजकोष और क्षमता बढ़ाने के लिए करें। राजा जमीन की मिट्टी के नीचे देवमूर्ति छिपाकर रख दे। वह बनावटी स्वप्नादेशों का प्रचार करके, मिट्टी खोदकर देव मूर्तियां वापस निकाल ले और घोषणा करे कि देवता खुद प्रकट हुए हैं। इसके बाद राजा जनता से धन लेकर मंदिर बनाए। वर्तमान युग के राजनीतिज्ञों ने कौटिल्य का 'अर्थशास्त्र' जरूर पढ़ा होगा!

कौटिल्य के युग का धार्मिक विशेषाधिकार प्राप्त वर्ग अपना क्षयशील अस्तित्व सुरक्षित रखना चाहता था, राजनीतिक सत्ता के संपर्क में रहने का फायदा उसे ज्ञात था। इसके लिए राजनीति और धर्म के बीच गठबंधन जरूरी समझा गया, भले इससे धर्म और राजनीति दोनों का नुकसान हो। राजा को धर्म के रास्ते से बल पहुंचाने के लिए धर्मवेशधारी कौटिल्य को इस सीमा तक जाने में कोई संकोच नहीं हुआ, 'भूमि को फाड़कर देवता निकला है, यह प्रचार कर राजा किसी मंदिर की स्थापना करा सकता है, अथवा वह किसी अपशकुन का प्रचार करे। देवता की पूजा करने या संभावित अनिष्ट के निवारण के लिए वह धार्मिक मेला लगाए और यात्रियों से पैसा उगाहे।' (अर्थशास्त्र)। आगे लिखा है, 'राजा का कोई जासूस राक्षस के वेश में पेड़ पर चढ़कर लोगों से रोज नरबलि की मांग कर सकता है। प्रेतात्माओं के निवारण के नाम पर भी लोगों से पैसा ऐंठा जा सकता है।' (वही)।

कौटिल्य अपने 'अर्थशास्त्र' में सुझाव देते हैं कि लोगों को अनेक सिरवाला बनावटी सांप दिखाकर दर्शन शुल्क वसूला जाए। वे कहते हैं, 'शंका उठानेवाले को चरणामृत में जहर मिलाकर पिला दिया जाए या कोई औषधि खिलाकर बेहोश कर दिया जाए या गुप्तचर द्वारा सांप से डंसवाकर घोषित किया जाए कि यह देवकोप है।' यह सब कौटिल्य ने कहा था। ('कौटिल्य अर्थशास्त्र', अनुवाद उदयवीर शास्त्री, 1925)। उन्होंने लोगों को भयभीत करने के लिए भेजे गए जासूसों को परामर्श दिया कि वे किसी प्रधान देवता की प्रतिमा को बकरे के रक्त से चुपचाप नहला दें, ताकि ऐसे लक्षणों से राज्य के विनाश की आशंका पैदा हो

जाए, फिर राजा धन की उगाही करे। धर्म के नाम पर आदमी धनराशि दान करने के लिए तुरंत तैयार हो जाता है, प्राचीन लोगों का समय हो या आज का समय। धर्म कई बार जन-असंतोष से राज्य के छिपने की जगह होता है।

साधारणतः मंगलमय कार्यों मसलन जन्म, अन्नप्राशन, गृह प्रवेश, विवाह, कामधंधे या उद्योग के उद्‌घाटन, यहां तक कि चुनाव में नामांकन पत्र भरने के लिए भी मुहूर्त और नक्षत्रों की दशा देखी जाती है। भवन के शिलान्यास और यज्ञ के लिए और ज्यादा। लेकिन पैसा लेते समय मुहूर्त और नक्षत्रों की दशा देखने के संबंध में कौटिल्य कहते हैं, 'धन का नक्षत्र धन है, उसमें तारकों का क्या काम!' मुहूर्त और नक्षत्र में लोगों का विश्वास मजबूत किया जा चुका था, धन पाने के मामले में इस नियम को तोड़ना कौटिल्य को जरूरी लगा!

कौटिल्य के 'अर्थशास्त्र' में सामाजिक उदारवाद की तस्वीर भी है। उन्होंने मौर्य राज्य में सभी वर्गों को एक ही इलाके में बसने की छूट दी, सबके लिए समान कानून पर जोर दिया। व्यापारियों की बेईमानी और कारीगरों से उपभोक्ताओं की सुरक्षा के नियम बनाए। उनकी दृष्टि में भौतिक संपन्नता ही प्रधान चीज है, 'अर्थ एव प्रधान इति कौटिल्याः'। उनके अनुसार, अर्थ और काम (ऐंद्रिक आनंद) भौतिक संपन्नता पर निर्भर हैं। उन्होंने महाभारत के इस कथन को उलट दिया, 'अर्थ और काम को धर्म के अधीन होना चाहिए।' जाहिर है, चाणक्य ने राजा के आर्थिक स्वार्थों की रक्षा के उद्देश्य से धर्म के किसी भी नियम को तोड़ने और धार्मिक पाखंड के किसी भी स्वरूप तक बढ़ जाने की शिक्षा दी। उपर्युक्त उदाहरणों से स्पष्ट हो जाता है कि पुरोहित ब्राह्मण वस्तुतः धर्म की सेवा करते-करते किस तरह राज्य की सेवा करने लगे थे।

पौराणिक आस्था और विज्ञान

धर्म मनुष्य का एक बड़ा सहारा है। वह कभी दार्शनिक चिंतन के साथ खड़ा होता है और कभी सामान्य पूजा-पाठ, तीर्थ, तंत्र-मंत्र के साथ। उसे एक सामाजिक बंधन और पहचान के रूप में देखा गया है। यदि बहुत से

लोग निर्द्वंद्व भाव से किसी एक छत के नीचे आ सकते हैं तो वह धर्म है। हिंदू धर्म ने अपना एक सामाजिक परिसर बनाया, पर यह हमेशा कई समस्याओं से घिरा रहा है।

पौराणिक आस्था ने निरंकुश राजाओं के शासन में असहाय हिंदुओं को धार्मिक संबल दिया, लेकिन उसने जो क्षति की उसकी तरफ भी दृष्टि जानी चाहिए। सबसे बड़ी क्षति यह है कि एक ही धर्म के लोगों में शैव, वैष्णव, शाक्त जैसी कई पहचानें बन गईं जो आपस में कई बार हिंसक हो उठती थीं। जाति व्यवस्था चली आ रही थी। इन स्थितियों में भाईचारा कभी स्थापित नहीं हो पाया। हिंदू धर्म में एक समय प्रश्न करने की प्रवृत्ति थी, वह सो गई। लोग कलह के साथ-साथ आलस्य से भरते गए। इसके अलावा, पौराणिक आस्था ने विज्ञान को सामाजिक ताकत बनने से रोका। इसलिए समाज में दीर्घ काल तक तंत्र-मंत्र-चमत्कार ही विज्ञान के आसन पर बैठे रह गए।

1017 में अलबिरूनी भारत आए थे। वह खगोलविद्या के जानकार थे और इस देश में लगभग 13 साल थे। खगोल विद्या के क्षेत्र में उन्होंने भारतीय प्रगति का जायजा लिया था। उन्होंने वराहमिहिर की 'बृहत्संहिता' तथा दूसरे ग्रंथों का फारसी में अनुवाद किया था। वह पहले मुसलमान थे, जिसने पुराणों का अध्ययन किया। उन्होंने दरवाजे के बाहर टाट पर बैठकर पंडितों से संस्कृत सीखी थी। उल्लेखनीय है कि दूसरे देश से आकर वे संस्कृत सीख सके थे। उन्हें भारत से अनुराग था।

कई मुसलमान महमूद गजनवी को इस्लाम का संरक्षक मानते थे। भारत में उसकी लूटपाट और तोड़फोड़ के ज्यादा साल नहीं बीते थे। उसी दौर में अलबिरूनी ने मुसलमान होकर भी साहसपूर्वक अपने यात्रा वृत्तांत में लिखा, 'गजनवी ने भारत के वैभव का सर्वनाश कर दिया। ऐसी चालें चलीं कि हिंदू मिट्टी के ऐश्वर्य परमाणुओं की तरह बिखर गए और केवल इतिहास की वस्तु रह गए। स्वभावतः ही अब इन बिखरे अवशेषों के कारण सभी मुसलमानों के प्रति घृणा बैठ गई है।' (भारत)। किसी ऐतिहासिक घटना को वैज्ञानिक, सेकुलर और वस्तुपरक ढंग से देखने का यह एक अनोखा उदाहरण है।

अलबिरूनी ने इस्लाम की आलोचना की, 'दूर जाने की जरूरत नहीं है, खुद इस्लाम के अंदर भी परमात्मा अपनी सृष्टि के सदृश है, जबरिया सांप्रदायिक शिक्षा, मजहबी विषयों पर शास्त्रार्थ की मनाही और ऐसे ही अन्य बातों को हम नापसंद करते हैं।' (वही)। यह अलबिरूनी की बौद्धिक स्वतंत्रता का उदाहरण है।

अलबिरूनी हिंदू परंपरा के ज्ञानियों के संबंध में अच्छी धारणा व्यक्त करते हैं, 'उन्हें ईश्वर की सहायता प्राप्त है।' गजनवी हिंदुओं को काफिर कहता था, पर मुसलमान होकर भी अलबिरूनी इन्हें उत्तम तत्ववेत्ता, गणितज्ञ और ज्योतिर्विद मानता था। उसका चिंतन धर्मांधता से आक्रांत न था। अलबिरूनी हिंदुओं की आलोचना भी करता है, 'इनके विश्वास के अनुसार इनके अपने देश के समान कोई दूसरा देश नहीं है, इनकी अपनी जाति के समान कोई दूसरी जाति नहीं है और इनके समान ज्ञान और विद्या किसी दूसरे प्राणी में नहीं है।' (वही)। यह दंभ युगों तक बना रहा है।

अलबिरूनी ऐसे दंभ के समानांतर वैज्ञानिक दृष्टिकोण के एक ब्राह्मण वराहमिहिर (600 ईसवी) का मत उद्धृत करते हैं, 'यवन लोग यद्यपि अपवित्र हैं, फिर भी उनका सत्कार करना चाहिए, क्योंकि उन्होंने सभी प्रकार की विद्याएं पढ़ी हैं और कई विद्याओं में वे दूसरों से बहुत आगे बढ़ गए हैं। हम उन ब्राह्मणों के संबंध में क्या कहें जो शुद्धता और ज्ञान दोनों चाहते हैं।' (बृहत्संहिता)। कोई ज्ञान शुद्ध नहीं होता, यह जितना अविशुद्ध होता है उतना व्यापक होता है। एक समाज का ज्ञान दूसरे समाज के ज्ञान से 'इंटरैक्शन' करके ही आगे बढ़ता है। उदारवादी हिंदू वराहमिहिर की समझ में यह आ चुका था। यह पुराणों के समानांतर वैज्ञानिक दृष्टि के पनपने का उदाहरण है।

ज्ञान के लिए अपने धर्म तक सीमित रह जाना ठीक नहीं है, इस तरह की बातें उस जमाने में हिंदू वराहमिहिर और मुस्लिम अलबिरूनी दोनों कहते थे। निःसंदेह ऐसे व्यक्ति थोड़े थे, पर पौराणिक जकड़नों को तोड़कर वे विद्वान वैज्ञानिक सोच की जमीन तैयार करने में लगे थे। बहुत कम संख्या में होने के बावजूद ऐसे व्यक्ति कूपमंडूकता से टकरा रहे थे। अलबिरूनी ने रूढ़िवादी खगोलशास्त्री ब्रह्मगुप्त (800 ईसवी) को कोसा,

क्योंकि उसने वैज्ञानिक आर्यभट्ट (476-550) के प्रति बौद्धिक अशिष्टता की थी और वैज्ञानिक खोजों से लड़ने के लिए धर्म को ढाल बनाया था।

अलबिरूनी ने अपने यात्रा वृत्तांत में वराहमिहिर और ब्रह्मगुप्त के ग्रहण-संबंधी विचारों पर तुलनात्मक टिप्पणी करते हुए बताया कि कैसे ब्रह्मगुप्त वैज्ञानिक निष्कर्षों तक पहुंच कर भी राहु-केतु के पौराणिक धुंध से बच नहीं पाते। अलबिरूनी ने वराहमिहिर की 'बृहत्संहिता' से कई हिस्से उद्धृत किए, जिनमें कुछ इस प्रकार हैं–'कुछ पंडितों की धारणा है कि राहु एक दैत्य है। कुछ अन्य व्यक्तियों की धारणा है कि राहु का भी सूर्य और चंद्रमा जैसा शरीर है, लेकिन वह बहुत काला है। इसलिए आकाश में दिखाई नहीं पड़ता। (इन बेतुकी बातों का वर्णन करने के बाद वराहमिहिर कहते हैं) राहु का यदि अपना शरीर होता तो वह तत्काल सक्रिय हो उठता, लेकिन हम देखते हैं कि वह दूर से ही ग्रसता है। उसके और चंद्रमा के बीच 6 राशियों का अंतर रहता है। (वस्तुतः) पृथ्वी के छाया भाग में चंद्रमा के प्रवेश से चंद्र ग्रहण लगता है और सूर्य ग्रहण का कारण यह है कि चंद्रमा सूर्य को ढककर हमसे छिपा लेता है। इसलिए चंद्र ग्रहण कभी पश्चिम की ओर से नहीं होगा और सूर्य ग्रहण कभी पूर्व की ओर से। ...जो हो, जनसाधारण सदैव जोरों से राहु को ग्रहण का कारण घोषित करता रहा है। इसका कारण यह है कि सिर कट जाने पर राहु का अहंकार नष्ट हो गया। ग्रहण काल में ब्राह्मण जो हवन करते हैं, उसका एक अंश राहु को भी देते हैं। अतएव वह ग्रहण स्थल के निकट रहकर अपना भाग प्राप्त करता है। इसलिए उस अवस्था में लोग बहुधा उसकी चर्चा करते हैं और उसे ही ग्रहण का कारण समझते हैं, हालांकि इन बातों से उसका कोई संबंध नहीं है।' वराहमिहिर यह बात छठी शताब्दी में कहते हैं। उनकी 'बृहत्संहिता' के ऐसे हिस्सों से झलकता है कि वे भोले लोकविश्वासों पर दार्शनिक प्रहार किए बिना एक वैज्ञानिक तथ्य उपस्थित करने की कोशिश करते हैं। धर्म के मेघावरण को चीरकर विज्ञान का सूर्य उगता है।

वराहमिहिर ने छठी सदी में जो वैज्ञानिक तथ्य प्रतिपादित किया, उसके आधार पर समाज में धार्मिक रूढ़ियों पर आक्रमण का वैज्ञानिक

सिलसिला शुरू हो जाना चाहिए था। लेकिन लगभग डेढ़ सौ साल बाद एक दूसरे खगोलशास्त्री ब्रह्मगुप्त हुए। वे पासा पलट देते हैं। खगोलशास्त्री होने के कारण वह सूर्य ग्रहण के लिए चंद्रमा को जिम्मेदार ठहराते हुए और चंद्र ग्रहण के लिए पृथ्वी को जिम्मेदार मानते हुए पृथ्वी की छाया का व्यास मापते-खोजते हैं। लेकिन विज्ञान का रास्ता छोड़कर वह अंततः रूढ़िवादी धार्मिक आस्था का दामन पकड़ लेते हैं। एक तरह से वराहमिहिर ने तथ्यों के आधार पर जो नई चेतना पैदा की थी, उसमें वे विपर्यय ला देते हैं।

अलबिरूनी अपने यात्रा वृत्तांत 'भारत' में ब्रह्मगुप्त के ग्रंथ 'ब्रह्म सिद्धांत' से उद्धरण देते हैं, 'कुछ लोग मानते हैं कि ग्रहण की वजह राहु नहीं है। लेकिन यह एक मूर्खतापूर्ण विचार है, क्योंकि वही ग्रहण करता है और लोग भी यही कहते हैं कि राहु ही ग्रसता है। ...मनु द्वारा प्रणीत स्मृति और गर्ग रचित संहिता ने भी इसका समर्थन किया है। इसके विपरीत वराहमिहिर, श्रीषेण, आर्यभट्ट, विष्णुचंद्र का मत है कि ग्रहण का कारण राहु नहीं है, बल्कि चंद्रमा और पृथ्वी की छाया इसका कारण है। यह बात जनसाधारण की मान्यता के बिलकुल विपरीत है। यह सद्यः निरूपित विचार सनातन के प्रति वैमनस्य से पैदा हुआ है, क्योंकि यदि राहु को ग्रहण का कारण नहीं माना जाता है तो ग्रहण काल में ब्राह्मणों द्वारा प्रतिपादित रीतिरिवाज, जैसे अपने शरीर पर गरम तेल का लेपन और दान-संबंधित अन्य कार्य भ्रामक मान लिए जाएंगे और उनसे दिव्य सुख की प्राप्ति नहीं होगी।' ब्रह्मगुप्त विज्ञान को 'सनातन' द्वारा दबा देते हैं। उनका उपर्युक्त कथन वराहमिहिर द्वारा लाए गए वैज्ञानिक जागरण का विपर्यय है।

प्राचीन काल में जैनियों-बौद्धों ने वैदिक कर्मकांड के खिलाफ संघर्ष छेड़कर ब्राह्मण पुरोहितों के हित पर खतरा पैदा कर रखा था। हिंदू धर्म के भीतर से एक ब्राह्मण वराहमिहिर ने जब वैज्ञानिक प्रचार शुरू कर दिया तो यह खतरा बढ़ गया। ब्रह्मगुप्त को यह बर्दाश्त नहीं हुआ। 8वीं सदी में दार्शनिक स्तर पर शंकर को भी उच्च वर्णहित का ध्यान था।

ऊपर के उद्धरण से अच्छी तरह समझ में आ सकता है कि ब्रह्मगुप्त के मन में क्या डर है। जनता को यदि पौराणिक धारणाओं की भ्रामकता

की जानकारी होने लगेगी तो रूढ़िवादी धर्मशास्त्र ढह जाएगा। इसके बल पर धार्मिक परजीवी वर्ग अपने निजी स्वार्थ पूरे करते थे, साथ ही राजाओं को जनता के विद्रोह से बचाते थे।

भारत आने वाले फ्रांसीसी बर्नियर ने अपने यात्रा वृत्तांत में तत्कालीन भारतीय समाज का जो चित्र खींचा है, उसे सामने रखकर भी हम देख सकते हैं कि समाज पुरानी जगह से कितना आगे बढ़ पाया। निश्चय ही पश्चिमी यात्री अपने संस्कारों और रुचियों से मुक्त नहीं थे। फिर भी उनके यात्रा वृत्तांत पुराने भारतीय समाज के कई यथार्थ सामने लाते हैं। बर्नियर शाहजहां और औरंगजेब के समय (1656-1668) भारत आया था। उन्होंने 12 साल तक इस देश में घूमकर केवल आर्थिक और राजनीतिक अवस्था का ही नहीं, धार्मिक-सांस्कृतिक स्थितियों का भी अध्ययन किया था। उसने फ्रांस में सूर्य ग्रहण देखा था और भारत में भी आकर देखा। बर्नियर दो भिन्न समाजों में सूर्य ग्रहण की अलग-अलग प्रतिक्रिया का जो चित्र खींचते हैं, वह बड़ा रोचक है।

बर्नियर ने 1654 में फ्रांस में सूर्य ग्रहण देखा था, 'मैंने अपने देश के सर्वसाधारण का मूर्खता और लड़कपन-भरा व्यवहार देखा। कई लोगों को भय ने इतना दबोच रखा था कि उन्होंने ग्रहण से बचने के लिए दवाइयां और जड़ी-बूटियां मोल ले ली थीं। बहुतेरे थे, जो अंधेरे कमरों और कोठरियों में छिप गए थे। कई बुद्धिजीवी इतने डर गए कि अब जैसे प्रलय ही हो जाएगा।' (यात्रा वृत्तांत)। यह यूरोपीय 'रिनेसां' का समय था।

अब बर्नियर यमुना के नजदीक किसी घर की छत से भारतीयों की प्रतिक्रिया देख रहे थे, 'मैंने देखा यमुना नदी के किनारे हिंदू कमर तक पानी में खड़े इस अभिप्राय से आसमान की ओर देख रहे हैं कि ज्यों ही ग्रहण आरंभ हो, त्यों ही वे चटपट स्नान कर लें। छोटे बालक बिलकुल नंगे थे। मर्द भी प्रायः नंगे ही थे, क्योंकि वे महज धोती बांधे हुए थे। स्त्रियां या छोटी लड़कियां, जिनकी आयु 6-7 साल की थीं, सिर्फ एक कपड़े में थीं। बड़े-बड़े राजा-रईस, जो बादशाह के दरबारी थे, कोठी वाले जौहरी और दूसरे बड़े-बड़े व्यापारी सपरिवार यमुना के दूसरे किनारे पर चले गए थे। वहां उन्होंने बहुत से खेमे लगा रखे थे। स्त्रियों के नहाने और

पूजापाठ के समय परदा रखने के लिए नदी में कनातें लगी थीं।' दोनों समाज की प्रतिक्रियाओं के बीच एक फर्क है। सूर्य ग्रहण देखकर फ्रांस के लोग डरे हुए थे, जबकि भारत के लोग अपने विश्वास के अनुसार निदान समझते हुए शांत थे।

4 जुलाई 1999 को प्रलय की भविष्यवाणी के आतंक में जापान जैसे समृद्ध आधुनिक देश के काफी लोग घर छोड़कर बाहर निकल आए थे। यह भविष्यवाणी फ्रांसीसी संत-भविष्यवक्ता नास्त्रदम ने करीब चार सौ साल पहले की थी। इससे स्पष्ट हो जाता है कि समाज में विज्ञान अंधविश्वास के आगे बार-बार चूहा साबित हुआ है, क्योंकि जनता के मन में बुद्धिपरक विश्वास जड़ नहीं जमा सके। बुद्धिपरक विश्वासों को न विज्ञान फैला सका और न लोकतंत्र। कहना चाहिए, समाज में अंधविश्वास मजबूत नहीं हुआ, बल्कि गलत हाथों में जाने के कारण विज्ञान और लोकतंत्र ही जनता का पूरा विश्वास जीत नहीं पाए।

सत्ता की राजनीति ने अंधविश्वासों का हमेशा संरक्षण किया है। बर्नियर ने लिखा है, 'मुगल बादशाह मुसलमान होने पर भी हिंदुओं की पुरानी बातों में हाथ नहीं डालता या हाथ डालना ही नहीं चाहता या साहस नहीं होता। सूर्य ग्रहण के अवसर पर ब्राह्मण एक लाख रुपये बादशाह को नजर करते हैं। बादशाह की ओर से उन्हें थोड़े से वस्त्र और एक बूढ़ा हाथी मिलता है।' इस कथन से मुगलकालीन पुरोहित ब्राह्मणों की बौद्धिक दशा का बोध होता है।

धार्मिक पुरोहित किस तरह आस्था का उन्माद पैदा करते थे, यह पुरी की रथयात्रा के संदर्भ में बर्नियर के इस विवरण में देखा जा सकता है, 'जिस समय जगन्नाथ का रथ गड़गड़ाता हुआ चलता है, उस समय बहुत से ऐसे व्यक्ति भी होते हैं, जो धर्म पर विश्वास रखकर स्वर्ग के लिए भारी पहियों के आगे खुद गिरकर जान दे देते हैं। ब्राह्मण लोग अपने स्वार्थ से लोगों को ऐसे काम के लिए और भी अधिक उत्तेजना देते हैं।' पुरी की रथयात्रा प्रसिद्ध है।

सुकरात, गैलेलियो और न्यूटन ये तीन ऐसे पश्चिमी व्यक्तित्व हैं जिन्होंने अपने वैज्ञानिक सिद्धांतों के लिए अपने समय के अंधविश्वास

के दबावों को अलग-अलग मानसिक स्तर पर झेला था। मनुष्य की दार्शनिक-वैज्ञानिक प्रगति के मार्ग में रूढ़िवादी धर्मशास्त्र के दबाव हर देश में अवरोधक थे। इसलिए हर क्रांतिकारी दार्शनिक या वैज्ञानिक को अपने अंतःकरण में लंबा युद्ध लड़ना पड़ता था। सुकरात यूनान में (500 ई. पू.) हुए थे। उनका कहना था कि कुछ ठीक से करने के पहले ठीक से सोचना जरूरी है! वह भौतिकवादी थे। उन्होंने मूर्ति पूजा का विरोध किया था और तारकों को देवता मानने से इंकार कर दिया था। उन पर देवनिंदक और नास्तिक होने का आरोप लगा। उन्हें यह अवसर दिया गया कि वे अपने क्रांतिकारी विचारों में संशोधन कर लें, लेकिन उन्होंने हँसते-हँसते जहर का प्याला पीना पसंद किया।

इटली के गैलेलियो (1564-1633) ने ईसाई धर्म की अंध-धारणाओं के विरुद्ध संघर्ष किया। उन्होंने इस सिद्धांत का समर्थन किया कि पृथ्वी चपटी नहीं गोल है और वह सूर्य के चारों तरफ घूमती है। उन्होंने दूरवीक्षण यंत्र से कुछ नए ग्रहों का, उनके बीच की दूरियों का पता लगाया। कैथोलिक चर्च ने उनकी वैज्ञानिक घोषणाओं को ईसाई धर्मशास्त्र पर खतरा माना। चर्च ने अनेक खगोलशास्त्रियों को फांसी पर लटकवा दिया।

यूरोपीय रिनेसां के काल में आस्था और विज्ञान के बीच तनाव था, पर आस्था पर वैज्ञानिक सोच धीरे-धीरे प्रबल हो रही थी। वैज्ञानिक गैलेलियो पर पोप का दबाव पड़ा था कि वह घोषणा करे कि उसने जो वैज्ञानिक सिद्धांत प्रचारित किए हैं, वे गलत हैं। गैलेलियो को चर्च से समझौते के लिए अपने भीतर बड़ा संघर्ष करना पड़ा। उन्हें असह्य यंत्रणाएं सहनी पड़ीं। उन्हें जिंदगी के आखिरी आठ साल पोप के आदेश से गृह कैद में बिताने पड़े। इसका चित्र ब्रेख्त ने अपने नाटक 'गैलेलियो' में खींचा है।

तीसरा उदाहरण न्यूटन (1642-1727) का है। उसने गति और गुरुत्वाकर्षण के विख्यात वैज्ञानिक सिद्धांत प्रतिपादित किए थे। लेकिन अपनी वृद्धावस्था में वे सेंट जान के धार्मिक रहस्यों का मर्म समझाने में डूब गए। उनके विज्ञान में रहस्यवाद की जोंक लग गई।

उपर्युक्त तीन वैज्ञानिक दृष्टिसंपन्न व्यक्तियों के जीवन के तीन नतीजे तीन खास संकेत देते हैं। सुकरात के मृत्यु-वरण और गैलेलियो

के आत्मसंघर्ष की जगह धीरे-धीरे ले ली विज्ञान और अंधविश्वास के सह-अस्तित्व ने।

विज्ञान और अंधविश्वास का सह-अस्तित्व 21वीं सदी में अपने चरम पर है। इसके अलावा, विज्ञान की आजादी छीन ली गई है, यह बहुराष्ट्रीय कंपनियों का बंधुआ मजदूर है।

यह एक विडंबना है कि एक तरफ अति-आधुनिक कंप्यूटर हैं, दूसरी तरफ सैकड़ों तरह के अंधविश्वास। हम अंधविश्वास ऐसे विश्वासों को कहेंगे, जिनमें आत्मविश्वास और सृजनात्मक कल्पना के द्वार बंद हों। बिल्ली काटने से रास्ता पार नहीं करना है, यह एक अंधविश्वास है और आत्मविश्वास के अभाव का चिह्न है। शिव, राम, कृष्ण, दुर्गा जीवन के एक न एक शील, शक्ति, सौंदर्य और मूल्यबोध के प्रतीक हैं। वे विश्वास हैं, अंधविश्वास नहीं।

मनुष्य आधुनिक संसार में भी अंधविश्वासों से मुक्त नहीं हो पाया है। यह चिंताजनक है कि वह राम, कृष्ण और शिव की सृजनात्मक कल्पना की उच्च परंपराओं से कट गया है। उसे अजंता-एलोरा की गुफाओं से मतलब नहीं है, महाबलिपुरम की मूर्तियों से मतलब नहीं है, भक्त कवियों की कृतियों से मतलब नहीं है। इतना ही नहीं, उसे 19वीं सदी के नवजागरण के धार्मिक सुधारों की परवाह नहीं है।

पौराणिक आस्था और कला-साहित्य

चमत्कारपूर्ण पौराणिक कथाओं के बल पर पुरोहित वर्गों ने हिंदू आस्था को जड़ीभूत करने और पौराणिक देवताओं की आदर्श प्रेरणाओं को मिटाने का काम किया। हिंदुओं के मन में जड़ीभूत आस्था वटवृक्ष की जड़ों की तरह फैलती गई। उसमें अंधेरा ही ज्यादा था। पौराणिक आस्था के व्यापक प्रसार के दौर में अनगिनत देवमूर्तियां बनीं, स्थापत्य कला का विकास हुआ और उत्कृष्ट काव्य की रचना हुई।

कहना न होगा कि काव्य में सृजनात्मक कल्पना के लिए ज्यादा अवसर होता है, उसमें ज्यादा रोशनी होती है। इस संदर्भ में कालिदास (500 ईसवी), भवभूति (600 ईसवी) और बाणभट्ट (700 ईसवी) का उल्लेख किया जा सकता है।

कालिदास गुप्त काल और पुराणों के रचना काल में हुए थे। उन्होंने 'रघुवंश' की रचना की, पर माना जाता है कि वे शैव थे। उन्होंने 'विक्रमोर्वशीयम्', 'मालविकाग्निमित्र' और 'अभिज्ञान शाकुंतलम्' ग्रंथों में शिव की स्तुति की है। इसके अलावा, शिव पर केंद्रित उनकी कृति 'कुमारसंभव' है। वे अपने 'मेघदूत' में उज्जैन के महाकाल का उल्लेख करते हैं।

'रघुवंश' में प्रसिद्ध पंक्तियां हैं– 'वागर्थाविव संपृक्तौ वागर्थ प्रतिपत्तये। जगतः पितरौ वंदे पार्वती परमेश्वरौ।' उन्होंने शिव-पार्वती को शब्द और अर्थ की तरह अविभाज्य रूप में देखा। जाहिर है, यह दृष्टि पुराणों की पृथकतावादी सोच से भिन्न है। इस काव्य कृति में एक उन्नत कला और सौंदर्य दृष्टि है, जो पुराणों में नहीं मिलती। दरअसल कालिदास ने वाल्मीकि और वेदव्यास की तरह संस्कृति की समझ को एक उदात्त धरातल देने का काम किया। साथ ही, धर्म में सौंदर्य की खिड़कियां खोलीं।

कालिदास की कृतियों से बोध हो जाता है कि धर्म से कवि के रचनात्मक सरोकार का क्या अर्थ है और कवि की सौंदर्यात्मक कल्पना अपने युग की सीमाओं का कैसे अतिक्रमण करती है। कालिदास अपने 'मेघदूत' में मेघ के यात्रा-पथ के सौंदर्य चित्र उपस्थित करते हुए भारत की भू-सांस्कृतिक अखंडता और दक्षिण के रामगिरी से लेकर विंध्याचल, विदिशा, उज्जैन, देवगिरि होते हुए कैलास-मानसरोवर तक के सौंदर्य का वर्णन करते नहीं अघाते। वे 'आर्यावर्त्त' की धारणा को नहीं मानते। वे 'मेघदूत' में किसानों के बारे में चिंतित होते हैं। मेघ से कहते हैं, 'खेती का होना-न-होना तुम्हारे भरोसे है। जब तुम खेतों से गुजरोगे, किसानों की स्त्रियां तुम्हें प्रेम और आदर से मौन देखेंगी, क्योंकि वे इतनी भोली हैं कि किसी को रिझा नहीं सकतीं। तुम मालव के उन खेतों पर बरस जाना, जहां इस समय जोते गए खेत की मिट्टी की सोंधी महक निकल रही होगी।' (पूर्वमेघ, 16)। किसानों के जीवन की ओर यह सौंदर्यात्मक झुकाव साधारण महत्व का नहीं है।

कालिदास जब 'मेघदूत' में अलकापुरी नगरी के सौंदर्य का वर्णन करते हैं, गंगा का धार्मिक पर्यावरण एक मानवीय सौंदर्यानुभव में रूपांतरित

हो जाता है, 'अलकापुरी से निकलती हुई गंगा ऐसी लगती है, मानो किसी कामिनी के शरीर से सरकी हुई सफेद साड़ी!' शिव की जटा पर गिरने वाली गंगा की छवि का पुनःसृजन कितना लौकिक है, कहना न होगा।

कालिदास एक धार्मिक व्यक्ति थे। उनकी रचना 'कुमार संभव' की शुरुआत में शिव की वैसी ही स्तुति है, जिस तरह उनकी अन्य कृतियों में। इस रचना में शिव से संबंधित पौराणिक प्रसंग का काव्यात्मक पुनःसृजन है, पुनर्प्रस्तुति नहीं। पार्वती पति रूप में शिव को पाने के लिए कठोर तपस्या करती है। कालिदास वर्षा ऋतु में उसकी सुंदरता का वर्णन इस प्रकार करते हैं, 'पार्वती के सिर पर बरसात का जल पड़ता था। यह पल भर उनकी पलकों पर टिकता, वहां से ढुलक कर होठों पर जा पड़ता, फिर वहां से कठोर स्तनों पर गिर कर उनकी कठोरता से बूंद-बूंद छितरा जाता था और तब जाकर पेट की सलवटों से होता हुआ नाभि में पहुंचता था।' भूलना न होगा कि मदन दहन के बाद पार्वती की तपस्या काम, परिवार और सृजन के अधिकार के लिए है। कालिदास के यौनिक चित्रण में जीवन की पुकार है, जिसका बौद्धों के स्त्री-विरोधी प्रचार तथा हिंदू धर्मशास्त्रियों के वैराग्य-प्रचार के संदर्भ में विशेष महत्व है।

पार्वती से शिव के संभोग की पौराणिक कथा लोक प्रसिद्ध है। कालिदास ने 'कुमारसंभव' में पार्वती से शिव की रति-क्रीड़ा का सुंदर वर्णन किया है। कहा गया है कि कालिदास के युग में कट्टरवादी पुरोहितों ने इस पर काफी शोर मचाया था, कवि को कोढ़ का शाप तक दिया था। कट्टरवाद और सौंदर्यबोध के बीच संबंध नहीं हो सकता। कालिदास ने अंततः 'कुमारसंभव' अधूरा छोड़ दिया था!

कालिदास 'कुमारसंभव' में शिव-पार्वती के प्रेम के चित्र में कहते हैं, 'जब शिव पार्वती को अपनी छाती से लगाते, पार्वती भी उन्हें दोनों हाथों से कस लेतीं। जब वे चुंबन के लिए बढ़ते, पार्वती अपना मुंह नहीं हटातीं। जब शिव उनकी मेखला पकड़कर खींचते, वे आधे मन से ही उनका हाथ रोकतीं। थोड़े ही दिनों में वे एक-दूसरे से घुलमिल गए, दोनों एक-दूसरे को आदर से देखने लगे।' यह ऐसी यौनिकता है, जो प्रेम की

राह में स्त्री के प्रति आदर भावना की ओर ले जाती है, जबकि पुरुष-वर्चस्ववादी दृष्टिकोण के कारण स्त्री के प्रति आदर की जगह स्त्री देह को विजित-विजेता की युद्ध भूमि के रूप में देखा जाता रहा है।

कालिदास जब शिव-पार्वती के संबंध को 'शब्द और अर्थ की तरह' देखते हैं, वे स्त्री को आदर दे रहे होते हैं। वैसे भी शिव के अलावा दूसरा कोई हिंदू देवता नहीं है जो अपनी अर्द्धांगिनी को हमेशा अपनी बगल में आदर से बैठाकर रखता हो! निश्चय ही शिव के भक्त भी इतने उदार नहीं हो सके, उनके लिए स्त्री लक्ष्मी से अधिक नहीं है!

कालिदास का दृष्टिकोण है, 'सुंदरता कभी पाप की ओर नहीं झुकती'। यदि कुछ भी सचमुच सुंदर है, वह अश्लील नहीं हो सकता और यदि कुछ अश्लील है, वह कभी सुंदर नहीं हो सकता । प्राचीन अलंकारवादियों और आधुनिक कट्टरवादियों ने कालिदास पर अनैतिक चरित्र का आरोप लगाया है। आनंदवर्धन ने थोड़ी छूट देते हुए लिखा कि उनकी अलौकिक प्रतिभा के कारण यह दोष ढक गया है!

बाणभट्ट की प्रसिद्ध रचना 'कादंबरी' में प्रेम कथाएं और कई चमत्कारपूर्ण विवरण हैं। इसके रससिक्त संस्कृत गद्य की सराहना की जाती है। 'कादंबरी' को प्राचीन उपन्यास के रूप में देखा जाता है। इसमें एक अछूत चांडाल कन्या बोलनेवाले तोते के साथ राजदरबार में आती है। बाणभट्ट ने उसे पूरा सम्मान देते हुए उसके सौंदर्य का जो अनोखा वर्णन किया है, उसका सार इस प्रकार है– 'उसका रूप विष्णु के मोहिनी रूप से मिलता है। अपनी गोरी ललाट पर उसने तिलक लगाकर मानो अपना तीसरा नेत्र ही बना लिया है। वह किरात वेश में भीलनी बनी पार्वती समान है। ऐसा लग रहा है कि नारायण के हृदय में निवास करने वाली साक्षात श्यामली लक्ष्मी है। वह तो महादेव की क्रोधाग्नि से भस्म कामदेव के शरीर से उठते धुएं से मलिन हुई रति लग रही है। कामासक्त बलराम के हल से खिंच जाने के भय से भागी हुई यमुना तो नहीं है कहीं! उसके पैरों में गाढ़ी लाल लाख के रंग की फूलपत्तियां हैं। लगता है कि तत्काल मारे गए महिषासुर के रक्त से नहाए ये मानो दुर्गा के चरण हैं!'

पौराणिक विश्वास के अंध-रहस्यीकरण से पौराणिक देवी-देवताओं का यह लाक्षणिक मानवीकरण बिलकुल भिन्न है। दूसरे, यह एक ब्राह्मण द्वारा एक दलित कन्या के सौंदर्य का उदात्त आलंकारिक चित्र है, जो 'मनुस्मृति' को चुनौती है।

सौंदर्य की ओर आकर्षण एक आम लौकिक प्रवृत्ति है। इसलिए कला जाति नहीं देखती। कला-साहित्य और जीवन के प्रति उदार दृष्टि और संवेदनशीलता की वजह से ही दुनिया में सभ्यता का विकास हुआ और आगे हो सकता है।

भवभूति के नाटक 'उत्तररामचरितम्' में वही कथा नहीं है जो रामायण में थी। इसमें रामायण के 'उत्तरकांड' में सीता की दबा दी गई आवाज मुख्य विषय है। रामायण में सीता ने अपने जीवन का अंत कर दिया था। 'उत्तररामचरितम्' में न सिर्फ राम सीता परित्याग पर दुख में डूब जाते हैं, बल्कि सीता पाताल से जीवन में लौट आती है। राम और सीता का पुनर्मिलन होता है। इस घटना को महाकवि भवभूति की निजी कल्पना के रूप में देखा जाता है, जबकि यह सामाजिक विकास के कारण बदली हुई साहित्यिक रुचि और नई लोक-आकांक्षा का नतीजा है। लोग नहीं चाहते कि सीता को राम से अलग किया जाए, क्योंकि तब राम की महिमा नहीं रह जाएगी। भवभूति ने दोनों को मिलाया। वाल्मीकि की रामायण को रामकथा का अंतिम रूप मानना खुद उस महाकवि के ही प्रति नहीं रामकथा की परंपरा के प्रति भी अन्यायपूर्ण है।

सीता के वियोग में राम अपनी पीड़ा से आगे बढ़कर जो आंतरिक छटपटाहट सहते हैं, उसका करुण चित्र 'उत्तररामचरितम्' में इस प्रकार है, 'राम का गहरी पीड़ा से हृदय फटता है, पर टुकड़े-टुकड़े नहीं हो पाता। वे शरीर से मूर्च्छित होते हैं, पर अंतःउद्वेलन बना रहता है। उनके भीतर विस्तृत रूप से जैसे कुछ जल रहा है, पर राख नहीं बन पा रहा है। सीता का वियोग हृदय-मर्म को वेधे जा रहा है, लेकिन विधाता जीवन नहीं ले रहा है!' (3.31)।

काव्य पुराण से इस अर्थ में भिन्न है कि यह संवेदना को महत्व देता है, यह सत्ता और शास्त्र नहीं लोक को सुनता है। काव्य में कवि प्रतिभा

के साथ लोक की आशा-आकांक्षाओं की उपस्थिति होती है। पुराकथा में जो 'दबा हुआ' है, वह काव्य में युगानुसार अपनी पंखुरियां खोलता है। भवभूति अपने नाटक में शंबूक के प्रति न्याय नहीं करते और परंपरागत धार्मिक संरक्षणवाद का ही परिचय देते हैं, लेकिन स्त्री-प्रश्न पर वे रूढ़िवाद को चुनौती देते हैं। वे इतना जरूर आगे बढ़ते हैं।

लगभग उसी दौर में निर्मित एलोरा की गुफा (700 ईसवी) में शिव नृत्य में इतने मग्न हैं कि इन सुंदर आनंदमय क्षणों में वे महज पौराणिक देवकथा भर नहीं हैं। इसी तरह भक्ति आंदोलन के दौर तथा आधुनिक युग में भी कलाकारों और कवियों ने पुराकथाओं को उठाकर अपनी सृजनात्मक कल्पना से नई-नई सौंदर्यपूर्ण अभिव्यक्तियां की हैं। यहां तुलसीदास के 'रामचरितमानस' से एक उदाहरण है, जिसमें कवि ईश्वर- स्वरूप राम से मनुष्य के संबंध में एक भारी परिवर्तन ला देता है, 'प्रीति राम सों नीति पथ चलिय राग रिस जीति।' राम से प्रेम का अर्थ है ऊंचे आदर्शों पर चलना और विषयासक्ति तथा क्रोध पर विजय! वर्तमान युग में राम से प्रेम में बाह्याडंबर प्रधान हो गया, क्रोध प्रधान हो गया और उनके आदर्श पीछे छूट गए। कहा जा सकता है कि पिछड़ी आर्थिक-तकनीकी दशाओं में भी कवि उत्थानशील सौंदर्य चेतना से भरा हो सकता है।

इधर अनगिनत जगहों पर एक खास प्रवृत्ति पुराण को इतिहास बनाकर उपस्थित करने की है। इससे अतीतबोध की क्षति होती है। इतिहास कुछ याद रखने की ही नहीं, कई बार बहुत कुछ जो मूल्यवान है, उसे भुला देने की परियोजना होता है। 21वीं सदी में इतिहास विस्मृति के कुआं से निकल रहा है!

कई व्यक्तियों के लिए पौराणिक विश्वास युद्धास्त्र की तरह हैं। इनका इस्तेमाल सामाजिक भेदभाव बढ़ाने के लिए ही नहीं, ज्ञान की महान भारतीय परंपराओं और सांस्कृतिक मानवतावाद को ध्वस्त करने के लिए भी किया जाता है। धर्म के पौराणिक संसार में जीवन से प्रेम करते हुए किस तरह निर्मल ढंग से शांतिपूर्वक जिया जा सकता है, यह भक्ति आंदोलन ने बताया था।

पौराणिक आस्था का इतिहासीकरण, राजनीतिकरण तथा बाजारीकरण वस्तुतः मनुष्य के अंतःविवेक, उसकी सोचने-समझने की शक्ति और सृजनात्मकता के समक्ष ही एक बड़ी चुनौती नहीं है, यह संसार में जो कुछ ईश्वरीय या श्रेष्ठ है उससे विच्छिन्न कर देने का दुश्चक्र भी है। इस मामले को मनुष्य की भविष्य दृष्टि पर संकट के रूप में देखने की जरूरत है।

उल्लेखनीय है कि धार्मिक कट्टरवाद ने जब-जब उदारवाद की भारतीय परंपराओं का गला घोंटना चाहा है, भारतीय सभ्यता में संकट पैदा हुआ है। धार्मिक कट्टरता हर युग में मौजूद रही है, लेकिन प्रबल तथा आक्रामक वह कभी-कभी ही थी। कहना न होगा कि इसका समाज पर कई तरह से बुरा प्रभाव पड़ा है। सभ्यता भौतिक रूप से विकसित होकर भी नैतिक रूप से खोखली होने लगी है, ज्ञान पर अज्ञानता भारी पड़ गई है।

लोकज्ञान में धर्म

आम लोकजीवन में धार्मिक विश्वासों की एक बड़ी दुनिया है, जहां धर्मशास्त्रीय पौराणिक विश्वासों से एक भिन्न तरह का ज्ञान है। यहां भी तर्क नहीं है, पर मानवीयता है। लोकज्ञान का एक बड़ा हिस्सा लोककथा है। लोकजीवन से कई ज्ञानप्रद कथाएँ महाकाव्यों और कई कलाओं में आई हैं और सांस्कृतिक मानवतावाद का संदेश बनी हैं। लोकजीवन में विविधता के कारण लोकज्ञान, विश्वास और पर्व-त्योहारों में भी विविधता है। फिर भी कई चीजें स्थानीय चौहद्दी तोड़कर सार्वभौम हुई हैं, क्योंकि वे अपनी उदात्त प्रेरणाओं के कारण व्यापक रूप से पसंद की गई हैं।

इतिहास हमेशा उनका होता है, जो क्षमतावान होते हैं या होना चाहते हैं। वह सामान्यतः सार्वभौमता की परवाह नहीं करता। भारत के प्राचीन लोगों ने इतिहास की जगह कथा को चुना, क्योंकि वे चौहद्दी में नहीं रह सकते थे। हम लोककथाओं को ही लें, जो जीवन के बारे में कुछ बताती हैं और प्रचलित रूढ़िवादी ज्ञान का एक सांस्कृतिक प्रतिपक्ष रचती हैं।

लोक हर युग में हाशिए पर रहा है। फिर भी बेखटके कहा जा सकता है कि हमारी संस्कृति में जो कुछ मूल्यवान और बृहत्तर है, वह लोकभाषा, लोक जीवन और लोक संस्कृति की देन है। इसकी मुख्य वजह यह है कि लोक परिवर्तन चाहता है, जबकि शास्त्र और सत्ता की सुरक्षा स्थिरता-प्रपंच में है। हम हर प्राचीन लोककथा में पाएंगे कि उसमें ज्ञान और परिवर्तन की कोई न कोई आवाज है।

आखिरकार एशिया के दो महान महाकाव्य रामायण और महाभारत में इतनी लोककथाएं क्यों हैं? हम देख सकते हैं कि लोककथाओं के महाकाव्यात्मक आत्मसातीकरण की प्रक्रिया प्राचीन है। यह संभावना व्यक्त की गई है कि वाल्मीकि द्वारा लिखी गई आदि रामायण पहले लोककथा ही थी।

भारतीय जीवन पर महाकाव्यों का बड़ा असर रहा है। इसलिए कुछ जनजातियों ने अपनी आकांक्षाओं के अनुरूप उनके कई प्रसंगों की पुनर्रचना कर डाली। रामायण की रामभक्त शबरी वस्तुतः जाति से अधम थी। राम ने उसके जूठे बेर खा लिए थे, लक्ष्मण ने नहीं खाए। कोल जाति की एक कथा है, लक्ष्मण द्वारा जूठे बेर खाने से इनकार करने के फलस्वरूप कहीं से एक बाण आकर उन्हें आहत कर गया। वे तब तक दर्द से कराहते रहे, जब तक उनका विचार बदल नहीं गया। यह लोककथा की प्रति-आक्रामकता है। इसमें समाज की वर्णभेदवादी धर्मशास्त्रीय व्यवस्था से मुक्त होने की आकांक्षा है।

लोककथाएं सामुदायिक निर्मितियां हैं। इसके बावजूद उनमें सार्वभौम सांस्कृतिक-नैतिक संदेश है। वे शास्त्र और सत्ता का दृष्टिकोण व्यक्त न करके आम लोगों का दृष्टिकोण व्यक्त करती हैं। कथाएं तभी से हैं, जब से मनुष्य के जीवन ने बौद्धिक आकार लेना शुरू किया। इसलिए शुरुआत की सारी कथाएं लोककथाएं हैं, भले बाद में उनका धार्मिक-पौराणिक आत्मसातीकरण हुआ हो। हम दुनिया भर में लोककथाएं पाते हैं, क्योंकि ये लोक के स्वप्न हैं। ये आम लोक की सृजनात्मकता और सोच की उपज हैं। लोककथाएं बनती और खोती रहती हैं। महाकाव्य उनके पुरालेखागार

की तरह हैं। उनकी दूसरी बड़ी जगह है जनवाणी। हाल तक दादी-नानी लोककथाएं कहती आ रही थीं। लोग जमाने से लोककथाएं सुनते आ रहे थे और उनसे सीखते और संस्कारित होते भी आ रहे थे।

लोककथाएं किसी देश की आत्मा की आवाजें हैं। वे देश की संस्कृति का अविच्छिन्न हिस्सा हैं। वे एक सिलसिला हैं, क्योंकि उनके निर्माण की प्रक्रिया का अंत नहीं है। वे सांस्कृतिक फॉसिल हैं, दीर्घ प्रक्रिया में निर्मित। वे प्रकृति और सभ्यता से संवाद का नतीजा हैं। लोककथाओं में पशु-पक्षी, साधारण नायक-नायिका या जनजातीय चरित्र होते हैं। वे बुराई और अच्छाई का संघर्ष एक उद्देश्य से दिखाती हैं। खासकर नई जातियों के आगमन, उनकी विभिन्न स्थानीय संस्कृतियों से अंतर्क्रिया और विश्व संस्कृतियों के प्रति खुले रुख के कारण प्राचीन लोककथा और लोकज्ञान में एक स्वाभाविक लचीलापन, उदारता है। हर बड़ा ऐतिहासिक संघर्ष अपने पीछे लोककथाओं का एक जीता-जागता संसार छोड़ गया है।

कहा जाता है कि जब गुणाढ्य को संस्कृत में बोलना-लिखना छोड़ देना पड़ा, तब उन्होंने पैशाची भाषा में, सबसे तिरस्कृत जाति की भाषा में 'बृहत्कथा' लिखी। ये कथाएं सूखे चमड़े पर लिखी गईं। 'पिशाचों' की बस्ती में रहकर उन्होंने जो विशाल ग्रंथ लिखा, उसका एक बड़ा हिस्सा आग की भेंट चढ़ गया। बहुत थोड़ा ही बचा। गुणाढ्य की कथाएं व्यक्ति निर्मित थीं, लेकिन दूसरी कथाओं की तरह उनमें शास्त्र के स्वर की प्रधानता न होकर लोक भावना की प्रधानता थी। उनमें रस और अलंकार की जगह एक न एक संदेश था। यह अलग बात है कि गुणाढ्य की कथाएं संस्कृत में अनूदित होकर ही बच पाईं और लोकप्रिय हुईं।

बाणभट्ट की 'कादम्बरी' में एक चांडाल कन्या वैशम्पायन नामक तोते को लेकर जब राजा शूद्रक के पास पहुंची तो एक ने राजा से तोते के गुणों का बखान किया। उसके गुण राजा की राजसत्ता के सदस्यों के बराबर थे। मसलन तोते को संगीत, काव्य, नाटक आदि का ज्ञान था। वह परिहास में चतुर था, द्यूत में निपुण था। तोता लोककथा का पुराना पात्र है। वह 'कादम्बरी' में एक भिन्न संदर्भ में आया। एक तरह से राजसभा के

सदस्यों को हास्यास्पद बनाता हुआ तोता एक चुनौती बनकर आया। इस तरह तोता राजसत्ता को 'डिकंस्ट्रक्ट' करता है। तोता एक भिन्न भूमिका के साथ जायसी के सूफी काव्य 'पद्मावत' में भी है। सूफी जिस देश में गए, उन्होंने वहां की लोककथाओं और संस्कृतियों से अपने दर्शन को जोड़ा और एशियाई अखंडता की नींव मजबूत की।

भारत वैसे भी कथाओं का देश है। खासकर ऐसे देश में जहां नदियां, पहाड़, पशु-पक्षी से लेकर तुलसी के पौधे तक कथा में डूबे हों, क्या कभी कथा का अंत हो सकता है? उत्तर-आधुनिकतावाद कथा के अंत का फरमान लेकर आया था। फिर भी हम देखते हैं कि देश के हर अंचल में लोककथाओं की गूंज है। नाटक, संगीत, नृत्य यहां तक कि आधुनिक साहित्य ने भी लोककथाओं से बहुत चीजें लीं। भारतेंदु का प्रहसन 'अंधेर नगरी' लोककथा पर आधारित है, जो गुजरात की तरफ की है। लोककथाओं की विविध प्रस्तुतियों में कभी स्त्री अपने स्वत्व के लिए लड़ती है, कभी आम दलित लड़ता है, कभी किसान की आकांक्षा व्यक्त होती है और कभी समाज की जड़ नैतिकता पर सवाल उठाए जाते हैं। लोककथाओं में प्रेम के वृत्तांत हैं। हमारे देश की हजारों लोककथाओं की सबसे बड़ी खूबी यह है कि वे जीवन से प्रेम करना सिखाती हैं और बताती हैं कि अच्छे सामाजिक जीवन के गुण क्या हैं।

पौराणिक आस्था में कल्पना की खिड़कियां

तमिल भाषा में लिखी गई कंब रामायण में राम द्वारा शिव को आराधना का एक अनोखा प्रसंग है, जो उत्तर भारत के लोगों के लिए संभवतः अविश्वसनीय हो। राम जब रावण पर विजय के लिए शिव आराधना की तैयारी शुरू करते हैं, प्रश्न उठता है कि पूजा के लिए पुरोहित कौन होगा। समाधान आता है, इस क्षेत्र में रावण से बढ़कर पुरोहित होने योग्य दूसरा कोई नहीं है। राम को रावण से ही युद्ध करना है तो रावण कैसे पुरोहित बनेगा? तय होता है, जामवंत उन्हें ले आएंगे। वे रावण के पिता के सखा हैं।

जामवंत रावण के पास जाते हैं रावण उनका आदर करता है। जामवंत मंशा बताते हैं, रावण पसोपेश में पड़ता है। अंततः वह पिता के सखा की बात की अवज्ञा नहीं कर पाता, राम का पुरोहित बनने के लिए तैयार हो जाता है। प्रश्न उठता है कि पत्नी को साथ बैठाए बिना राम की पूजा संपन्न कैसे होगी। रावण तय करता है कि सीता को भी अशोक वाटिका से साथ ले चलो। सीता राम के बगल में बैठती है। रावण शिव की पूजा कर पुरोहिती के काम संपन्न करता है। फिर राम से कहता है, दक्षिणा दो! राम हक्का-बक्का होते हैं, क्या है उनके पास कि दें। रावण कहता है– धन-दौलत नहीं चाहिए, यदि राम उसका वध करें तो बस वे उसकी आंखों के सामने हों। फिर सीता से कहता है– चलो वापस लंका!

राम के प्रति लोक आस्था में कल्पना की इन खिड़कियों का सामाजिक आशय क्या है?

मनुष्य की कल्पना ने युग-युग तक आस्था में लगे मकड़जाल साफ करने का काम किया है। आज के कल्पना-द्रोही समय में अतीत की कल्पनाओं की महत्ता को ठीक से समझने की जरूरत है। आज सभी धर्म के लोगों की आस्था में इतने मकड़जाल हैं कि गहरी चिंता होती है कि आखिरकार ये हमें मनुष्यता से कितनी दूर ले जाएंगे।

बंगाल एक शाक्त क्षेत्र है। इसलिए कृतिवास ने अपनी बांग्ला रामायण में राम से शिव की आराधना न करा दुर्गा की आराधना कराई। ऐसी नवोन्मेषशील विविधता का आज भी आदर किया जाना चाहिए। निराला का बंगाल से भावनात्मक और बौद्धिक दोनों तरह का संबंध था। इसलिए उन्होंने भी शिव की जगह शक्ति को महत्व दिया और 'राम की शक्तिपूजा' में पुरानी घिसीपिटी सोच से मुक्त होकर कहा, 'शक्ति की करो मौलिक कल्पना/आराधन का दृढ़ आराधन से दो उत्तर'। वे देख रहे थे, 'अन्याय जिधर है उधर शक्ति'!

कृतिवास रामायण में एक रोचक प्रसंग है, राम-लक्ष्मण को मेघनाद ने नागपाश से जकड़ लिया तो गरुड़ बुलाए गए। गरुड़ ने नागपाश काटा। राम ने खुश होकर कहा, वरदान मांगो। गरुड़ ने कहा, आप इसी समय

मुझे त्रिभंगी कृष्ण के रूप में दर्शन दीजिए। राम चिंता में पड़े, यदि युद्धक्षेत्र में वे बांसुरी लेकर कृष्ण का रूप धारण करेंगे तो वानर सेना क्या कहेगी! गरुड़ ने राम की परेशानी भांपकर उन्हें चारों तरफ से अपने पंखों से ढक लिया और कहा, अब दर्शन दीजिए! राम ने बांसुरी लेकर त्रिभंगी कृष्ण का रूप धारण किया। वंशी वाले कृष्ण नए युग की आकांक्षा थे।

साधारण लोक ने 'गीता' के विश्वरूप धारण करनेवाले कृष्ण को याद नहीं रखा और न महाभारत के युद्धरथ पर सारथी बन कर बैठे कृष्ण से प्रेम किया। उसने सूरदास के घुटरुन चलने वाले, मुख में माखन लपेटे कृष्ण को अपने हृदय में बसाया। आज मंदिरों में रुक्मिणी-कृष्ण की नहीं, राधा-कृष्ण की आराधना होती है। राधा अर्थात जो धारा के विरूद्ध है, अर्थात जहां संकुचित सीमाओं को तोड़कर प्रेम का विस्तार है। यह 'मैं' या अपने सीमित परिसर से बाहर निकलना है। सौंदर्य वहां नहीं है, जहां रूढ़ियां हैं। सौंदर्य वहां नहीं हो सकता, जहां अहंकार है। जहां सौंदर्य है, वहां हिंसा नहीं हो सकती। मनुष्य का स्वभाव है कि वह सुंदरता पसंद करता है। यह अलग बात है कि कई बार लोकरुचि को विकृत करके रूढ़ियों और बुराइयों को ही सुंदरता का रूप दे दिया जाता है।

कृष्ण-भक्त कवियों के पदों में लोचन का, देखने का बड़ा महत्व है और आंख खोलकर देखने का महत्व भी कम नहीं है। उनका सौंदर्यबोध सांस्कृतिक जड़ता से संघर्ष था। कृष्ण जब कहते हैं, 'मैया मैं तो चंद्र खिलौना लैहों', तो अपने भोलेपन के साथ यह भी कहते हैं कि नहीं दोगी तो मैं धरती पर लोटने लगूंगा, तुम्हारी गोद में नहीं आऊंगा और दूध नहीं पीऊंगा। कृष्ण के हठ में सत्याग्रह का सौंदर्य है। वे भूख हड़ताल की बात करते हैं। जीवन में थोड़ा भोलापन होना चाहिए, यह चालाकी से बेहतर है। जीवन में कुछ हठ होने चाहिए, यह अवसरवाद से बेहतर है।

कृष्ण हिंदू देवताओं में विलक्षण हैं। वे लोक ह्दय की अनोखी सृष्टि हैं। वे एकमात्र देवता हैं जो माता के नाम से जाने जाते हैं और यशोदा नंदन कहे जाते हैं। आज किसी शिक्षित व्यक्ति से भी पूछो कि तुम किनके बेटे हो, वह सिर्फ अपने पिता का नाम लेगा, मां तो बस ऐसे ही है!

हाल में मथुरा गया (2024) था। सबसे अधिक सच लगी श्याम रंग की यमुना। वह कई स्मृतियों और आशाओं के साथ हजारों साल से बह रही है, जैसे गंगा बह रही है। यह समझने की जरूरत है कि महाभारत में कहीं यमुना की महत्ता नहीं है, सिर्फ गंगा भीष्म की महत्ता है। यमुना को देखता रहा। निराला की कविता 'यमुना के प्रति' की पंक्तियां याद आईं, 'यमुने तेरी इन लहरों में, किन अधरों की आकुल तान / पथिक प्रिया सी जाग रही है, उस अतीत के नीरव गान'। जब अतीत एक शोर बन जाता है, कुछ भी संगीतमय और नीरव बचा नहीं होता।

उपर्युक्त कविता की आगे की पंक्तियां हैं, 'बता कहां अब वह वंशीवट, कहां गए नटनागर श्याम?' कृष्ण का वृंदावन सिर्फ एक गांव नहीं है, यह एक उदात्त लोकमानस का रूपक है जहां गिले-शिकवे हैं तो अद्‌भुत प्रेम भी है। क्या मन को वृंदावन बनाए बिना कभी राम राज्य आ सकता है? ये प्रश्न मन में दस्तक देने लगे। क्या अब कृष्ण मथुरा-वृंदावन में नहीं हैं, ईश्वर विस्थापित है? जहां अप्रतिहत वंशी बज रही हो, वहां लोग शोर करें तो कृष्ण क्या करेंगे?

मंदिर में बहुत शोर था, गलियों में बहुत शोर था। ढाई सौ रुपये लेकर कृष्ण का आसानी से दर्शन कराने वाले पुरोहित भक्तों को खुलेआम फंसा रहे थे। मंदिर के भीतर गया, अन-अनुशासित भीड़। एक कोने में पुरी के जगन्नाथ का स्वरूप– कृष्ण, सुभद्रा और बलराम हैं– दोनों भाई और बहन। यह परिवार की एक संरक्षणवादी अवधारणा है, जो मुख्यतः 12वीं सदी में मूर्त हुई। इस सोच के समानांतर ओडिशा में ही पहली बार जयदेव (12वीं सदी) का काव्य 'गीत गोविंद' आया, कृष्ण और राधा को लेकर। एक भिन्न अवधारणा के साथ। मथुरा के भव्य मंदिर के केंद्र में हैं सफेद संगमरमर के वे राधा-कृष्ण जो लोगों के मन में सदियों से बसे हैं। कृष्ण की एक तीसरी छवि/अवधारणा है, जो द्वारकाधीश मंदिर में है। कृष्ण यहां सिंहासन पर बैठे हैं। वे अकेले हैं। धर्मसत्ता हो या राजसत्ता, वह कृष्ण को राधा से, प्रेम से अलग करती रही है।

लेकिन मथुरा एक कृष्णमय नगर है, जहां ठौर-ठौर पर 'राधे-राधे'

है, पत्ते-पत्ते पर 'राधे-राधे' है, यमुना की हर लहर पर 'राधे-राधे' है। आज देश के किसी मंदिर में रूक्मिणी-कृष्ण को नहीं, राधा-कृष्ण की आराधना होती है, क्योंकि यह युगल मूर्ति और इसकी रासलीला 'सर्वत्र प्रेम' का संदेश देती है। यह नगर जब 15वीं सदी में नए सिरे से लोकप्रिय होने लगा, यहां वल्लभाचार्य आए, चैतन्य आए और यहां सूरदास थे। थोड़ी दूर पर गोकुल में रसखान की समाधि है। यहां के संग्रहालय में बुद्ध की सुंदर मूर्तियां हैं जो मथुरा के कभी एक बौद्ध क्षेत्र होने की गवाही देती हैं। नगर का अर्थ ही है, कई मतों-विचारों के लोग जहां प्रेम और शांति से रहते हों।

कृष्ण नाचते हैं, बांसुरी बजाते हैं। इतना कला-प्रेमी देवता और कौन है? कला वही रच सकता है, जो प्रेम कर सकता है। जिसके मन में घृणा है, विद्वेष है, कट्टरता है, पक्षपात है, उसके पास एक ही कला होगी—चालाकी की कला! एक प्रश्न करने की इच्छा हो रही है, हिंदी भाषियों के घर में कला-प्रेम इतना कम क्यों है, जबकि कृष्ण में प्रेम कला ही नहीं कला प्रेम भी है? कितने हिंदी परिवारों में संगीत-नृत्य सीखने के लिए बच्चों को प्रोत्साहन मिलता है? कितने युवा लोग बंबइया फिल्मों और पॉप गानों से इतर चीजें पसंद करते हैं? राधा-कृष्ण यह सोचने के लिए भी हैं कि क्या हम प्रेम करना भूलते जा रहे हैं?

मेरे सामने प्रश्न रहा है कि हम अपने देवी-देवताओं के साथ या किसी भी आस्था के साथ कैसे रहें। सिर्फ घंटों मंत्र पढ़ना, प्रवचन सुनना, शंख बजाना, गेरुआ वस्त्र धारण करना, माथे पर तिलक लगाना हिंदू धर्म नहीं है। निश्चय ही दो रास्ते हैं- एक, किसी भय या लोभ से कर्मकांडी होकर अपनी आस्था के साथ रहना। और दो, देवी-देवताओं को एक मूल्य-छवि के रूप में देखते हुए कल्पनाशील सोच की राह से अपनी आस्था के साथ रहना। कुछ रचते, बनाते हुए एक अनोखे आनंद के साथ!

यह चुनने की घड़ी भी आ सकती है कि हम अपनी आस्था का एक मिसाइल के रूप में इस्तेमाल करना चाहते हैं या अनुभूति के उत्सव

के रूप में। हम किसी भी प्राचीन धर्मग्रंथ में दुर्गा की ऐसी कल्पना नहीं पाते, जिसमें महाशक्ति के अगल-बगल बुद्धि (सरस्वती), भौतिक संपन्नता (लक्ष्मी), गणतंत्र (गणेश) और जीवन सौंदर्य (कार्तिकेय) का सामंजस्य हो। वस्तुतः इनका सामंजस्य ही शक्ति का उत्स है। यह कल्पना बांग्ला भाषा (कृतिवासीय रामायण) और लोक संस्कृति की देन है। दुर्गा खुद कुछ नहीं हैं, वे विभिन्न देवताओं और शक्तियों के सामंजस्य से निर्मित हैं। हमारा भारत विभिन्न भाषाओं, जातीयताओं और संस्कृतियों से ऐसे ही बना है। हमारी हिंदी विभिन्न स्थानीय बोलियों और भाषाओं से ऐसे ही बनी है!

आम हिंदू सबसे ज्यादा आनंद का अनुभव दुर्गोत्सव, दिवाली, छठ, ओणम, पोंगल, मकर संक्रांति, होली, जन्माष्टमी आदि के अवसर पर करते हैं। हमारा बुद्धिवाद उनके विश्वास का मखौल उड़ाने की इजाजत नहीं देता, बल्कि वह आम लोगों की ऐसी खुशियों में शामिल होने के लिए प्रेरित करता है। निश्चय ही हमारा हिंदू होना गर्व और शर्म से परे एक निरंतर आत्मनिरीक्षण और नवोन्मेष का मामला है।

मुश्किल है कि हमारे देश के प्रचंड धार्मिक लोग भी अपने देवी-देवताओं के साथ रहना सीख नहीं पाए, क्योंकि वे अपने पड़ोसियों के साथ रहना सीख नहीं पाए। उन्होंने धर्म को सांस्कृतिक मानवतावाद के स्रोत की जगह दिखावा बना दिया, रुपयों का खेल। यदि हम काली-दुर्गा, शिव-राम-कृष्ण या किसी भी आस्था के साथ ठीक से रहना खुद सीख नहीं पा रहे हों तो ये कुछ नाम हैं जिनसे हम थोड़ा-बहुत सीख सकते हैं– वाल्मीकि, तिरुवल्लुवर, भवभूति, अप्पर, बसव, चैतन्य, रामानंद, कबीर, सूर, मीरा, तुलसी, गुरुनानक, तुकाराम, रामकृष्ण परमहंस, नारायण गुरु आदि। हम इनका जीवन, इनका काम देखें और अपने से पूछें कि हम उनसे कितनी दूर चले गए हैं। कोई व्यक्ति अपने माथे पर जितना बड़ा तिलक लगा ले और धार्मिक झंडा लहराए, उपर्युक्त व्यक्तियों से बड़ा ईश्वर भक्त नहीं हो सकता।

अतीत हमेशा एक अनसुलझी गुत्थी है। उसमें उदार सोच और

कट्टरवाद, रूढ़िवाद-सुधार-विपर्यय की अनगिनत घटनाएं हैं। वर्तमान की उठापटक की वजह से स्वाभाविक है कि अतीत भी उठापटक से भरा दिखे। इसका यह मतलब नहीं है कि कोई अपने अतीत को सीमित कर ले या उससे भाग खड़ा हो, क्योंकि आप आम लोगों से भाग नहीं सकते। आप अपने गली-मुहल्लों से भाग नहीं सकते। आप हमेशा फेसबुक पर बैठे नहीं रह सकते। आम लोग ईश्वर की चौखट पर कुछ कहने तब तक जाते रहेंगे, जब तक देश के राजा बहरे होंगे।

आज भी अंग्रेजों के काल का बौद्धिक उपनिवेशवाद वर्तमान की तोड़फोड़ के लिए अतीत से अपने तर्क जुटा रहा है। उसका नया रूप हमारे देश की सकारात्मक स्मृतियों पर आक्रमण है। फिर भी स्मृति ऐसी चीज नहीं है कि कोई कपड़े की तरह उतार दे। वह इस देश के लोगों की आत्मा का अंग है। आत्मा, जो मनुष्य की चेतना है, कभी-कभी प्रदूषित हो जाती है। आस्था में कल्पना की खिड़कियां खोलने का मतलब है, अपनी आत्मा पर पड़ी गर्द को साफ करना। किसी भी सत्ता को सबसे ज्यादा डर इस बात से होता है कि मनुष्य के पास स्मृति है और कल्पना करने की शक्ति है। कल्पना करना जंजीरों को तोड़ना है, स्वप्न देखता है!

शिव का उदाहरण लें। शिव भारत को जोड़ते हैं। उनका संबंध द्रविड़ पशुपति और वैदिक रुद्र तथा अग्नि से है, उत्तर भारत के हिमालय और गंगा से है, तमिलनाडु और कश्मीर के शैव दर्शन से है तथा दक्षिण भारत में बनी नटराज और अर्धनारीश्वर की धारणाओं से है। हर पुरुष में आधी स्त्री हो और हर स्त्री में आधा पुरुष हो, यह अर्धनारीश्वर की धारणा है। शिव की कई विलक्षणताएं हैं। हिंदू देवताओं में अकेले वे पार्वती और गणेश-कार्तिकेय के साथ 'परिवार' की एक परिपूर्ण धारणा लेकर आते हैं। आमतौर पर हिंदू स्त्रियों का सबसे ज्यादा विश्वास शिव पर है, क्योंकि वे परिवार चाहती हैं। एक और महत्वपूर्ण बात है, शिव बहुमूल्य आभूषणों से लदे देवता नहीं हैं। वे भभूत लपेटे, सादगी और समता के देवता हैं और सबसे दीर्घ काल से लोकप्रिय हैं। नटराज की मूर्ति पर गौर करें। यहां नृत्य है, कला से प्रेम है। हिंदू धर्म में केवल दो

देवता हैं जो प्रेम करते हैं, इसलिए उन्हें कला पसंद है। वे देवता हैं शिव और कृष्ण। दोनों देवता 'प्रेम पुरुषोत्तम' कहे जाने चाहिए। नटराज की मूर्ति में नृत्यरत शिव के पैर के नीचे देखें। वहां महज एक असुर नहीं, बल्कि सभ्यता की अधम प्रवृत्ति है। कला का काम है मनुष्य को अधम प्रवृत्ति से मुक्त करना, अर्थात चित्त का विस्तार!

तमिल शैव कवि अप्पर ने 7वीं सदी के अपने पद में शिव को गाया है, 'वे संस्कृत हैं, तमिल हैं और चारों वेद भी हैं। वे स्नान करते हैं दूध में / नृत्यरत हैं हाथ में अग्नि लेकर / वे करते हैं कृपा लकड़हारे पर / मधु हैं उन कमल हृदयों के / जो उनका चिंतन करते हैं / वे हैं स्वयं प्रेम।' क्या हिंदू लोग शिव और अन्य देवताओं-देवियों का अर्थ समझते हैं? भक्त कवियों ने समझा था।

शिव मूलतः क्रोध या संहार के धार्मिक प्रतीक नहीं हैं, बल्कि वे समदृष्टि, समरसता और सृजन के धार्मिक प्रतीक हैं। वे सर्प के साथ समस्त प्रकृति के प्रेमी और बैल के साथ कृषि के पोषक हैं। उनका त्रिशूल कोई हिंसात्मक हथियार नहीं है, जिसे दिखाकर डराया जाए। वह 'परा' (आध्यात्मिक), अपरा (भौतिक), और सबसे ऊंचे मध्य हिस्से में परा-अपरा (आध्यात्मिक-भौतिक सामंजस्य) है। शिव वस्तुतः जीवन में 'सामंजस्य के आनंद' रूप हैं। इसलिए वे कोई अवतार धारण किए बगैर महादेव हैं और पेड़ के नीचे रखे सामान्य काले गोल पत्थरों में भी वे देव हैं।

तुलसी ने राम को मर्यादा पुरुषोत्तम के साथ प्रेम पुरुषोत्तम की भी छवि देनी चाही है, 'रामहिं केवल प्रेम पियारा' कहकर, पर लोगों ने उन्हें सिर्फ मर्यादा पुरुषोत्तम में सीमित रखा।

मैं नहीं जानता कि शिव या शिव जैसा कोई हुआ या नहीं, पर कहा जा सकता है कि जिन्होंने भी उनकी कल्पना की होगी, उनकी आंखों में भारत के सामंजस्यपूर्ण भविष्य का स्वप्न रहा होगा। इसलिए जब भी शिव के बारे में सोचा जाए, यह कामना भी की जाए कि हिंसक भिन्नता नहीं, सामंजस्य ही भारत का पहला और अंतिम सत्य है!

लोकपर्व : दीवारें तोड़ते हुए

धार्मिक मामलों में रैशनल होने का अर्थ आम जनता के पर्व-त्योहार को अधिक मानवीय, समावेशी और कलात्मक बनाना है, उनके प्रति उच्छेदवादी रुख अपनाना नहीं। धर्म की महत्ता समाज में तब तक बनी रहेगी, जब तक मनुष्य के पास पीड़ाएं हैं। इसलिए होली, दीपावली, छठ, मकर संक्रांति जैसे पर्वों के प्रति उच्छेदवादी दृष्टिकोण अहंकार है, खासकर जब अन्य धर्मों में भी पर्व मौजूद हैं। क्या कभी क्रिसमस, ईद आदि दुनिया से खत्म होंगे? दरअसल ये पर्व-त्योहार ही आम लोगों की छोटी-छोटी खुशियां हैं, उनकी सामाजिकताएं हैं।

दिवाली घर के भीतर दीपों का त्योहार है, जबकि होली घर और बाहर के बीच दीवार हटा देती है। वह सबके बीच होती है और 'अ-पर' का बोध जगाती है। होली रंगों की आजादी का त्योहार है। इधर केसरिया, हरा, नीला आदि रंग धर्म और जाति के चिह्न होते गए हैं। कितनी नीरस होगी जिंदगी, यदि सभी फूलों का रंग एक हो जाए, सभी मकान एक रंग के हो जाएं या सभी कपड़े एक रंग के हों। उजाले की हर किरण में सात रंग होते हैं, जबकि अंधेरे में हमेशा एक रंग होता है!

दिवाली क्लासिकल है, जबकि होली रोमांटिक। दिवाली को दशहरा के बाद राम के अयोध्या लौटने से जोड़ा जाता है और होली को राधा-कृष्ण के महारास से। देवताओं में कृष्ण ही ऐसे हैं, जो विविध रंगों का परिवेश लेकर आते हैं। वे पीतांबरधारी हैं और मोरपंख धारण करते हैं जिसमें कई रंग हैं। कृष्ण का रंगों से प्रेम जीवन से प्रेम है। होली का हर रंग प्रेम और स्वच्छंदताबोध का संदेश देता है। होली लोगों को बांटने की जगह बहुत से रंगों से सराबोर करके उनको वस्तुतः एक कर देती है। भारत की एकता ऐसी ही है। एकता का अर्थ एकरूपता नहीं है। होली में फगुआ का गान न हो तो क्या होली! होली में उबटन लगाने की परंपरा है, अर्थात– मन में या जहां भी मैल हो, हटाओ!

हिंदुओं के पर्व पृथ्वी की विविधता को बचाने के लिए, रंगों और रोशनियों की आजादी के लिए और प्रेम के वृत्त के अनंत विस्तार के

लिए हैं। वे सामाजिकता के आनंद के लिए हैं। उनके लिए थोड़ा पिछड़ा रह जाना पड़े तो यह बुरा नहीं है।

मैं जब 8-9 साल का था तो छठ की रात गंगा जा रही स्त्रियों के गीत गाने की आवाज मेरी नींद में सेंध मारते हुए घुसती थी। एकदम अंधेरे में बिस्तर से उठकर खिड़की से उन्हें अपने गोल में गाते हुए जाते देखता रहता था। उस समय न डम-डमाडम-डम था और न इतने पटाखे थे। थोड़ी-थोड़ी देर पर स्त्रियों के गोल आते थे। सड़क की कम रोशनी में स्त्रियां आगे-आगे रहती थीं। पुरुष सिर पर भारी परात और केले के धवद लिए अपूर्व आज्ञाकारी की तरह पीछे-पीछे चलते थे। यह मेरे लिए एक अनोखा दृश्य था।

बचपन में किसी छठ के दिन जिद करके मैं पहली बार गंगा घाट गया, मेरी एक भक्तिन दादी भोर होने पर ले गई। घाट की गली में चहल- पहल थी, पर ठेलमठेल नहीं। देखा, दादी ने खोइछा बनाकर किसी अपरिचित से ठेकुआ मांगा और उसने बड़े सहज भाव से दे दिया। मुझे बुरा लगा और भक्तिन दादी को टोका कि आप मांग क्यों रही हैं! उन्होंने कहा कि मांगा जाता है, सब छठ मइया का है, प्रसाद है। बाद में समझ में आया, छठ पर्व भक्तों के बीच फर्क मिटा देता है। न देने वाले को लगता है कि वह कुछ दे रहा है, न मांगने वाले को लगता है कि वह कुछ मांग रहा है, क्योंकि सूरज और छठ के संसार में कोई 'दूसरा' नहीं है, कोई 'पर' नहीं है। सूरज किसी को 'पर' समझकर अपनी किरणें नहीं रोकता। यह अ-पर का बोध ही भारतीयता है।

भारत के सभी बड़े त्योहारों का संबंध नई फसल से है– ओणम, पोंगल, लोहड़ी, बीहू हो या दिवाली-छठ। छठ पूजा में गेहूं और इसका ठेकुआ है, ईख है, चना है, केले के धवद हैं। छठ में सूप-दउरा का बड़ा महत्व है, ये दलितों के घर में बनते रहे हैं। सूप अब घरों से ओझल हो गए। बहुत कुछ अब आंखों के सामने नहीं है, पर उनकी छाप है।

छठ पूजा पहले द्विजेतर, खासकर पिछड़ी जातियों में प्रचलित थी। धीरे-धीरे सार्वभौम हो गई। यह भेदभाव मिटा देने वाला पर्व है। यह स्वच्छता का संदेश देता है। इसके साथ प्रेम, आत्मपरिष्कार और बृहत्तर

सामाजिकता का भी संदेश देता है। छठ स्त्रियों की आत्मा है। इस पर्व की एक असाधारण खूबी यह है कि इसमें पुरोहित की जरूरत नहीं है। भक्त और ईश्वर के बीच कोई मध्यस्थ नहीं है। यह स्त्रियों का आत्मशक्ति-संचय करने का पर्व है। यह उनकी गरिमा का उद्घोष है।

स्त्रियों के गान में है, केले के धवद पर सुग्गा मंडरा रहा है। तोता भूख के कारण गुच्छे को जूठा कर देता है और बाण से मारा जाता है। उसकी पत्नी सुगनी वियोग से रोने लगती है, कोई देव सहाय नहीं होता। कथा का संकेत है कि अवमानना की शिकार स्त्री की आवाज अनसुनी है। उसकी पीड़ा को सिर्फ सूर्यदेव समझ सकते हैं। वे भी नहीं सुनेंगे तो कौन सुनेगा! छठ पर्व इसका भी संकेत है कि स्त्रियों की आवाज सुनी जानी चाहिए। यह आम लोगों के बीच प्रेम, मैत्री और सह-अस्तित्व का पर्व है।

मैं जब ऐसे पर्व-उत्सवों के अवसर पर देखता हूँ कि हर परिवार के लोग क्षमता के अनुसार नए कपड़े, नए जूते खरीद रहे हैं, अपने घर के कमरे साफ कर रहे हैं, नए पकवान की योजना बना रहे हैं, सज-सँवर कर साथ घूम रहे हैं, पूजा पंडालों में कलाओं के सौंदर्य का आनंद ले रहे हैं, कुछ छुट्टियों में गांव जा रहे हैं और कुछ पहाड़-समुद्र की ओर, वे तरह-तरह से खुशियां मना रहे हैं और खुशियां बांट रहे हैं, सर्वत्र प्रेम है तो विश्वास हो जाता है कि उनमें स्मृति और कल्पना दोनों शक्तियां बची हुई हैं। दोनों अधूरे हैं एक दूसरे के बिना। हमारे जीवन में उच्च स्मृतियां तथा कल्पनाएं जब तक हैं, किसी भी विश्वास को लेकर घृणा के लिए कोई जगह नहीं है।

वैश्वीकरण के जमाने में यह एक बड़ा प्रश्न है कि हम जीवन से प्रेम करते हैं या जीवन-विरोधी हैं। यदि लोग जीवन से प्रेम करते हैं तो चारों तरफ इतना जीवन-विरोधी माहौल क्यों है? यह आश्चर्यजनक नहीं है कि आज आधुनिक शिक्षा पाए लोग लोकक़थाओं और लोकज्ञान से विच्छिन्न हैं। बच्चों और युवाओं के लिए वीडियो गेम आ गए हैं। अब वे दादी और नानी नहीं हैं, जो कथा सुनाती थीं। हम लोकभाषाओं के काव्य को भूलते जा रहे हैं, क्योंकि लोक को भूलते जा रहे हैं। हम नहीं सोच पाते कि हम एक लाभार्थी नागरिक से कुछ अधिक हैं!

हिंदू धर्म एक मोरपंख है

हिंदू धर्म क्या है, इस पर पश्चिमी विद्वानों ने काफी लिखा है। इन विद्वानों ने कुछ ऐसी धारणाएं एलीट हिंदुओं के मन में बैठा दीं जो उनकी विभाजनकारी औपनिवेशिक सोच से निकली थीं। हिंदू धर्म को सीमित करके कभी वैदिक धर्म, कभी सनातन धर्म और कभी ब्राह्मण धर्म के रूप में देखा गया। वैष्णव, शैव, शाक्त और स्मार्त के विवाद पर चर्चा हुई। हिंदू धर्म का अनोखापन यह है कि वैदिक धर्म और सनातन धर्म के अलावा उसकी कई अन्य परंपराएं हैं और बिना हिंदू नाम के भी प्राचीन लोग अपने विश्वासों तथा कई बार प्रतिस्पर्धी विश्वासों के साथ इस धार्मिक परिवेश में रहे हैं।

सभी जानते हैं, हिंदू धर्म को सैकड़ों साल से नया अर्थ मिलता रहा है और नए मत बनते रहे हैं। वैदिक और भक्ति साहित्य से लेकर रामकृष्ण परमहंस, दयानंद सरस्वती, विवेकानंद, नारायण गुरु, गांधी आदि तक इसमें कई परिवर्तन आए। कहना न होगा कि हिंदू धर्म को किसी एक खास रंग से बांधना इस धर्म की विरासत को सीमित कर देना है।

हिंदू धर्म गौतम बुद्ध, ईसामसीह या पैगंबर मुहम्मद की तरह किसी एक व्यक्ति का चलाया हुआ नहीं है और न किसी सर्वमान्य धर्मग्रंथ या मत में सीमित है। इसका कोई एक पवित्र स्थान या केंद्र नहीं है। भारत में बौद्ध, जैन और सिख धर्मों ने, यद्यपि ये सभी काफी उदार हैं, अपनी संज्ञा खोज ली, जबकि हिंदू धर्म कभी संस्थाबद्ध नहीं हुआ और न किसी धार्मिक सामान्यीकरण से गुजरा। इसमें महा-आख्यान हैं तो अनगिनत स्थानीय लोकविश्वास भी हैं। हिंदू धर्म का विमर्श एकरेखीय न होकर बहुरेखीय है और यह एक असमाप्त संवाद है। इसमें नए मत आते रहे हैं, इसका कोई एक अंतिम रूप नहीं है।

कुछ भारतीय बुद्धिजीवी हिंदू धर्म पर अंध-बुद्धिवादी आक्रमण करके शर्म व्यक्त करते रहे हैं, तो कुछ बुद्धिजीवी उसे अंध-राष्ट्रवादी रूप देकर उस पर गर्व करते हैं। दरअसल चार्वाकी उच्छेदवाद और मनुवादी कट्टरता दोनों खतरनाक हैं। धर्म पर इस तरह की वैचारिक रस्साकशी से समाज में अंततः कूपमंडूकता का प्रसार होता है।

गौर किया जा सकता है कि 1857 के बाद धार्मिक सुधारों से विमुख होकर अंग्रेजी राज ने जिस तरह निर्बुद्धिपरकताओं का संरक्षण किया था, वर्तमान युग में 'बाजार राज्य' उसी प्रकार निर्बुद्धिपरकताओं का संरक्षण कर रहा है। दोनों के उद्देश्य में समानता है– सत्ता के लिए 'कृत्रिम भिन्नता' को उभारना। आज भिन्नता ही सत्ता की गंगोत्री है। हिंदू धर्म में सुधार की आवाज उठाने से राजनीतिक लोग डरते हैं, कहीं पैर के नीचे से जमीन न खिसक जाए!

सबसे पहले देखना चाहिए कि 'हिंदुइज्म' और हिंदू धर्म में क्या फर्क है। 'हिंदुइज्म' एक एकरेखीय, औपनिवेशिक तथा स्थिर धारणा है, जबकि हिंदू धर्म एक बहुरेखीय, समावेशी और गतिशील धारणा है। हिंदू धर्म को ईसाई और इस्लाम के तर्ज पर पहचानने के कारण 19वीं सदी से यूरोपीय विद्वानों द्वारा इसे एक नकली चौखटे में देखा जाना शुरू हो गया था। सबसे पहले मौनियर विलियम्स ने 'ब्राह्मणिज्म' को 'हिंदुइज्म' बताया। वस्तुतः जहां 'हिंदुइज्म' या हिंदुत्ववाद है, वहां हिंदू धर्म नहीं है।

उल्लेखनीय है कि हिंदू और हिंदू धर्म शब्द ज्यादा पुराने नहीं हैं। इन शब्दों का प्रयोग न वैदिक ग्रंथों में है और न सूर, मीरा और तुलसी ने अपनी कृतियों में कभी इसका प्रयोग किया। कबीर और गुरुनानक जरूर 'हिंदू' का 'मुसलमान' के समानांतर उल्लेख कर चुके थे। इसका यह अर्थ नहीं है कि हिंदू धर्म दुनिया के प्राचीन धर्मों में एक नहीं है और यह बस पिछले दो-चार सौ सालों की निर्मिति है या यह इस्लाम के अनुयायियों से अलगाने के लिए महज ऊंची जाति के लोगों की कल्पना है। दरअसल हिंदू धर्म को उसके विविधतापूर्ण प्राचीन स्रोतों और परंपराओं को जानकर ही ठीक से समझा जा सकता है।

इस विडंबना की ओर दृष्टि जानी चाहिए कि 'हिंदू' शब्द एक समय अर्थस्फीति का शिकार था। प्राचीन पर्सियन (ईरान निवासी) सिंधु पार के सभी लोगों को 'हैंदव' या 'हेंदु' कहते थे। यह धर्मवाचक शब्द न होकर स्थानवाचक शब्द था, जिससे आगे चलकर 'हिंदुस्तान' बना। खासकर पिछले लगभग दो-तीन सौ सालों की घटना है कि वैदिक, पौराणिक, सनातन और अनगिनत स्थानीय परंपराओं से जुड़े लोग धीरे-धीरे अपने को स्पष्ट रूप से हिंदू कहने लगे, अन्यथा हिंदू नहीं जानते थे कि वे हिंदू हैं।

हिंदू धर्म को उत्थानशील साझी आस्था के रूप में देखा जाना शुरू हुआ तो कट्टरवादी शिविर भी बने। इस्लाम के तर्ज पर यह एक राजनीतिक सिक्का बना और अर्थ संकोच का भी शिकार हुआ। पुरी के शंकराचार्य ने पिछली सदी में, 1979 में कहा था, 'जो जाति प्रथा को न माने वह हिंदू नहीं है'। एक घटना यह भी है कि 19वीं सदी में कुछ ऐसे धार्मिक सुधार आंदोलन हुए, जिनसे जुड़े लोगों ने आगे चलकर अपने को एक न एक वजह से 'हिंदू' कहा जाना बंद कर दिया। वे कानूनी रूप से 'माइनरिटी' कहा जाना पसंद करते हैं, जैसे ब्रह्म समाजी, आर्य समाजी या विवेकानंद के रामकृष्ण मिशन के अनुयायी।

दूसरी तरफ, प्राचीन अर्थस्फीति को पकड़ कर कुछ चिंतक राजनीतिक कारणों से भारत में रहने वाले सभी विश्वास के लोगों को 'हिंदू' बनाने को आतुर दिखे। 'हिंदुत्ववाद' और 'आर्यावर्त्तवाद' के बीच भी संबंध बना। मुख्य बात यह है कि औपनिवेशिक सोच के भारतीय बुद्धिजीवियों तथा धार्मिक कट्टरवादियों दोनों में हिंदू धर्म को 'हिंदुइज्म' समझने के मामले में वैचारिक एका है, जबकि 'हिंदुइज्म' या हिंदुत्ववाद हिंदू धर्म को समझने के रास्ते में एक बड़ी बाधा है। निश्चय ही, कोई हिंदू है तो इसका यह अर्थ नहीं है कि वह हिंदुत्ववादी एकरूपता का समर्थक है।

हिंदू धर्म अपनी अखंडता में बहुरूपता के साथ है। उसे विभिन्न दृश्यावलियों वाले क्लाइडस्कोप और इंद्रधनुष के उदाहरण से समझा जा सकता है। मेरे खयाल से सबसे अच्छा रूपक मोरपंख है जिसका हर लोम, हर रेशा अपने रंग के साथ स्वतंत्र है और अंतःसंपर्क से पंख की अपनी एक लयपूर्ण बहुरंगी छवि भी बनाता है। मोरपंख के बीच में एक

खूबसूरत स्टेडियम नजर आता है, एक बड़ा और खुला 'कॉमन प्लेस'! इस देश में सैकड़ों तरह के हिंदू हैं, सैकड़ों तरह के धार्मिक विश्वास और रीतियां हैं। हिंदू धर्म में टकराहट और सामंजस्य की अनगिनत घटनाएं हैं। ये सभी चीजें मोरपंख की तरह हैं।

मानव सभ्यता का विकास धर्म में विकास लाता रहा है। वह कई बार बुद्धि से आलोकित हुआ है तो कई बार निर्बुद्धिपरकता के अंधकार से घिरा है। धर्म में सदियों से दुख और विपत्ति में मनुष्य को मानसिक राहत दी, उसे भय और निराशा की घड़ियों में संबल दिया, क्योंकि कहीं और से संबल नहीं मिला। एक समय जेम्स फ्रेजर (द गोल्डन बाउ) जैसे गवेषक सोचते थे कि सभ्यता की यात्रा जादू से धर्म तथा धर्म से विज्ञान की दिशा में है। वैश्वीकरण और वैज्ञानिक-तकनीकी क्रांति के युग में देखा जा सकता है कि यह संभव नहीं हो पाया है। विज्ञान और धार्मिक विश्वास अब भी सहचर हैं।

प्राचीन काल में जब धर्मों का आगमन हुआ था, मानव जीवन की गुणवत्ता में वृद्धि उनका प्रमुख उद्देश्य था। आम लोग जीवन में प्रेम और शांति चाहते हैं। यही वजह है कि दुनिया भर में आवेगमय धार्मिक कट्टरवाद से बुद्धिपरक उदारवाद का वैचारिक संघर्ष प्राचीन समय से ही चला है। हिंदू धर्म में ऐसी घटनाओं की कमी नहीं है। इसलिए इसमें वैयक्तिक स्वतंत्रता की भी कमी नहीं रही है।

प्राचीन यात्रियों की नजर में भारत चमत्कारों का देश न था

कई विदेशी यात्री प्राचीन भारत में भ्रमण के लिए आए थे। उन यात्रियों में मेगस्थनीज, फाहियान, ह्वेनसांग, इत्सिंग और अलबिरूनी मुख्य नाम हैं। उन्होंने भारत और यहां की धार्मिक दशाओं का जो वर्णन किया है, वह कई दृष्टियों से महत्वपूर्ण है।

मेगस्थनीज चंद्रगुप्त के काल (300 ईसवी पूर्व) में सेल्युकस के भेजने पर भारत आए थे। ये भारतीय लोकजीवन की स्वायत्तता पर टिप्पणी करते हुए अपने यात्रा वृत्तांत में लिखते हैं, 'गांव में किसान निर्भय और निश्चिंत होकर कृषि कर्म करते थे और आसपास भयंकर युद्ध हुआ

करते थे। किसानों को युद्धरत सैनिक किसी तरह का कष्ट नहीं देते थे। दुनिया के नक्शे पर ऐसा कोई देश न होगा, जहां इतना पातिव्रत्य हो, गुलामी का अभाव हो। यहां के लोगों को अपने मकानों में ताला लगाने की आवश्यकता नहीं पड़ती। वे स्वप्न में भी नहीं जानते कि झूठ किस चिड़िया का नाम है। वे अदालतों में प्रायः नहीं जाते। वे उत्तम कृषक, कारीगर और मेहनती लोग हैं।' ये प्राचीन काल के बहुत कुछ आत्मनिर्भर ग्राम समाज के लक्षण हैं। हिंदू धर्म के स्वरूप निर्धारण में ग्राम समाज की स्वायत्तता और आत्मनिर्भरता एक महत्वपूर्ण भूमिका निभा रही थी। ग्राम समाज धर्मशास्त्र के कठोर निर्देशों से उसी तरह अप्रभावित थे, जिस तरह युद्धों से। देश में धर्म ने उस दौर में 'मास रिलीजन' का रूप धारण नहीं किया था।

बौद्ध धर्म ने विदेशी यात्रियों के मन में भारत के प्रति आकर्षण बढ़ा दिया था। फाहियान ने 400 ईसवी के भारत का जो चित्र खींचा है, उससे पता चलता है कि बौद्ध धर्म सांस्थानिक रूप से दूसरे धर्मों से अधिक बढ़ा-चढ़ा था, भले इसके अनुयायी कम हों। फाहियान धार्मिक असहिष्णुता का कोई उल्लेख नहीं करते, जबकि गुप्त काल में हिंदू धर्म का पुनरुत्थान हो रहा था। वे अयोध्या में भी बौद्ध मंदिर पाते हैं, जो भारतीय सहिष्णुता और सह-अस्तित्व का उदाहरण है।

ह्वेनसांग फाहियान से लगभग 200 वर्ष बाद इस देश में आए। उन्होंने उस समय के वातावरण का चित्र खींचा है, 'यहां के लोग धार्मिक कार्यों से बड़ा प्रेम रखते हैं तथा विद्याभ्यास में विशेष परिश्रम करते हैं। संपूर्ण देश में कोई 100 संघ और 3000 भिक्षु हैं। कोई 10 देव मंदिर हैं, जिनमें अनेक पंथों के अनुयायी जो बौद्ध नहीं हैं, रहते हैं।' इससे निष्कर्ष निकलता है कि धर्मशास्त्रों तथा जहां-तहां कठोर धार्मिक निर्देशों के बावजूद, हिंदू धर्म ने उस काल में केंद्रीकृत संस्था का रूप नहीं लिया था। हिंदू धारा में कई पंथों के लोग थे। अलबत्ता बौद्ध धर्म का विस्तृत संस्थानीकरण हुआ था, उस समय बौद्ध मंदिर हिंदू मंदिरों से ज्यादा थे।

चीन से आए यात्रियों में एक हैं इत्सिंग, जो 700 ईसवी सदी के

अंत में दक्षिण भारत के रास्ते से आए थे। एक जगह उनकी बहुत बुरी दशा हो गई। दूसरे देश से आया देखकर लोगों ने सोचा कि उनके पास लोहा है। खूंखार लोगों ने उन्हें पीटा और नंगा करके छोड़ दिया। इत्सिंग बतलाते हैं कि यहां के लोग थोड़े से लोहे के बदले अच्छी कलात्मक वस्तुएं दे डालते हैं। सौदा नहीं करने पर मार डालते हैं। इससे पता चल सकता है कि सातवीं सदी में देश का एक बड़ा भू-भाग कितनी पिछड़ी दशा में था। इत्सिंग ने समूचेपन में भारत की प्रशंसा करते हुए भर्तृहरि का विस्तृत परिचय दिया है और उनके सिद्धांतों पर चर्चा की है।

अलबिरूनी दूसरी सहस्राब्दी की शुरूआत में, मुहम्मद गजनवी के आक्रमण और लूट के ठीक बाद भारत आए थे। उन्होंने इस्लाम की श्रेष्ठता पर विश्वास करते हुए भी संस्कृत सीखी, भारतीय कला कौशल और साहित्य की प्रशंसा की और हिंदू धर्म की एक उल्लेखनीय समीक्षा प्रस्तुत की। वे भारत की धार्मिक दशा पर टिप्पणी करते हुए अपने यात्रा वृत्तांत में लिखते हैं, 'कई एक कहते हैं कि मुक्ति केवल ब्राह्मणों एवं क्षत्रियों को ही मिल सकती है, क्योंकि दूसरे लोग वेद नहीं पढ़ सकते। लेकिन तत्वज्ञानियों का मत है कि सभी वर्ण और समूची मानव जाति मुक्ति प्राप्त कर सकती है, यदि उसमें मुक्ति पाने की इच्छा हो।' (भारत : अलबिरूनी)। अलबिरूनी 'कट्टर धर्मशास्त्रियों' और 'उदार तत्वज्ञानियों' के उल्लेख के साथ अपने समय की दो भिन्न हिंदू धाराओं का जिक्र करते हैं। वे हिंदू उदारवाद को रेखांकित करते हैं। इसका अर्थ है, अलबिरूनी के काल में हिंदू धर्म एकरेखीय नहीं था।

अलबिरूनी मुसलमान होते हुए भी कट्टरवादी न थे। वे 'कुरान' से एक उद्धरण पेश करते हैं, 'सच बोलो, चाहे यह तुम्हारे अपने विरुद्ध क्यों न हो... बादशाहों के सामने सच बोलने में उनके क्रोध से न डरो। उनका शरीर पर चाहे अधिकार हो, पर तुम्हारी अंतरात्मा का वे कुछ नहीं कर सकते।' (वही)। अलबिरूनी के इस्लाम-संबंधी ऐसे विचार साहस से भरे थे। भारत में एक समय धर्म पर बहसें थीं, सिद्धांत से सिद्धांत टकराते थे। शायद इसका असर अलबिरूनी के इस्लामी मस्तिष्क पर पड़ा हो और इस संदर्भ में वे इस्लाम की पाबंदियों के खिलाफ हो गए हों।

इसके लिए उन्होंने 'कुरान' के मूल तत्वज्ञान का दामन पकड़ा। उनकी धार्मिक समालोचना का लक्ष्य श्रेष्ठ धार्मिक तत्वों की खोज था, धार्मिक कट्टरता को उकसाना नहीं।

1656 में शाहजहां के शासन काल में भारत आए फ्रेंच चिकित्सक बर्नियर अपने यात्रा वृत्तांत में हिंदुओं की सती प्रथा के संदर्भ में एक महत्वपूर्ण बात लिखते हैं, 'मुसलमान जो आजकल के शासनकर्ता हैं, ऐसे रस्मों के विरोधी हैं। जहां तक हो सकता है वे ऐसी बातों को रोकने की चेष्टा करते हैं। पर वे इन बातों का पूर्ण रूप से विरोध नहीं करते, क्योंकि बलवे के भय से वे अपनी मूर्तिपूजक प्रजा को, जो संख्या में उनसे कहीं बढ़कर है, अपने धर्म का पालन अपनी रीति से करने देते हैं। फिर भी कोई औरत मुसलमान हाकिम की आज्ञा पाए बिना सती नहीं हो सकती। हाकिम उस स्त्री को अपने घर की स्त्रियों के पास भेज देता है, जो उसे अनेक प्रकार से समझाती हैं। विशेषतः उन राज्यों की सीमा में सतियां अधिक होती हैं, जहां मुसलमान हाकिम नहीं होता है।' फ्रांसीसी बर्नियर के उपर्युक्त विवरण से कुछ खास मुगल शासकों की नीति का बोध हो सकता है। यह भी समझ में आ सकता है कि धर्म अनिवार्य रूप से सांप्रदायिकता की ओर नहीं ले जाता।

भारत के प्राचीन यात्रियों के यात्रा वृत्तांत पढ़कर ऐसा लगता है कि वे इस देश के बारे में एक साफ, वस्तुपरक और सकारात्मक समझ बनाना चाहते थे। खासकर चीनी और इस्लामी मुल्क के विद्वान यात्रियों के लिए यह देश पश्चिम के आधुनिक भारतविदों के निष्कर्ष की तरह महज आध्यात्मिक कुतूहल और चमत्कारों का देश न था। वे भारत को आदर से देखते थे। वे एक जिज्ञासु के रूप में भारत आते थे, पहले से तय निष्कर्षों पर पहुंचे पौर्वात्यवादी पश्चिमी बुद्धिजीवियों की तरह नहीं। किसी मामले को स्वतंत्र नजरिये और औपनिवेशिक नजरिये से देखने में हमेशा फर्क है। प्राचीन भारत-भ्रमणकारी बहुत कष्ट सहकर, रोग और विपत्तियों का सामना करते हुए, पठार-नदी-जंगल पार करके इस देश के धर्म, ज्ञान-विज्ञान और मनुष्यत्व से अंतर्क्रिया के लिए आते थे।

पश्चिम में भारत को जानने की होड़ : बौद्धिक उपनिवेशन

यह देखना रोचक होगा कि पश्चिमी बुद्धिजीवियों ने भारत को किस नजरिये से खोजा और इस देश को राजनीतिक ही नहीं, एक धार्मिक नक्शा भी दिया। जर्मन दार्शनिक जोहान हर्डर (1744-1803) पर यूरोपीय रोमांटिसिज्म का असर था। उन्होंने भारत को दुनिया का ऐसा प्राचीन देश कहा था, जहां 'मनुष्यता का बचपन' था। वे गेटे के मित्रों में थे। उन्होंने विलियम जोंस द्वारा अनूदित 'अभिज्ञान शाकुंतलम्' पढ़ा था। हर्डर के बाद इस तरह के विचार आने शुरू हुए कि भारत की सभ्यता में शिशुता है। भारत के लोग अबोध हैं– इनोसेंट हैं। अंततः ऐसे पश्चिमी बुद्धिजीवियों का तर्क उन्हें यहां पहुंचाता था कि भारतवासियों को पश्चिम से बहुत कुछ सीखना है, क्योंकि उनमें अबोधता है। जाहिर है, पश्चिम ने भारत को सिर्फ उपनिवेशवाद नहीं दिया, इसकी व्याख्याएं भी दीं, जिन्हें कई भारतीय बुद्धिजीवी लंबे समय तक सच मानकर ढोते रहे हैं।

निश्चय ही हम जब यूरोपकेंद्रिक सोच से मुक्त होने की बात करते हैं, हमारा लक्ष्य यूरोपीय सभ्यता के अहं का विरोध करना होता है, पश्चिम की बौद्धिक उपलब्धियों से नाता तोड़ना नहीं। इसी तरह जब हम अपने देश के पुनरुत्थानवादी उभारों की आलोचना करते हैं, हमारा लक्ष्य धार्मिक कूपमंडूकता का विरोध करना होता है और इस दंभ से बाहर निकलना होता है कि भारत से ही सारा ज्ञान-विज्ञान दुनिया में फैला। इसका अर्थ भारतीय क्लासिकल चिंतन के महान मानवीय तत्वों से नाता तोड़ना नहीं है।

एन्क्वेंटिल द पेरां (1731-1805) एक तरह से पहला महत्वपूर्ण प्राच्यविद था, जिसने पश्चिम को इस देश की उपनिषदों और इनमें व्यक्त धार्मिक उदारवाद से परिचित कराया था। उसने इनका फारसी से लैटिन में अनुवाद (1796) किया, जो लैटिन से अंग्रेजी और दूसरी यूरोपीय भाषाओं में गया। माना जाता है कि पेरां द्वारा उपनिषद का अनुवाद यूरोपीय रोमांटिसिज्म की एक प्रेरणा रहा है। यह 1804 में छपा था। दार्शनिक शॉपेनहावर ने उसकी तारीफ की थी और अनुवाद पढ़कर भारत से उनकी आशा बढ़ गई थी! पेरां ने उस समय की प्रभावशाली भाषा फारसी सीखी

थी और जेंद-अवेस्ता का भी अनुवाद किया था, हालांकि उसका यह अनुवाद दोषपूर्ण माना गया था।

फ्रेंच प्राच्यविद पेरां अंग्रेज-फ्रांसीसी युद्ध के समय फ्रांसीसी उपनिवेश पांडिचेरी में था, फिर बंगाल के चंदननगर में आकर कुछ समय रहा, फिर सूरत गया। वह ऐसे ब्राह्मणों की खोज करता रहा, जो उसे संस्कृत सिखा दें। उसके मन में बनारस बसा हुआ था। लेकिन उसे ऐसे संस्कृत विद्वान ज्यादा मिले जो धार्मिक नियमों और कर्मकांड से अधिक की जानकारी नहीं दे पा रहे थे। इससे 18वीं सदी के भारत में ब्राह्मणों के दार्शनिक ज्ञान में शुरू हो चुके क्षय का बोध हो सकता है। उल्लेखनीय है कि अंग्रेज प्राच्यविद विलियम जोंस (1746-1794) पेरां का विरोधी था, क्योंकि पेरॉं कुछ त्रुटियों के बावजूद अपनी खोजों के कारण पश्चिम में अधिक प्रसिद्धि पा रहा था।

1778 में पेरां ने भारत के संबंध में फैलाई गई प्राच्य निरंकुशतावाद (डिस्पॉटिज्म) की धारणा का सबसे पहले विरोध किया था। उसने बंधुत्व, समानता और स्वतंत्रता पर आधारित फ्रेंच क्रांति का समर्थन किया था।

पश्चिमी प्राच्यविदों के दो दल थे– उपनिवेशवादी और मानवतावादी। पश्चिम के कट्टर औपनिवेशिक मिजाज के ओरियंटलिस्ट विद्वान भारत की विकृत तस्वीर उपस्थित करते हों, उदार पश्चिमी विद्वान भारत के निवासियों, परंपराओं और कौशलों को समझना चाहते थे। प्राच्यविदों में भारत-संबंधी ज्ञान की होड़ थी। 18वीं सदी के उत्तरार्ध तक उनकी अकादमीय स्वतंत्रता एक हद तक बनी हुई थी। उनके सामने एक देश ही नहीं, मानो एक सभ्यता को जानने का द्वार खुल गया था।

लंदन से आए विलियम जोंस द्वारा कलकत्ता में 1784 में एशियाटिक सोसाइटी की स्थापना की गई। इस संस्था ने धार्मिक ग्रंथों की खोज तथा अनुवाद को प्रोत्साहन दिया। वस्तुतः जोंस ने ही 'इंडो-यूरोपीय भाषाओं' की संकल्पना रखी थी। वह जज के अलावा भाषाविद था। 'इंडो-यूरोपीय भाषाओं' की धारणा का मतलब हुआ, संस्कृत भाषा के यूरोपीय संपर्क को स्थापित करना। विलियम जोंस खासकर गीता, हितोपदेश की नीतिकथाओं और अभिज्ञान शाकुंतलम् के प्रशंसक थे।

गीता का अनुवाद चार्ल्स विलिकिन्स (1749-1836) ने किया था तथा बाकी दोनों का उन्होंने खुद।

विलियम जोंस संस्कृत की प्राचीन उपलब्धियों की सराहना करते हुए कहते थे कि भारत का धर्म ऐसा है, धार्मिक कानून ऐसे हैं कि यहां के लोग कभी स्वाधीन नहीं रह सकते। एशिया की जातियां चाहे प्राचीन हों या आधुनिक, वे यूरोपीय जातियों से निम्न हैं। हिंदुस्तानियों में उनके धर्म की वजह से ही लोकतंत्र के विचार नहीं हैं। भारत के जो हिस्से अंग्रेजों के हाथ में आ गए हैं, वे इस समय देश के श्रेष्ठ प्रांत हैं। ईश्वर ने भारत के ये भूखंड अंग्रेजों को वस्तुतः यहां की जनता की खुशहाली के लिए सौंपे हैं। विलियम जोंस ने यह भी लिखा कि भारत के लोग अब अंग्रेजों से अपने धर्म और साहित्य की सही जानकारी हासिल करें। उन्होंने यूरोप को एक प्रभुतासंपन्न राजकुमारी और एशिया को उसकी चेरी बताया था!

विलियम जोंस भारत के लोगों को कहते थे कि वे 'गीता' के पहले का सब कुछ भूल जाएं, तो मैक्स मूलर वेद के बाद का सब कुछ भूलने को कहते थे। यह सांस्कृतिक उच्छेदवाद का औपनिवेशिक रूप था, जिसमें बड़े सूक्ष्म ढंग से भारत की दीर्घ महान परंपराओं को खारिज करने की कोशिश थी। आगे चलकर कई एलीट भारतीय बुद्धिजीवियों ने उच्च परंपराओं को खारिज करने की इस प्रवृत्ति को आगे बढ़ाया।

18वीं सदी में इंग्लैंड, फ्रांस, डच, पुर्तगाल, जर्मनी आदि के प्रतिभा संपन्न विद्वानों ने औपनिवेशिक शासन की सुविधा के लिए शब्दकोश और व्याकरण ही नहीं बनाए, वे भारत के धर्मों पर भी मत दे रहे थे। वे भारत की सांस्कृतिक विरासत की खोज के नाम पर वस्तुतः जातीय विद्वेष पैदा कर रहे थे। उन्होंने कई ऐसे काम किए, जिनका संबंध अंग्रेजों को श्रेष्ठतम साबित करते हुए प्राच्य से औपनिवेशिक संबंध को मजबूत बनाने से था।

एक फ्रांसीसी धर्मप्रचारक एब्बे डुबोय फ्रांसीसी क्रांति से घबराकर भारत भाग आया था। उसने 1792 से 1823 तक दक्षिण भारत में रहकर हिंदू रीति-रिवाजों और त्योहारों का काफी भीतर घुसकर अध्ययन किया। उसके काम की मैकाले ने प्रशंसा की थी, क्योंकि इससे अंग्रेजों को भारत को समझने में मदद मिलती थी। डुबोआ ने लिखा, 'भारत के लोगों को

जानने के लिए मैंने उन लोगों की तरह ही रहना शुरू कर दिया, यहां तक कि उनके अजीबोगरीब धार्मिक विश्वासों के प्रति मन में जो घृणा थी, उसे दबा ली। इस आचरण की वजह से मैं जहां भी जाता था, सभी जातियों और रीति-रिवाजों के लोग मेरा स्वागत करते थे। ...इस देश में गहरी उदासीनता और परिवर्तन-विमुखता है। ये बड़े गरीब और काहिल हैं।' (हिंदू मैनर्स, कस्टम्स एंड सेरेमनीज)। डुबोय दक्षिण भारत में डोडा स्वामी के नाम से लोकप्रिय था।

1791 में अंग्रेजों ने बनारस में संस्कृत कॉलेज खोला, 'इससे हमारी सरकार की लोकप्रियता बढ़ेगी। उनके अपने भारतीय राजाओं की अपेक्षा हमने, हमारी सरकार ने उनकी धार्मिक पद्धतियों पर अधिक ध्यान दिया है। ...इसके द्वारा हिंदू कानून के ज्ञान को संरक्षण मिलेगा और प्रचार का अवसर मिलेगा।' (जोनाथन डंकन)। हिंदू कानून क्या थे? वर्ण व्यवस्था, छुआछूत, विधवा पुनर्विवाह की मनाही, सती प्रथा आदि की स्वीकृति। यह धारणा गलत है कि भारत में अंग्रेजी राज समाज के लिए सेकुलर ढांचा और सभ्यता लेकर आया। वह वस्तुतः कूपमंडूकता को बढ़ावा देते हुए भेदभाव की नींव पर खड़ा था।

प्राचीन भारत का कभी विद्वत्तापूर्ण ढंग से, तो कभी महज मजा लेने के लिए उपहास किया जाता था। मैकाले ने उपहास उड़ाते हुए कहा था, 'भारत के इतिहास में ऐसे राजाओं की कमी नहीं है जो तीस-तीस फुट ऊंचे थे और जिन्होंने तीस-तीस हजार सालों तक राज किया। उनके भूगोल में दूध और मक्खन के समुद्र हैं।' इस तरह धार्मिक कथा को इतिहास बनाकर उपस्थित करने की प्रवृत्ति अंग्रेजों में थी। बाद में कई जातिवादी भारतीय विद्वानों ने इस प्रवृत्ति का अनुकरण किया। यहां तक कि इस देश के ब्राह्मण, क्षत्रिय, यादव और कायस्थ अपना मूल परशुराम, राम, कृष्ण और चित्रगुप्त में खोजने लगे। ऐसे ज्ञान से रोशनी नहीं आई, अंधकार फैला।

जर्मन विद्वान फ्रेडरिक मैक्स मूलर (1823-1900) का संस्कृत के प्रचार में बड़ा योगदान है। उन्होंने अपने मामले को आर्य सिद्धांत के मंच पर खड़ा किया। वे इंग्लैंड में रहकर अपना काम कर रहे थे और संस्कृत

के सबसे बड़े विद्वान माने जा रहे थे। यह एक विडंबना है कि जो काम संस्कृत के भारतीय पंडितों को करना चाहिए था, वह यूरोपीय विद्वान कर रहे थे और अपने काम पर अपनी कूटनीतिक छाप भी छोड़ रहे थे।

मैक्स मूलर की 50 खंडों में ग्रंथमाला आई–'द सेक्रेड बुक्स ऑफ द ईस्ट'। इससे पश्चिमवासियों के सामने पूर्व के धर्मों और दर्शनों को जानने का द्वार बड़ा हो गया। इस ग्रंथ में वेद, ब्राह्मण, उपनिषद के अलावा मनुस्मृति है, लेकिन रामायण और गीता नहीं हैं! बौद्ध और जैन ग्रंथ हैं, पर गुरुग्रंथ साहिब नहीं है। इसमें जेंद-अवेस्ता और चीन-थाइलैंड आदि के प्राचीन धार्मिक ग्रंथ हैं। इस्लाम के ग्रंथ हैं। फिर भी 'पूर्व की पवित्र पुस्तकों' के बीच से मैक्स मूलर को जो सबसे अधिक प्रकाशमान लगा, वह ऋग्वेद है।

मैक्स मूलर कांट के ज्ञानोदय तथा रोमांटिसिज्म के साहित्यिक आंदोलन से प्रभावित थे। उन्होंने बुद्धि को महत्व देते हुए भी प्राचीन भारत को रोमांटिक नजरिये से देखा और ऋग्वेद को कई वजहों से सबसे ज्यादा महत्व दिया। उनका मानना था कि धर्म वस्तुतः असीमता का बोध है और जो सिर्फ एक धर्म को जानता है, वह किसी धर्म को नहीं जानता। इसलिए उन्होंने तुलनात्मक भाषाशास्त्र के साथ तुलनात्मक धर्म के अध्ययन का प्रस्ताव रखा।

उनके सामने प्रश्न थे– 'आखिरकार कोई धर्म कैसे संभव होता है, कितने लोगों के पास धर्म सचमुच है, धर्म है क्या और जो है वह कैसे सामने आता है?' उन्होंने ज्ञानोदय के असर में इससे इनकार किया कि धर्म के ज्ञान का संबंध ईश्वरीय आत्मप्रकाश से है। वे जादू, तांत्रिक शक्तियों और सृष्टि के पालनकर्ता की अवधारणा के भी विरोधी थे। उन्होंने यह बताया कि धर्म क्या है और यह विभिन्न धार्मिक पाठों के तुलनात्मक अध्ययन से कैसे जाना जा सकता है। इसके लिए उन्होंने प्राचीन ग्रीक और ऋग्वैदिक देवताओं के बीच संबंध बैठाया तथा अपनी दृष्टि में धर्म का एक वैश्विक परिप्रेक्ष्य रखा।

मैक्स मूलर ने अपना यह विचार मजबूती से प्रतिष्ठित किया कि ऋग्वेद सबसे अधिक स्पष्टता से बताता है कि धर्म कैसे जन्मा। उनके

अनुसार, 'मनुष्य जाति ने सबसे पहले असीमता का सामना तब किया जब उसने वस्तुओं को नाम देना शुरू किया, जैसे– सूर्य, चंद्र, अग्नि तथा नदियों-समुद्रों-पेड़ों को नाम देना।' ऋग्वेद के मंत्र ऐसी ही भौतिक वस्तुओं को संबोधित हैं। ऋग्वेद में अंततः बहुत से देवताओं की जगह एक ईश्वर की बात भी है।

वैदिक 'देव' का संबंध लैटिन 'द्यौस' से जोड़कर मैक्स मूलर ने धर्म का एक सार्वभौम विज्ञान देने की कोशिश की। ऋग्वेद के देवता किसी न किसी 'वस्तु' को आलोकित करते हैं, जैसे अग्नि देवता अग्नि को, वायु देवता वायु को। इसी आधार पर मैक्स मूलर ने प्रकृति से मनुष्य के संबंध को महत्वपूर्ण माना। साथ ही, मिथकों को 'भाषा में रोग' कहा, 'आत्मछल' कहा। उन्होंने वैदिक मिथकशास्त्र का विस्तार से परिचय कराया था और मिथकों के अध्ययन के साथ भाषाशास्त्र में एक मोड़ ला दिया था। 20वीं सदी में रोला बार्थ ने मिथकों को 'संकेत' (संकेतक-संकेतित) मानते हुए आधुनिक जीवन के बृहत्तर क्षेत्र से जोड़ा था और उनकी समझ को एक तार्किक जमीन दी थी।

मैक्स मूलर ने ऋग्वेद के आधार पर आर्य की अवधारणा प्रतिपादित की। इसे 19वीं सदी के उपनिवेशवादी प्राच्यवादियों ने नस्लवाद के रूप में विकसित कर आर्य-द्रविड़ संघर्ष की कल्पना कर ली और कुछ पुरातात्विक साक्ष्यों को खड़ा किया। इस तरह उत्तर-दक्षिण भारत के नस्लीय विभाजन की नींव पड़ी। स्पष्ट कर देना उचित है कि खुद मैक्स मूलर नस्लवादी न थे। वे 'आर्य' को इंडो-यूरोपियन संदर्भ में देखते थे, सिर्फ भारतीय संदर्भ में नहीं। ब्रिटिश प्रशासनिक अधिकारियों के समक्ष 1882 में दिए गए उनके सात व्याख्यानों का शीर्षक है 'भारत हमें क्या सिखा सकता है?' उनके 'हम' से आशय है, शक्तिशाली आर्यन, 'जिनके दृढ़, लड़ाकू और जिंदगी के अंतिम क्षण तक मेहनत करने वाले चरित्र का निर्माण यूरोप की ठंडी जलवायु ने उनके काले भाइयों से भिन्न रूप में किया है।' वे अपने देश के प्राचीन जर्मनों को श्रेष्ठ आर्य बता रहे थे।

जर्मनी में जब गृहकलह की वजह से गरीबी थी, जर्मनों में श्रेष्ठतम आर्यन होने का जातीय भाव जगाया जा रहा था। उस समय भारत में

औपनिवेशिक लूट के कारण गरीबी थी। इसके अलावा, उत्तर भारत में कहा जा रहा था– तुम आर्यन हो और दक्षिण भारत में राबर्ट काल्डवेल कह रहे थे– तुम द्रविड़ हो! भारत में गरीबी बढ़ाने के अलावा फूट भी डाली जा रही थी।

वास्तविकता यह है कि प्राचीन संकरता (हाइब्रिडिटी), बौद्ध-जैन धर्म और भक्ति आंदोलन ने भारत में आर्य-द्रविड़ का कृत्रिम नस्लीय विभाजन कभी निर्मित होने नहीं दिया। लेकिन औपनिवेशिक सिद्धांतों के प्रभाव में कई भारतीय सुधारक और बुद्धिजीवी आर्य-द्रविड़ के औपनिवेशिक नस्लीय विभाजन को यथार्थ मान रहे थे।

इंग्लैंड, फ्रांस, पुर्तगाल आदि उपनिवेशक देशों की कतार में जर्मनी के शामिल न होने की अंध-राष्ट्रवादी क्षतिपूर्ति काफी देर से हिटलर के रूप में हुई। वह जर्मनों को सर्वश्रेष्ठ और शुद्ध आर्य समझता था।

हिटलर (1889-1945) ने मैक्स मूलर की 'आर्य' की धारणा को फासिस्ट लड़ाकूपन के अर्थ में लिया, हालांकि उसके आने के पहले से भारत में, 19वीं सदी से ही आर्य की धारणा तरह-तरह से विकृत की जाने लगी थी। यहां तक कि कई लोग भारत को आर्यावर्त्त (उत्तर भारत) में सीमित करके देख रहे थे और उत्तर भारतीयों को आर्य संतान कहकर अंध-राष्ट्रवादी जोश पैदा किया जा रहा था। दक्षिण भारत के लोग 'आर्यावर्त्त' की धारणा से बाहर थे।

यह विसंगति उल्लेखनीय है कि मैक्स मूलर एक तरफ भारत के लोगों को ऋग्वेद में अपनी जड़ें खोजने और हिंदू धर्म में सुधार की बात करते थे, दूसरी तरफ कहते थे, 'भारत ईसाइयत के प्रचार के लिए बहुत उर्वर देश है।' उन्होंने वेद को सब कुछ मानकर पत्नी को लिखे अपने एक पत्र में कहा था, 'भारत के लाखों लोगों की आत्माओं का विकास वेद से ही होगा, क्योंकि यही उनके धर्म की जड़ है। उसके अलावा पिछले 3000 सालों की बाकी सारी चीजों से छुटकारा पा लेना होगा, तभी सुधार संभव है।' वे वेदों-उपनिषदों के बाद किसी भारतीय साहित्य और दर्शन को श्रेष्ठ नहीं मानते। उनकी नजर में शकों के आक्रमण के बाद का पूरा भारतीय साहित्य भ्रष्ट है। उनका इशारा बौद्ध दर्शन, प्राचीन महाकाव्य,

कालिदास आदि के ग्रंथ और भक्ति काव्य की तरफ है। उन्होंने इन ग्रंथों को निरर्थक घोषित किया।

मैक्स मूलर का कहना था कि वैदिक साहित्य की रचना करने वाले ऋषि काकेसियन क्षेत्र (काला सागर के आसपास के देश) के थे, पर जब वे भारत पहुंचे तो उनकी सृजनात्मक क्षमताओं का ह्रास हो चुका था, अर्थात– भारत में उनका विकास नहीं हुआ। क्यों विकास नहीं हुआ, वे इसके कारणों में नहीं जाते। इस बौद्धिक एकांगीपन की वजह है भारत से अनभिज्ञता!

मैक्स मूलर ने वैदिक कथाओं को निश्चय ही इतिहास की तरह नहीं पढ़ा, जैसा कि बाद में यूरोपकेंद्रिक सोच के बुद्धिजीवी इस देश की धार्मिक कथाओं को साहित्य की तरह न पढ़कर इतिहास की तरह पढ़ने लगे थे। उदाहरण के तौर पर, वे रामायण की लंका को श्रीलंका और रावण को द्रविड़ बताने लगे थे। मैक्स मूलर ऐसा नहीं करते, पर वे भारत की दार्शनिक-सांस्कृतिक विविधता, भक्ति आंदोलनों की व्यापकता और हिंदू धार्मिक सुधारों की उपेक्षा करते हैं और तुलनात्मक भाषाशास्त्र को 'आर्यों की सर्वश्रेष्ठता' के प्रतिपादन का औपनिवेशिक औजार बना देते हैं। उनके तर्क अलग हैं, पर वे भारत में सांस्कृतिक उच्छेदवाद के संस्थापकों में गिने जाएंगे, क्योंकि वे वेदों के अलावा बाकी सब कुछ को, अर्थात रामायण, महाभारत, भक्ति साहित्य आदि को त्याज्य मानते थे।

मैक्स मूलर संस्कृति के विकास के लिए भाषा का विकास जरूरी मानते हैं। संस्कृत का अपना एक गौरव है, संस्कृत के ज्ञान-भंडार का अध्ययन किए बिना भारत की समस्याओं और कई गौरवपूर्ण उपलब्धियों को समझना मुश्किल है। लेकिन क्या भारत की भाषाओं को संस्कृत में और भारतीय साहित्य को वेद-पुराण में सीमित रखकर इस देश की भाषाओं-संस्कृतियों के विकास को जानना संभव है?

मैक्स मूलर ने संस्कृत के कई ग्रंथों का संपादन करके अपने समय में एक बड़ा काम किया था। इससे पश्चिमी दुनिया और खुद भारत के लोगों को अपनी विरासत की महत्ता का बोध हुआ। मैक्स मूलर की सीमाओं को जानने के बावजूद उनके महत्व को मानना चाहिए।

विवेकानंद उनसे इंग्लैंड में मिले थे और मिलकर स्वाभाविक कारणों से अभिभूत थे।

मैक्स मूलर संस्कृत का अध्ययन परायी भाषा के रूप में नहीं करते। उल्लेखनीय है कि उन्हें ऋग्वेद के आधार पर अपना धार्मिक दर्शन खड़ा करने का खमियाजा भुगतना पड़ा। ईसाई धर्म प्रचारकों ने मैक्स मूलर को ईसाइयत के निंदक के रूप में देखा, क्योंकि उन्होंने ईश्वरीय आत्मप्रकाश की धारणा पर ही प्रश्नचिह्न लगा दिया था। मैक्स मूलर पर आरोप लगे। विद्वत्ता के बावजूद उन्हें संस्कृत भाषा के प्रतिष्ठित चेयर से हटाकर उनकी जगह मोनियर विलियम्स (1819-1899) को लाया गया। ये औसत विद्वत्ता के व्यक्ति थे और अंग्रेज होने की वजह से अधिक व्यावहारिक थे। वे एक मुख्य प्राच्यविद थे, जिन्होंने व्यापक तौर पर 'हिंदू धर्म' नाम प्रचारित किया और इसे ब्राह्मण धर्म बताया।

पश्चिमी विद्वानों में मैक्स मूलर के अलावा यूजिन बरनाफ, मोनियर विलियम्स, विलियम व्हिटनी, आर्थर मैक्डोनल, आर्थर बेरीडेल कीथ आदि के योगदान से बहुत से लोग परिचित हैं। इनके अलावा सैकड़ों अमेरिकी-यूरोपीय विद्वानों में जेम्स फ्रेजर, जेम्स फीजरैल्ड, गेविन फ्लूड, लिंडा हेस, हर्मन टुल, डेविड लारेंजन, शेल्डॉन पोलेक, वेंडी डॉनिगर, पॉल रिचमेन, जॉन स्ट्रेटन हाउले आदि के नाम लिए जा सकते हैं। इन्होंने भारत के धर्म और संस्कृति पर बहुत कुछ लिखा है।

भारत के संस्कृतज्ञ चिंतकों में आर. जी. भंडारकर (1832-1925) और पी. बी. काणे (1880-1972) प्रमुख हैं। भंडारकर ने वेदों और प्राचीन इतिहास-संबंधी खोज की थी और सुधार आंदोलन में हिस्सा लिया था तो काणे ने अति विस्तार से धर्मशास्त्र का इतिहास लिखा था। इन सबके बावजूद, हिंदू धर्म की विवेचना पर पश्चिमी किताबें ज्यादा छाई रही हैं। उनमें कई किताबें हैं जो वैचारिक उत्तेजना पैदा करती हैं। इसके बावजूद नहीं कहा जा सकता कि उनमें विस्तृत खोज के बाद उठाए गए सभी प्रश्न निरर्थक हैं।

मोनियर विलियम्स (1819-1899) ने संस्कृत ग्रंथों के अध्ययन को एक दूसरी दिशा दी। वे आक्सफोर्ड यूनिवर्सिटी में संस्कृत के चेयर

पर मैक्स मूलर को हटाए जाने के बाद बैठे थे। जाहिर है, वे संस्कृत ग्रंथ और हिंदू धर्म की परंपराओं के संबंध में भिन्न मुद्दों पर जोर देते, जैसा कि उन्होंने हिंदू धर्म में जाति व्यवस्था, पुरोहितवाद और कर्मकांड को प्रधान धार्मिक तत्व बनाकर किया। 19वीं सदी में हिंदू धर्म को एकरेखीय ब्राह्मण परंपरा के रूप में परिभाषित करने और इसी वृत्त में उसे समझने की शुरुआत इसी प्राच्यविद ने की थी। उनकी पुस्तक है, 'ब्राह्मणिज्म एंड हिंदुइज्म'। उन्हें हिंदू अज्ञानता के अंधकार में डूबे दिखते थे। उन्हें हिंदू धर्म में सिर्फ अंधविश्वास दिखता था, तर्क और उच्च मूल्यबोध की कोई परंपरा नहीं दिखती थी और मानो पश्चिमी देशों में अंधविश्वास न हों!

मोनियर विलियम्स ने हिंदू धर्म की 'ब्राह्मणवाद के शक्तिशाली किले' के रूप में व्याख्या करके भारत में सामाजिक विभाजन की बौद्धिक प्रक्रिया को तेज किया तथा ऐसी कई धारणाओं की वैचारिक नींव रखी, जो औपनिवेशिक हितों के अनुकूल थीं। अंग्रेज 1857 के विद्रोह के बाद अपना रुख बदलते हुए ऐसे विचारों की जरूरत महसूस करने लगे थे। हिंदू धर्म को ब्राह्मण धर्म मानने के औपनिवेशिक विचार अंग्रेजीदां अंध-बुद्धिवादी भारतीय बुद्धिजीवियों में भी लोकप्रिय हुए, जबकि यह धर्म बहुरेखीय रहा है। इसी औपनिवेशिक सोच के आधार पर ब्राह्मणेतर, खासकर पिछड़ी और दलित जातियों के बीच यह प्रचार किया गया कि वे हिंदू नहीं हैं। इस तरह तो प्राचीन काल में कोई 'हिंदू' न था।

हिंदू धर्म को ब्राह्मण धर्म का पर्याय मान लेना एक विडंबना है। मोनियर विलियम्स जैसे अंग्रेज विद्वान यही प्रचार करते थे। निश्चय ही कट्टर ब्राह्मण भी सैकड़ों साल से हिंदू धर्म को वर्णाश्रम धर्म के रूप में प्रचारित करते आ रहे थे। वे अपने आपको उसका रक्षक बताते थे। हिंदू धर्म को ब्राह्मण धर्म में सीमित कर देने से वर्ण व्यवस्था उसका अनिवार्य अंग हो जाती है, जबकि अंग्रेजों के जाति सर्वेक्षण से पहले वर्ण/जाति का अतिक्रमण करने, इसकी परवाह न करने और 'संपूर्णता' की आकांक्षा के उदाहरणों की कमी नहीं है। सैकड़ों साल की वास्तविकता यह है कि हिंदू परंपरा ब्राह्मण परंपरा का पर्याय नहीं है।

यह भी हुआ कि ब्राह्मण परंपरा और श्रमण परंपरा को सांप-नेवला बताकर एक विशिष्टवर्गी टकराहट को आम विद्वेष के रूप में उपस्थित किया गया। वस्तुतः जो टकराहट केवल धर्मसत्ताओं के बीच थी और राजाश्रय के लिए होड़ थी, उसे एकेडेमिक जगत में सार्वजनिक मामला मान लिया गया। उल्लेखनीय है कि एक खास काल में जिस तरह वेद के उपदेशों से ब्राह्मण हट चुके थे, श्रमण भी बुद्ध-महावीर के उपदेशों से हट गए थे। उनके परस्पर विद्वेष और टकराहट का इतिहास अपनी-अपनी उच्च परंपराओं को खोने का इतिहास है।

सवाल उठता है, यदि वेद की कई व्याख्याएं होती रही हैं और धर्मशास्त्रों के अनुसार सभी मान्य हैं और हिंदू धर्म होमोजीनियस नहीं है तो इसकी सारी चीजों को ब्राह्मणवाद या ब्राह्मण परंपरा की इकहरी धारणा में कैसे ठूंसा जा सकता है?

रोमिला थापर कई जगहों पर ब्राह्मण परंपरा और हिंदू धर्म को पर्याय के रूप में देखती हैं। फिर भी वे कुछ जगहों पर न सिर्फ ब्राह्मण परंपरा और श्रमण परंपरा के बीच 'इंटरैक्शन' लक्षित करती हैं, बल्कि स्पष्ट शब्दों में हिंदू धर्म को होमोजीनियस मानने से इनकार कर देती हैं, 'धार्मिक समूहों तथा संप्रदायों की बहुवचनात्मकता वस्तुतः विश्वासों की बहुवचनात्मकता को प्रतिबिंबित करती है। यहां तक कि ब्राह्मणवाद के संदर्भ में हमें बताया जाता है कि यदि श्रुति की दो परंपराओं में अंतर्द्वंद्व दिखे तो दोनों को नियम के रूप में स्वीकार कर लेना चाहिए। यह उन धर्मों से एक बिलकुल भिन्न मामला है जो अपने धर्मशास्त्रीय ढांचे में हमेशा एक ही व्याख्या पर जोर देते हैं। इस लचीलेपन ने सामाजिक मामलों में, निर्देशों के पालन में धर्म के निजी क्षेत्रों को बहुधा स्वीकृति दी थी। ...शासक के परिवार द्वारा कई धार्मिक संप्रदायों को राजकीय संरक्षण दिया जाता था। ...हिंदू धर्म का किसी खास संस्थापक द्वारा एक संगठित ढांचे में इसके 'संप्रदायों को अलग रखकर' एकरेखीय विकास नहीं हुआ है। वह तो विभिन्न विश्वासों, संप्रदायों, देवताओं और विचारों का एक ऐसा बहुरंगा चित्र है जो आपस में लड़ते-भिड़ते हुए, समायोजन करते हुए और कई बार जो कठोर है उससे एक दूरी बनाते हुए दिखते हैं। यह मामला

सिर्फ विश्वासों और चिंतन के स्तर पर नहीं है, सामाजिक-आर्थिक स्तर पर भी है। स्थापित देवी-देवताओं से संबंध बनाते हुए नए-नए आराध्य बने हैं। ...नए विधि-विधान बने हैं। जाति की सीमारेखा में बने, अपने में परिपूर्ण ऐसे कई विश्वास हैं और रीतियां हैं जो उस जाति की जरूरतों द्वारा निर्धारित होती रही हैं। मूर्ति पूजा के बारे में वैदिक धर्म में सोचा भी नहीं जा सकता था, जबकि पौराणिक धर्म में मूर्ति बहुत तात्पर्यपूर्ण हो गई।' (कल्चरल पास्ट)। यदि ये सारी बातें हैं, तो ब्राह्मण परंपरा का एक ही अर्थ कैसे है और हिंदू धर्म तथा ब्राह्मण परंपरा एक–दूसरे के पर्याय कैसे हैं?

रोमिला थापर ने यह भी लिखा है, 'प्राचीन या आधुनिक इतिहासकारों ने जो भी लिखा हो, लोकप्रिय विश्वास यह है कि हिंदुओं ने कभी धार्मिक उत्पीड़न नहीं किया है। ...यदि ऐसा कुछ (कश्मीर में) बौद्धों और शैवों के बीच हुआ है, तो यह राज्याश्रय के लिए होड़ का नतीजा है। ...(दक्षिण भारत में) शैवों का जैनियों से संघर्ष का मुख्य मुद्दा व्यापार पर अधिकार करना था। जैनी अपनी शिक्षा के कारण राजदरबार में उच्च पदों पर थे, यह भी एक मामला था।' (वही)। दक्षिण भारत में बौद्ध-जैन धर्मसत्ता और राजसत्ता द्वारा सम्मिलित अत्याचार को एक राजनीतिक संदर्भ के रूप में लेना चाहिए जो संपूर्ण इतिहास की जगह इतिहास का महज एक हिस्सा है। भारत का जमीनी यथार्थ सामंजस्य है।

आमतौर पर भारत के लोग संपूर्णता और अखंडता की आकांक्षा रखते आए हैं, वे अपने उद्देश्य में भले सफल न हो पाते हों। वे 'अन्य' से टकराए हैं तो उनसे सामंजस्य भी बनाया है। राजसत्ता भले 'भिन्नता' और 'अन्य' के ध्वंस को लेकर चलती हो, आम लोक हमेशा अभिन्नता, संपूर्णता और एक न एक तरह का न्यायबोध लेकर चला है। हम कला, साहित्य और दर्शनों में इसके प्रतिबिंब पाते हैं, यह ईश्वर की धारणाओं में भी देख सकते हैं। ईश्वर के प्रति भक्ति लोकभाषा के भक्त कवियों को सामाजिक भिन्नता, धार्मिक रूढ़ियों और दिखावे से मुक्त करके उच्च मूल्यों की ओर ले गई है, जबकि धार्मिक पागलपन का पहला शिकार हमेशा खुद धर्म हुआ है।

कहना न होगा कि औपनिवेशिक मानस के प्राच्यविद संस्कृत ग्रंथों की विरासत और इस देश की धार्मिक परंपराओं का उद्घाटन 'भिन्नता' के उद्देश्य से करते थे। वे भारतीय समाज में घृणा और दूरियां बढ़ाने के लिए ऐसा करते थे। वे आर्य को नस्ल के रूप में प्रतिष्ठित करने में सफल हुए। क्या पुरोहितवाद और कर्मकांड का विरोध करने वाले बौद्ध या जैन अलग नस्ल के थे और क्या वे नस्लवादी थे? इस सवाल का भी कोई जवाब नहीं है कि जब पौर्वात्यवादियों ने ग्रीक की उत्पत्ति संस्कृत से मानी और 'इंडो-यूरोपीय भाषाओं' की धारणा प्रचलित की तो लैटिन या अंग्रेजी के शब्दकोशों में इन भाषाओं के शब्दों के संस्कृत-स्रोत क्यों नहीं दिए!

अंग्रेजों ने जाति को मुद्दा कैसे बनाया

अंग्रेजों ने भारत में जाति व्यवस्था को प्याज की परतों की तरह सुनिश्चित कर दिया और जातिवादी मानसिकता को इतना मजबूत बना दिया कि कोई भाषण भले दे दे, पर 21वीं सदी में भी जाति के बाहर सोचना मुश्किल है, बल्कि इन दिनों ज्यादा मुश्किल है।

जाति-आधारित सर्वेक्षण की नींव अंग्रेजों ने डाली थी। जेम्स प्रिंसेप ने 1834 में बनारस के ब्राह्मणों का जन-सर्वेक्षण करके इनके भीतर 107 जातियों को खोजा था। उसका मकसद गोत्र, स्थान, कुल आदि के आधार पर ब्राह्मणों के बीच श्रेष्ठता दंभ के विभिन्न स्तर तैयार करना था। 1871 के जन-सर्वेक्षण में भारत में जातियों की संख्या 3,208 थी, जो 1881 के जन सर्वेक्षण में 19,044 हो गई। हर्बर्ट रिस्ले ने जन-सर्वेक्षण करते हुए कहा था, 'भारत नस्लीय सिद्धांत की सबसे बड़ी प्रयोगशाला है।' (कास्ट्स ऑफ माइंड, निकोलस डिर्क)। भारत के औपनिवेशिक अध्ययनों में देखा नहीं गया कि इस देश में सदा से जाति के विरोध में आवाजें हैं और यह भी कि जाति से परे बहुत कुछ है।

भारत में कूपमंडूकता पर अतीत का एकाधिकार नहीं है। इसमें पश्चिमी बुद्धिजीवियों और बौद्धिक उपनिवेशवाद से आक्रांत आधुनिक भारतीय बुद्धिजीवियों का भी काफी योगदान है। वे सामाजिक विभाजन के उद्देश्य से भारतीय जीवन में उच्छेदवाद और विभाजन की बारूदी सुरंगें

बिछाते रहे हैं। वे भारतीय परंपराओं में कुछ भी बुद्धिपरक, लोकतांत्रिक और मानवतावादी नहीं देख पाते हैं। ऐसे बुद्धिजीवी 'भारतीय राष्ट्र' को खलनायक बनाकर 'धर्म', 'जाति', 'भाषा', 'स्थानीयता' आदि के आधार पर इस देश में मुख्यतः भिन्नता खोजते हैं, उन्हें 'भेद में अभेद' नहीं दिखता। उन्होंने इस देश के शिक्षित जनों को सामान्यतः आधुनिक ढंग का कूपमंडूक बने रहने में पारंगत कर दिया। इसका नतीजा है, समाज में अंततः उदारवाद घटता गया, कट्टरता बढ़ती गई।

उच्छेदवाद और कट्टरवाद को मौसेरा भाई समझना चाहिए। वर्तमान दौर में कूपमंडूकता एक राजनीतिक हथियार के अलावा बड़ा उद्योग भी है। अब इसमें ग्लैमर का प्रवेश हो गया है। विभाजन की सोच से भरी कूपमंडूकता शिक्षा, मीडिया, फिल्म, साहित्य, कला-संस्कृति और एक तरह से पूरी वैचारिक दुनिया में फैल गई है। इससे उदारवाद की राह कठिन हो गई है और मानवतावादी तत्वों के साथ कोई बड़ा जन-आंदोलन एक चुनौतीपूर्ण मामला हो चुका है।

भारतीय समाज में धर्म, नस्ल, जाति और स्थानीय संस्कृति के आधार पर 'कृत्रिम भिन्नता' को विदेशी-देशी बुद्धिजीवियों ने जहर बना दिया। खासकर उपनिवेशकों ने जाति, धर्म और सभ्यता की जो समझ बनाई और भारतीय चीजों को तोड़ा-मरोड़ा, राष्ट्रीय आंदोलनों में तरह-तरह से फूट डालने की कोशिश की, उन सबका एकमात्र उद्देश्य देश की आर्थिक लूट को सार्वकालिक बना देना रहा है। कहा जा सकता है कि आज की बहुराष्ट्रीय कंपनियां ब्रिटिश साम्राज्यवादी नीतियों की सफल अनुकरणकर्ता हैं। उनकी राजनीति का असर भारत के इतिहास लेखन पर ही नहीं पड़ा है, असहमति और प्रतिवाद के चरित्र पर भी पड़ा है, लिबरल भारतीय सोच पर भी पड़ा है। 21वीं सदी में 'कृत्रिम भिन्नता' ही सत्ता का स्रोत है। यह आधुनिकतम बारूद है।

वर्तमान सदी में प्रत्यक्ष उपनिवेशवाद नहीं है, पर भारत में 'खंड-खंड वाली औपनिवेशिक सोच' है। बाजार व्यवस्था अखंड है जबकि धर्म, जाति, प्रांतीयता आदि के आधार पर भारत का समाज खंड-खंड है। कहा जा सकता है कि बौद्धिक उपनिवेशवाद की सफलता आज जितनी कभी

स्पष्ट नहीं थी। उसके खोदे गड्ढे कभी ठीक से भरे न जा सके। ऐसे में भारत से संबंधित किसी भी चिंतन का प्रधान लक्ष्य होना चाहिए बौद्धिक अन-उपनिवेशन, अर्थात खंड-खंड-पाखंड से मुक्ति!

धार्मिक कथा को इतिहास की तरह पढ़ना

भारत के प्राचीन लोगों की यह कमी बताई जाती है कि उन्होंने कभी इतिहास को महत्व नहीं दिया। कहा जाता है कि ये अंग्रेज थे जिन्होंने भारतवासियों को इतिहास की समझ दी। उन्होंने जहां भी राज किया, सबसे पहले वहां का इतिहास लिखा और एक नक्शा बनाया। कहने की इच्छा हो रही है, कई बार इतिहास की किताबों का ज्यादा सामने न रहना अतीत को देखने के लिए एक रोशनी का काम करता है।

धार्मिक कथाओं को इतिहास के तथ्य के रूप में पढ़ने की औपनिवेशिक कारीगरी को एक उदाहरण से स्पष्ट किया जा सकता है। प्राच्यवादियों ने विचित्र खोज की कि पुराकथाओं के देवता आर्य और दस्यु द्रविड़ हैं या दस्यु-राक्षस निम्न जातियों के लोग हैं। अलब्रेख्त वेबर ने रामकथा के बारे में लिखा है, 'रामायण दक्षिण भारत में आर्य सभ्यता और कृषि के प्रसार का रूपक है।' (हिस्ट्री ऑफ इंडियन लिटरेचर, 1828)। इस कथन से लगता है कि द्रविड़ लोग उन्नत सभ्यता होकर भी कृषि से अनभिज्ञ थे। यह वैचारिक जाल दक्षिण भारत में कई तरह से बिछाया गया। तमिलनाडु में राबर्ट काल्डवेल ने तमिल की उन्नति के लिए महत्वपूर्ण काम किया, पर तमिल का संबंध नस्ल से जोड़ा और द्रविड़ अलगाववाद की धारणा दी।

कुछ दशक पहले 'द सेक्रेड बुक्स ऑफ द ईस्ट, डिस्क्राइब्ड एंड एक्जामिंड' (1898) का अमेरिका से पुनर्मुद्रण हुआ है। इसके तीसरे खंड में 'रामायण' ग्रंथ की भूमिका में मोनियर विलियम्स, राल्फ ग्रिफिथ आदि यूरोपीय विद्वानों के मत देते हुए कहा गया है, 'आर्यों के गंगा तट पर आकर बस जाने के बाद किसी समय आक्रमणकारियों के एक दल ने किसी वीर पुरुष के नेतृत्व में पहाड़ों की बर्बर जनजातियों और वनवासियों को लेकर दक्षिण भारत पर हमला किया। यह कथा ही रामायण में काव्य रूप

प्राप्त करती है।' यह एक मनगढ़ंत इतिहास है, पर इसका दक्षिण भारत में खूब प्रचार किया गया।

उसी दौर में बनारस कालेज के प्रिंसिपल और रामायण का अनुवाद करने वाले राल्फ ग्रिफिथ का मत आया, 'रामायण महाकाव्य में दो परस्पर भिन्न स्रोतों और सभ्यताओं की नस्लों– आर्यों और द्रविड़ों के बीच युद्ध का वर्णन है।' (वही)। यूरोपीय विद्वानों के ऐसे ही विचारों की रोशनी में कुछ द्रविड़ नेताओं ने रावण को द्रविड़ के रूप में प्रचारित किया और राम को आर्य आक्रमणकारी बताया। गजब है कि समुद्र मंथन, क्षीर सागर, रामसेतु, रावण का हिमालयवासी भाई कुबेर मिथ हैं, पर दस सिर वाला रावण इतिहास है। दरअसल धार्मिक कथा को इतिहास में बदलकर तमिल जनमानस में उत्तर भारत के विरुद्ध विद्वेष बढ़ाया गया, कटु मनोवैज्ञानिक विभाजन पैदा किया गया, जिसकी तरफ ध्यान जाना चाहिए।

इन उदाहरणों से सतर्क होना चाहिए कि इतिहास का भेदभावपूर्ण, निरंकुश और दमनमूलक सत्ता के लिए कितना बुरा इस्तेमाल हो सकता है और ऐसा इस्तेमाल बूमरैंग करता है। इतिहास अतीत से शिक्षा पाने के लिए है, पर यह लड़ने-लड़ाने का औजार बना दिया जाता है। तिल ताड़ हो जाता है और ताड़ तिल!

हिंदू धर्म के इतिहास की औपनिवेशिक निर्मिति ने इस धर्म की विविधता, इसके भीतर के आलोड़नों-नवोन्मेषों और विस्तृत साहित्यिक गौरव की उपेक्षा की। प्राचीन क्लासिकल साहित्य की नस्लवादी व्याख्या हुई, भारत के भक्ति आंदोलन को खंड-खंड करके देखा गया और उसके उच्च-सामाजिक अभिप्राय से लोगों की विच्छिन्नता बढ़ाई गई। यह साम्राज्यवादी दृष्टियों का असर है कि हर मामले में भिन्नता पैदा करके 'दूसरे' से विद्वेष बढ़ाने के लिए इतिहास लिखे जाने शुरू हुए। एक अंध-राष्ट्रवाद दूसरे अंध-राष्ट्रवाद के लिए, एक धर्मांधता दूसरी धर्मांधता के लिए और एक सांस्कृतिक तोड़फोड़ दूसरी सांस्कृतिक तोड़फोड़ के लिए खाद बनी। अंततः हमारे देश में सामाजिक घृणा सैकड़ों मशालों की तरह जल उठी।

यूरोपकेंद्रित सोच के भारतीय विद्वानों को हिंदू धर्म नस्लवाद और उत्पीड़न-आधारित जाति व्यवस्था से भिन्न नहीं दिखा। कई बुद्धिजीवियों

की धारणा है कि हिंदू धर्म 19वीं सदी के यूरोपीय प्राच्यविदों की देन है, जिसे देशी राष्ट्रवादियों और सांप्रदायिक तत्वों ने लपक लिया। कई बार हिंदू धर्म को एक धर्म मानने तक से इनकार किया गया। 'पोस्ट हिंदू इंडिया' (कांचा इलैया) जैसी वायवीय और सनसनीखेज कल्पना भी की गई। ऐसी कल्पना आज कितनी बुरी दशा में है! हाल की एक बड़ी घटना हिंदू कट्टरवाद का प्रचार है, जिसका मुख्य उद्देश्य लोगों का वर्तमान बहुराष्ट्रीय कंपनियों की चालाकी और सामाजिक-लैंगिक अन्यायों से ध्यान हटाना है। मानव शरीर में वायरस घुसता है तो हजारों की मौत होती है, धार्मिक आस्था में वायरस घुसने पर एक सभ्यता मरने लगती है।

देखा जा सकता है कि इन दिनों इतिहास लेखन पर नए तरह के दबाव हैं, जब धर्म के आख्यानों को उसी तरह इतिहास बनाने की कोशिश है, जिस तरह अंग्रेजों के औपनिवेशिक काल में थी। इन दिनों तथ्य-प्रधान इतिहास की जगह ले रहा है भावना-प्रधान इतिहास। अब भावना ही प्रमाण है। कृत्रिमताएं ही ऊपर उठने की सीढ़ियां हैं। झूठ ही राजपथ है। यह सब वैश्वीकरण के युग में घटित हुआ, जिसे कभी पारदर्शिता लाने वाले युग के रूप में देखा जा रहा था।

कथा को इतिहास बनाकर सुनाने से कथा सच्ची घटना प्रतीत होती है। पहले रावण इतिहास बना था, महिषासुर इतिहास बना था, तमाम दस्यु, दानव और राक्षस इतिहास के तथ्य के रूप में देखे जाने लगे थे। अब राम, कृष्ण, शिव और प्राचीन महाकाव्य इतिहास के रूप में देखे जाने लगे। धार्मिक कथाओं को इतिहास के रूप में देखने के काम बौद्धिक उपनिवेशवाद से आक्रांत आधुनिक बुद्धिजीवियों ने ज्यादा किए या एक दूसरे कोण से धार्मिक कट्टरवाद से आक्रांत सांप्रदायिक बुद्धिजीवियों ने, यह तय करना मुश्किल है। इससे नुकसान यह हुआ कि हिंदू धर्म की सांस्कृतिक मानवतावादी परंपराओं को ओझल कर दिया गया।

रामायण में एक जगह बुद्ध को चोर कहा गया है, जबकि रामायण काल में बुद्ध नहीं थे। इस महाकाव्य में एक जगह सीता और राम के बीच अहिंसा और हिंसा पर बहस है, जो बुद्ध की अहिंसा के संदर्भ में है। इसका अर्थ है, कोई भी प्राचीन महाकाव्य या ग्रंथ ऐसा नहीं है जो किसी

एक रचनाकार के जीवन काल में बना है। रामायण और महाभारत दोनों विकसनशील महाकाव्य हैं, इतिहास नहीं हैं। इसके अलावा, वे सैकड़ों साल तक मौखिक परंपरा में रहे हैं, उनमें कुछ न कुछ जुड़ता रहा है।

बुद्धिजीवियों द्वारा धर्म और इतिहास को महज पहचान के लिए इस्तेमाल करना धर्म को मूल्य व्यवस्था और इतिहास को तथ्य और तर्क-आधारित अध्ययन रहने नहीं देना है। यदि धर्म और इतिहास का सही में पहचान देने जैसा कोई काम है तो यह मनुष्य को मनुष्य की पहचान देने का काम है। यदि आदमी समुद्र के विस्तार से सिर्फ घोंघे चुनेगा और घोंघा बसंत बनकर किनारे बैठ जाएगा तो इसमें समुद्र का क्या दोष!

कई भारतीय बुद्धिजीवी 19वीं-20वीं सदी के धार्मिक सुधार आंदोलन को उच्च वर्ण के हिंदुओं के आंदोलन के रूप में और कई बार सिर्फ राष्ट्रवाद से प्रेरित आंदोलन के रूप में देखने लगे थे। यह दृष्टि मुख्यतः जाति और स्थानीयता-आधारित सबाल्टर्न अध्ययनों से प्रेरित थी, जिनमें सुधार के नागरिक प्रयासों, 'राष्ट्र' की उदारवादी धारणा और उपनिवेशवाद-विरोधी राष्ट्रीय आंदोलन को सामान्यतः नकारा गया। इन अध्ययनों के सैद्धांतिक औजार 'पहचान' और 'पृथकता' हैं। इनमें 'संपूर्णता' तथा 'आलोचनात्मक समावेशिकता' की उपेक्षा है, खंड ही समग्र बनकर उपस्थित है। ऐसे अध्ययन में राष्ट्र को खलनायक बना दिया जाता है। इस दृष्टि कोण से लिखे गए इतिहास में बहुत कुछ अर्थपूर्ण होने के बावजूद सभी वंचित जनों की राष्ट्रीय एकता, नीचे से राष्ट्रीय एकता और 'अ-पर' को लेकर चिंताएं नहीं होतीं।

नवजागरणकालीन सुधार आंदोलन की तरह भक्ति आंदोलन का भी उत्तर-आधुनिकतावाद, उत्तर-औपनिवेशिक विमर्श और सबाल्टर्न अध्ययन की जमीनों से अंधा विरोध हुआ, जबकि भक्ति काव्य और सुधार आंदोलन के अंतर्विरोधों को देखने के साथ उनकी उपलब्धियों का भी मूल्यांकन होना चाहिए था। ऐसे आत्मघातक अंध-बुद्धिवादी अध्ययनों की खूबी है– जिसकी लाठी उसका इतिहास!

21वीं सदी में देवकथाओं को इतिहास बताकर नए सिरे से जो प्रचार शुरू हुआ, वह उपर्युक्त औपनिवेशिक तथा एकरेखीय विमर्शवादी

परंपराओं का ही एक नया सिलसिला है। तुम्हारे लिए रावण या महिषासुर इतिहास है तो हमारे लिए गणेश का सिर प्लास्टिक सर्जरी है। गांधारी के सौ पुत्र टेस्ट ट्यूब शिशु हैं। बलराम का जन्म वासुदेव की पहली पत्नी रोहिणी में भ्रूण स्थानांतरण का नतीजा है। ब्रह्मास्त्र मिसाइल हैं। पुष्पक विमान हवाई जहाज है। धार्मिक कथाओं को विज्ञान बनाकर ऐसे न जाने कितने उन्माद भरे वक्तव्य सामने आए हैं। विचित्र है कि शिक्षित लोग और उच्च पदस्थ शासक भी इस तरह की निर्बुद्धिपरक बातें कहने लगे। बड़ी संख्या में शिक्षित लोग आंख मूंद कर यह सब मानने लगे। सचाई जानने वाले काफी लोग लोभ या भय से चुप रहे। सचाई से आंख मूंदने का एक अभूतपूर्व युग आ गया!

इतिहास दो चीजों पर आधारित होता है– तर्क और क्रम, जबकि धर्म में विश्वास की प्रधानता होती है। धार्मिक कथाओं में तर्क मायने नहीं रखता और क्रम नहीं होता। इसके अलावा, प्राचीन ग्रंथों का काल निर्धारण अनुमान का मामला है। धार्मिक कृतियों के रचना काल के मामले में दो-चार सौ सालों का फर्क मामूली बात है। यदि गर्व ज्यादा हो तो वेदों को 10 हजार साल प्राचीन बताया जाता है, अपौरुषेय कहा जाता है।

आमतौर पर प्राचीन भारतीय ग्रंथ दो-तीन हजार साल तक मौखिक परंपरा में रहने के बाद लिपिबद्ध हुए। उनके कई रूपभेद मिले हैं। इसलिए किसी भी धर्मग्रंथ या धार्मिक कथा का मूल जानना असंभव है। किसी खास रूप को मूल मानना भोलेपन के सिवाय कुछ नहीं है। ऐसी स्थिति में किसी भी धर्म के वैज्ञानिक अध्ययन का दावा निरर्थक है। हम आज ज्यादा अच्छी तरह समझ सकते हैं कि अवैज्ञानिक चीजों के प्रचार के लिए विज्ञान को और अनैतिहासिक चीजों के प्रचार के लिए इतिहास को किस तरह उपकरण बनाया जाता है।

भारत का अतीत बौद्धिक उपनिवेशवाद से आक्रांत अंग्रेजीदां बुद्धिजीवियों के लिए ही नहीं, उत्तर-आधुनिक विमर्शवादियों तथा अंध-राष्ट्रवादियों के लिए भी खेलने की वस्तु रहा है। इसकी शिक्षा उन्हें उपनिवेशवादी प्राच्यविदों से मिली है। कहा जा सकता है कि अंध-राष्ट्रवादियों ने पश्चिमी विद्वानों से सीखकर ही तथ्यों की जगह कल्पना के

आधार पर भारत का एक शत्रुतापूर्ण अतीत पुनर्निर्मित किया और धार्मिक कथाओं को इतिहास तथा विज्ञान बना कर उपस्थित किया। उनकी दृष्टि भारत की निरंतरताओं के साथ-साथ समावेशिकता, पुनर्रचनात्मकता और सामान्य राष्ट्रीय मनोरथ की ओर नहीं गई।

एक यूरोपीय विद्वान जार्न्स्टजेरना मैग्नेस फ्रेडरिक फर्दिनांद ने 'द थियोगोनी ऑफ हिंदूज' (1844) में हिंदू देवताओं की वंशावली दी है। दरअसल प्राच्यविदों के अंतरराष्ट्रीय कांग्रेस की शुरुआत पेरिस में 1873 से हुई हो, उनकी पूर्व को परिभाषित करने की औपनिवेशिक कारीगरी काफी पहले शुरू हो गई थी। उनकी एक रूमानी धारा भारत के प्राचीन ग्रंथों में अंतरिक्ष विज्ञान, मेडिकल साइंस, मिलिटरी साइंस आदि ढूंढ़ती थी। इसका असर भारतीय राष्ट्रवादियों की पुनरुत्थानवादी चेतना पर पड़ा था। वे अंग्रेजी राज में वर्तमान को लेकर 'शोक' में थे तो अतीत को लेकर 'दंभ' से भरे थे।

उस दौर में यह धारणा लोकप्रिय होने लगी कि दर्शन, विज्ञान और सभ्यता-संबंधी सारी चीजें भारत से ही यूरोप और अरब देशों में गईं। इस गर्वबोध के कारण आदान-प्रदान को सिर्फ प्रदान के रूप में देखा गया। अज्ञानता की कथा का एक क्लाइमेक्स यह है कि ईसा हिंदुस्तान आए थे और वे राजगृह, काशी और जगन्नाथपुरी आदि स्थानों में घूमते रहे। ऐसे ही भ्रामक प्रचारों से प्रभावित होकर मैथिलीशरण गुप्त ने लिखा था, 'धीरे-धीरे पश्चिमी विद्वान मानने लगे हैं कि प्राचीन भारतवर्ष खूब उन्नत अवस्था में था और इसी ने यूरोप में तरह-तरह की विद्या, कला और अन्य बहुत-सी वस्तुओं का प्रचार किया था।' (भारत भारती)। निश्चय ही ध्यान में रखना चाहिए कि मैथिलीशरण गुप्त जैसे देशप्रेमियों के पुनरुत्थानवाद और 21वीं सदी के नव-पुनरुत्थानवाद के बीच फर्क है। उनके जमाने के पुनरुत्थानवादी लोग अंग्रेजों से लड़ रहे थे, जबकि अब के पुनरुत्थानवादी पश्चिम की बहुराष्ट्रीय कंपनियों के आगे गलीचे की तरह बिछ गए हैं।

यूरोपीय उपनिवेशक भारत के लोगों को 'इंडिजेनस' (देशी/गँवार) और यहां की राष्ट्रीय भाषाओं को 'वर्नाकुलर' (गुलामों की भाषा) कहते थे। देश के बुद्धिजीवी उनकी ऐसी अवमाननापरक धारणाओं को लंबे

समय तक ढोते रहे हैं। उपनिवेशकों द्वारा निर्मित 'पहचान' की पृथकतावादी धारणाएं आज भी कई लेखकों और शिक्षित लोगों को आकर्षित करती है। इस पर सोचना चाहिए कि क्यों भारत पिछले दो सौ सालों से सिद्धांतों का आयातकर्ता देश बना हुआ है, क्यों एक भी सिद्धांत भारत से पश्चिम में नहीं गया!

विदेशी विद्वानों के एक वर्ग को भारत धर्मों का अजायबघर लगता था। उनकी दृष्टि में भारत की बहुलतापरक धार्मिक आस्था इस देश में भिन्नता पैदा करने के लिए औपनिवेशिक खाद थी। उन्होंने कथाओं को तथ्य बना दिया। यही वजह है कि वस्तुपरकता के नाम पर एकेडेमिक इलाके में घनघोर आत्मपरकता पनपी और आज यह चरम पर है। भारत को समग्रता में न देखकर इसके प्रति हिकारत की भावना अनगिनत अंग्रेजीदां भारतीय बुद्धिजीवियों, अति-शिक्षित नागरिकों और प्रवासियों में रही है। उनसे क्षुब्ध हिंदुओं को कथाओं को इतिहास बनाना एक मिथ्या तृप्ति देता है। उनकी अतीतांधता पश्चिम-विमुग्धता की तरह ही एक असाध्य बीमारी है।

हाल के दशकों में हिंदू धर्म पर विदेशियों के कई अध्ययन सामने आए हैं। निश्चय ही उनकी विपुलता ही नहीं, उनका खोजपरक श्रम सराहनीय है, कई आलसी भारतीय विद्वानों के काम के समानांतर। फिर भी शायद ही उनके शोध हिंदू धर्म को, इसके सांस्कृतिक मानवतावाद को कभी अच्छी तरह स्पष्ट कर पाए हों। उन प्राच्यविदों ने 'महान परंपरा-लघु परंपरा' जैसे कई भ्रामक फ्रेम बनाए और भिन्नता पैदा करने वाली चीजें ज्यादा सामने रखीं।

पहले विश्व युद्ध के दौरान और इसके बाद पश्चिम में कुछ ऐसे भी बुद्धिजीवी हुए, जो इस पर जोर दे रहे थे कि एक सभ्यता दूसरी सभ्यता को समझे, सभ्यताओं के बीच टकराव की जगह सभ्यताओं का संवाद हो, क्योंकि तभी एक सभ्यता खुद अपने को भी ठीक से समझ सकती है। ये बुद्धिजीवी एकतरफा पश्चिमी सोच के विरुद्ध थे और जलियांवाला बाग (1919) जैसी घटनाओं के भी विरोधी थे। ई. एम. फॉर्स्टर ने अपने उपन्यास 'ए पैसेज टु इंडिया' (1924) के पहले संस्करण में पूछा था,

'प्रेम ही ईश्वर है, क्या यही भारत का पहला संदेश है?' अगले संस्करण में उन्होंने उपर्युक्त पंक्ति बदल दी, 'प्रेम ही ईश्वर है, क्या यही भारत का अंतिम संदेश है?' जब पश्चिमी बुद्धिजीवियों द्वारा भारत को सही परिप्रेक्ष्य में समझने की थोड़ी-बहुत शुरुआत हुई, लगभग उसी समय से भारत के कई विद्वानों, बुद्धिजीवियों और नेताओं ने अपने देश को भूलना शुरू कर दिया!

पौर्वात्यवादियों की विवेचना में आमतौर पर हिंदू धर्म अंधों का हाथी है। जिसने जिस अंश को छुआ, उसे ही वह संपूर्ण मान बैठा या उतने को ही सार्थक समझकर बाकी को बेकार घोषित करने में लग गया। कोई विद्वान जब अपने बौद्धिक अहंकार से भरकर 'अन्य' के धर्म को देखता है, वह इसकी प्रकृति, अंतर्भावना, क्षमताओं और विडंबनाओं को समझ नहीं पाता। उसका अध्ययन उसकी भाषाशास्त्रीय, नृतात्विक और समाजवैज्ञानिक विद्वत्ता की क्रीड़ा भर होता है। वह अपने उद्देश्य के अनुसार निष्कर्ष पहले सोच लेता है, फिर मनोनुकूल तथ्यों को खोजता और चुनता है तथा बाकी तथ्यों को छोड़ देता है। यह समझना मुश्किल नहीं है कि एक मानवीय भविष्य-दृष्टि के बिना न भारत के अतीत को समझा जा सकता है और न समाजविज्ञान अर्थपूर्ण हो सकता है।

हिंदू धर्म की व्याख्या में ब्राह्मणवाद, ब्राह्मण परंपरा-श्रमण परंपरा, आर्य-द्रविड़ संघर्ष, आदर्शवाद बनाम भौतिकवाद, सभ्यता का मिशन, खंड-खंड राष्ट्र, उच्च संस्कृति-निम्न संस्कृति, हिंदू राष्ट्रवाद जैसे कठोर विभाजनों का इस्तेमाल हुआ है। इन विभाजनों की भारत की विवेकपरक समावेशी बौद्धिकता को प्रदूषित करने में एक बड़ी भूमिका है। ऐसी ही चीजों ने ज्ञान-विज्ञान और तकनीकी विकास के युग में इस देश को सामाजिक विभाजन और परस्पर विद्वेष के एक नए मोड़ पर ला खड़ा किया है। इस तरह यूरोपकेंद्रिक औपनिवेशिक सोच या 'ओरियंटलिज्म' का बीज एक बड़े विषवृक्ष का रूप धारण कर गया है। औपनिवेशिक पॉलिमिक्स से ही हिंदू पॉलिमिकल विखंडन के नए-नए रूप निकले तथा 'सत्ता संघर्ष के लिए सामाजिक विभाजन' सामने आए।

इतिहास लिखा ही जाता है सत्ता की आकांक्षा से, चाहे वह औपनिवेशिक दृष्टि से लिखा गया इतिहास हो, राष्ट्रीय इतिहास हो या सबाल्टर्न इतिहास। हर इतिहास में तथ्यों के साथ कुछ स्वप्न होते हैं, उसी तरह कुछ दुःस्वप्नों के बीज भी। हर इतिहास स्वप्नों और दुःस्वप्नों का अभिलेख है। किसी इतिहास की सार्थकता इस पर निर्भर है कि उसमें 'पर' के साथ 'अपर' का बोध कितना विस्तृत है। हर नया युग अपना इतिहास लिखता है, जिस तरह आज भी कहीं-कहीं लिखा जा रहा है और कुछ दुःस्वप्न भी तैयार हो रहे हैं।

आज हमारे देश और एक तरह से दुनिया में दो चीजें गहरे संकट में हैं : इतिहास और विज्ञान, क्योंकि न इतिहास सामाजिक चेतना का अंग बन सका और न विज्ञान। आज इतिहास की एक नई धारा की जरूरत है, जो नेशनल और सबाल्टर्न के बीच संवाद की हो सकती है। अब इन्हें दो भिन्न धाराओं की जगह एक ही नदी के दो किनारों के रूप में देखना चाहिए।

अतीत आफत है तो ताकत भी है

उपर्युक्त संदर्भ में उल्लेखनीय है कि हिंदू धार्मिक कट्टरवाद ने जब- जब उदारवाद की परंपराओं को दबाना चाहा है, इस देश की सभ्यता में संकट पैदा हुआ है। वेदांत, बौद्ध धर्म और भक्ति आंदोलन मुख्यतः धार्मिक कट्टरवाद से संघर्ष की देन रहे हैं। धार्मिक कट्टरवाद 19वीं-20वीं सदी में भी मौजूद रहा है, कभी प्रबल रूप में और कभी दबे-छिपे रूप में। कहना न होगा कि धार्मिक कट्टरताओं का, चाहे वह हिंदू कट्टरवाद हो या मुस्लिम कट्टरवाद, समाज पर हमेशा बुरा प्रभाव पड़ा है। इससे समाज में अशांति बढ़ी है। भारतीय सभ्यता भौतिक रूप से विकसित होती गई, पर बौद्धिक-नैतिक रूप से खोखली होती गई। ज्ञान पर अज्ञानता भारी पड़ती गई।

एक भारतीय विडंबना यह है कि लोग जिन बुराइयों से लड़ते रहे हैं, उन्हीं में अगली पीढ़ियां मिश्रित हो जाती रही हैं। यही वजह है, 21वीं सदी में मनुष्य को 'निर्बुद्धिपरक पौराणिक विश्वास' और 'बुद्धिपरक उत्पादन पद्धति' की करुण साझेदारी में जीना पड़ रहा है। जीवन दृष्टि के मामले

में बुद्धिवाद का अता-पता नहीं है, पर जीवन शैली के स्तर पर तकनीकी बुद्धिवाद बढ़ा-चढ़ा है।

देखा जा सकता है कि आज एक तरफ अति-आधुनिक कंप्यूटर है, दूसरी तरफ अंधविश्वास को बढ़ावा है। हिंदू लोग आधुनिक उपभोक्ता संसार में अपने जड़ीभूत पौराणिक विश्वासों से मुक्त नहीं हो पाए हैं। वे पुराकथाओं के कल्पनाशील पुनःसृजन की महान कला-साहित्यिक परंपराओं से भी कट गए हैं। उन्हें अजंता और एलोरा की सुंदर गुफाएं प्रेरणा नहीं दे पातीं। उन्हें भक्त कवियों के वे गान अच्छे नहीं लगते, जो तन्मय करते हैं। अब 'तन्मयता' की जगह 'शोर' है, डीजे है। आज के धर्मध्वजधारियों को सभी प्राणियों के प्रति दया, चोरी न करने, झूठ न बोलने, यौनिक बुराइयों से बचने या बौद्ध पारमिताओं से मतलब नहीं है। उन्हें बुद्धि-विवेक, प्रेम, ईमानदारी और करुणा जैसे मूल्यों को जीवन का हिस्सा नहीं बनाना। उन्हें भक्ति आंदोलन और नवजागरण के आदर्शों की परवाह नहीं है। उन्हें इन युगों की महान कोशिशों को नहीं समझना है।

इसलिए आज सांस्कृतिक क्षय के अभूतपूर्व दृश्य हैं। मनुष्य का जीवन आधुनिक और धार्मिक दोनों किस्म की विकृतियों का भंडार है। इसकी एक बड़ी वजह आज के लोगों को साहित्य की प्राचीन और आधुनिक परंपराओं से विच्छिन्न किया जाना है। आज भारत में मानवतावाद का सांस्कृतिक इतिहास मिटाया जा रहा है और मीडिया के बल पर बहुत कौशल-पूर्वक भिन्नता की राजनीति का प्रचार किया जा रहा है। इन विकट स्थितियों में धर्म के संबंध में ऐसे विचारों की जरूरत है जो भारत के लोगों को जड़ता में रखने की जगह सोचने के लिए प्रेरित करें और कल्पनाशील बनाएं।

लोग वस्तुतः अपर, बसवण्णा, तुकाराम, चैतन्य, शंकरदेव, सूर, कबीर, तुलसी, मीरा जैसे भक्त कवियों से ही विच्छिन्न नहीं हैं, उन्हें 'अंधेर नगरी', 'रंगभूमि', 'कामायनी', 'राम की शक्ति पूजा', 'शृंखला की कड़ियां', 'झूठा-सच', 'उर्वशी', 'असाध्य वीणा', 'अंधायुग', 'अंधेरे में', 'जूठन' और भारतीय साहित्य की विभिन्न आधुनिक परंपराओं की श्रेष्ठ कृतियों से भी

लेना-देना नहीं है। उन्हें सामान्यतः साहित्यिक किताबों और पत्रिकाओं से कुछ भी लेना-देना नहीं है, नगरों में समय-समय पर होतीं साहित्यिक सभाओं-संगोष्ठियों और कला प्रदर्शनियों से भी कुछ लेना-देना नहीं है। अब फेसबुक, वीडियो गेम और यूट्यूब ही दुनिया है!

देखा जा सकता है कि कइयों के लिए धर्म अब जयकारे, मनोरंजन और भजन-भोजन का मामला है या वह युद्धास्त्र है जिसका इस्तेमाल सामाजिक भेदभाव बढ़ाने के लिए ही नहीं किया जाता, ज्ञान की महान भारतीय परंपराओं को छिपाने के लिए भी किया जाता है। ऐसा होता है, क्योंकि संस्कृति राजनीति का अनुचर बना ली जाती है और खुद राजनीति बाजार का दास हो जाती है।

कहना न होगा कि भारत के लोगों के साथ अतीत हमेशा रहा है। अतीत का विविध जगहों पर विविध रूपों में पुनःसृजन होता रहा है। किसी भी देश में खासकर भारत जैसे गहरी और उलझी सांस्कृतिक जड़ों वाले देश में, अतीत आफत है तो ताकत भी है। अतीत से बचना संभव नहीं है और उसे अपनी छोटी-छोटी रस्सियों से बांधना भी!

हिंदू धर्म है स्वायत्तता के साथ सहयात्रा

हिंदू धर्म की श्रेष्ठ परंपराओं का जन्म राजनीति के गलियारों में नहीं, लोक जीवन में हुआ है। महावीर और गौतम बुद्ध ने भी धर्म का बोध तब किया, जब वे राजमहलों से निकलकर जंगलों से गुजरे, आश्रमों में रहे और विभिन्न मत के लोगों से संवाद किया। हिंदू धर्म की विरासत में न जाने कितने ऋषियों-मुनियों, दार्शनिकों-कवियों द्वारा सत्य की खोज शामिल है। हिंदू धर्म एक अटूट यात्रा है। पुराचरित्र सत्य हरिश्चंद्र और प्रह्लाद से लेकर आज तक का भीतर-बाहर का असमाप्त आत्मसंघर्ष उसमें शामिल है। हिंदू धर्म के हर मोड़ पर इस पर बहस है कि धर्म क्या है और क्या नहीं है। उसमें अंधकार को चीरकर आलोक को पहचानने की कोशिशें हैं। कई धर्मोन्मादी उल्लसित हो सकते हैं कि उन्होंने धर्म को मुद्दा बना दिया, जबकि यही अवसर है जब लोग धर्म की जड़ों में उतर इसकी वास्तविकताओं को जानेंगे।

याज्ञवल्क्य ने सैकड़ों साल पहले धर्म के लक्षण बताए थे– अहिंसा, सत्य, ईमानदारी, पवित्रता, इंद्रिय नियंत्रण, दान, दया, तप और सहिष्णुता। दुनिया का कोई धर्म नहीं है जिसमें ये बुनियादी मूल्य न हों। याज्ञवल्क्य ने, अपने समय में यही कहना चाहा था कि जिसके होने से मनुष्य मनुष्य है और जिसके न होने से मनुष्य मनुष्य नहीं है, वह धर्म है। हिंदू होने का अर्थ है उपर्युक्त आदर्शों के रास्ते से अपने जीवन को ईश्वरता की ओर उन्मुख करना। यह संसार के एक-एक व्यक्ति को प्रेम, स्वतंत्रता और न्याय का अहसास कराना है। यह धर्म को मरने-मारने के हथियार की जगह बुद्धि की रोशनी में देखना है। आज हर हिंदू को अपने से पूछना चाहिए कि उपर्युक्त आदर्शों के संदर्भ में वह कितना हिंदू है और उसमें हिंदू धर्म कितना बचा हुआ है।

21वीं सदी के समाज में भी स्त्री का उत्पीड़न होता है। कई बार उसे रास्ते पर नंगा घुमाया जाता है। गरीबों, दलितों-पिछड़ों के प्रति अकसर हिंसा होती है। उन्हें पीटा जाता है और उनके घर जला दिए जाते हैं। एक ही राज्य में कुछ लोग बाहरी घोषित कर दिए जाते हैं। आज प्रेम की जगह घृणा में, योग्यता की जगह अंध-वफादारी में और ईमानदारी की जगह हिंसा में ताकत ज्यादा है। छोटे-छोटे बच्चों तक इतिहास का जहर पहुंच रहा है और 'साझा जीवन-साझी संस्कृति' एक खो रहा स्वप्न बनता जा रहा है।

ऐसे समाज में भले हाथ-हाथ में मोबाइल हो, घर-घर में कंप्यूटर हो, महानगरों में शिव के गले में सर्प की तरह झूलते फ्लाई ओवर हों, हर तरफ बुलेट ट्रेनें-हवाई जहाज हों, भौतिक गति हो, इतना सब होने पर भी यह एक अंधकारमय संसार है, क्योंकि बौद्धिक स्वतंत्रता नहीं है, नैतिक अंतःशक्ति नहीं है। किसी समाज में जब धर्म का अधिक शोर हो, सब होता है सिवाय धर्म के। वस्तुतः आज जिस हिंदू में धर्म बचा है, वह बहुत अकेला है। वह भीड़ और शोर के बाहर है!

हिंदू धर्म मनुष्य जाति को उच्च आदर्शों की ओर उन्मुख करने के लिए है। लेकिन वेदों से लेकर 21वीं सदी के बौद्धिक संसार तक, ज्ञान का एक बड़ा भंडार रहते हुए भी आमतौर पर जितनी बौद्धिक मूर्च्छा में हिंदू लोग रहे हैं, उसकी मिसाल नहीं है। मंदिरों के टूटने के ऐतिहासिक

चिह्न मिल जाएंगे, लेकिन स्त्रियों और निम्न जातियों पर सदियों के अत्याचार के चिह्न कहां मिलेंगे?

आधुनिक समय में विज्ञान ने धर्म को राजनीति से अलग करने में सफलता पा ली थी, पर नए दौर में राजनीति ने धर्म को विज्ञान से अलग कर दिया। इसकी एक वजह यह है कि शिक्षितों का बुद्धिवाद पिछले कई दशकों से सहृदयता खोकर यांत्रिक और एलीट-केंद्रिक होता गया। दूसरी वजह, धर्मनिरपेक्षता का ईमानदारी से संबंध टूट जाना है, धर्मनिरपेक्षता और भ्रष्टाचार का अविभाज्य हो जाना है। यहां तक कि अब अपने सामान्य मानवीय स्वाभिमान की भी परवाह नहीं की जाती, यदि कोई पद और प्रतिष्ठा मिले। इस युग में लोभ बढ़ा है और शिक्षित माने जाने वालों की रीढ़ गल गई है।

महाभारत के उद्योग पर्व में है, 'धनुर्धर का फेंका बाण किसी मनुष्य को मारे या न मारे, एक बुद्धिमान व्यक्ति की चलाई गई दुर्बुद्धि राजा ही नहीं राष्ट्र को भी मार डालती है।' जब ऐसा संकट छाता है, उत्पीड़ित नागरिकों की बची हुई आखिरी पूंजी, उनकी धार्मिक आस्था पर डाका पड़ जाता है। इन दिनों धर्म राजनीति का कास्मेटिक्स बन गया है। राजनीतिक छिछलापन धर्म में भी छिछलापन ला रहा है। आस्था का समतलीकरण हो रहा है। धार्मिक मूल्यों की जगह धार्मिक पाखंड छा गए हैं। अब धर्म, राजनीति और बाजार का गठबंधन ही सब कुछ तय करता है। सवाल है, क्या हिंदू धर्म में इतनी शक्ति है कि वह अपने उच्च आदर्शों को मिटने से थोड़ा-बहुत रोक ले और सुधार लाए?

हर धर्म में मतांधता किसी न किसी रूप में है जिसका पोषण धर्म और राजनीति के क्षेत्र के क्षमतावान वर्ग करते हैं। 21वीं सदी में मतांधता का पुराना रूप नहीं है। पिछली सदी से भौतिकवाद तेजी से धर्म को गौण बनाए जा रहा था। इसके जवाब में इधर व्यापकता से धर्म का नया पुनरुत्थान हुआ है। हिंदू नव-पुनरुत्थानवाद धार्मिक रीति-रिवाजों के सनातन ढंग से पालन के अलावा एक ऐसी कठोर नैतिक व्यवस्था पर जोर देता है जो भीतर ही भीतर वर्ण व्यवस्था, पितृसत्ता, अंधविश्वास और 'भिन्नता की राजनीति' का पोषक है। कहा जा सकता है कि यह वेदांत, भक्ति आंदोलन तथा नवजागरण की महान परंपराओं को ध्वस्त

करना है। यह बौद्धिक स्वतंत्रता, सामाजिक सुधारों और मानवता के स्वप्नों को उजाड़ना है।

भारत के इतिहास और सांस्कृतिक विरासत को जब छिन्न-भिन्न करने की होड़ हो, सबसे अधिक जरूरी होता है उसका एक बौद्धिक खुलेपन के साथ पुनर्गठन!

मानव बुद्धि मरजीवा है। मनुष्य में अपनी विच्छिन्नता, उदासी और यातना से उबरने की असीम शक्ति है जो उसे अपनी सांस्कृतिक विरासत से मिलती है। आज भी ज्यादातर हिंदू ऐसे हैं जो आत्मज्ञान, सदाचरण और परोपकार को ही धर्म के रूप में देखते हैं। उन्हें आज भी भौतिक प्रलोभनों और डिजिटल घेराव के बीच सबसे ज्यादा प्रेम जीवन से है। वे विध्वंस के संगी नहीं हैं। उनमें सोचने और कल्पना करने की शक्ति है। उनमें पर्व-त्योहार तथा पवित्र अवसरों का आनंद उठाने की इच्छाएं हैं। उनमें कलाओं से प्रेम है। ये चीजें ऐसी हैं जो उन्हें कभी धार्मिक यंत्र बनने नहीं देंगी।

हिंदुओं की उपर्युक्त क्षमताएं उनके मनुष्य होने के चिह्न हैं। वस्तुतः उनके स्वप्नों में ही छिपी हैं धर्म के मानवीय मूल्यों को बचाने की असीम संभावनाएं। वे सभी लोग जो देश के लिए बड़े सपने देखते हैं, वे छोटी-छोटी दीवारें नहीं बनाते और किसी प्रलोभन में नहीं फँसते। सबसे महत्वपूर्ण बात है हिंदुओं की आस्थागत विविधता, यह धार्मिक केंद्रवाद पर एक बड़ा अंकुश है। हिंदुओं की विविधता की शक्ति ही उनके विश्वास की स्वतंत्रता, सृजनात्मकता और खुशियों को हमेशा बचाकर रखेगी।

आमतौर पर मनुष्य की प्रकृति जटिल है। यह नहीं हो सकता कि किसी के मन में प्रेम भरा हो तो वह कभी घृणा न व्यक्त करे और किसी के भीतर घृणा भरी हो तो उसमें कभी प्रेम पैदा न हो। एक त्यागी के भीतर भी कभी लालच पैदा हो सकता है और एक लालची के मन में कभी भी अचानक त्याग की भावना आ सकती है। हिंदुओं की प्रकृति सामान्य मानव प्रकृति से भिन्न नहीं है। यह विश्वास रखना चाहिए कि उनका विवेक एक दिन उन्हें धर्माडंबर से बाहर निकालकर धर्म से जोड़ेगा।

हिंदुओं की विविधता का एक रोचक प्रतीक है मोरपंख, जो एक अनोखी रंगशाला है। मोरपंख का संबंध मोर से है जो बादलों के घिरने पर आनंद से भरकर स्वतंत्रतापूर्वक नाचता है। मोरपंख का हर रेशा स्वायत्त है और वह बाकी सबके साथ भी है और तभी वह इतना सुंदर है। मोरपंख हिंदू धर्म का ही नहीं भारत का भी एक महान बयान है। वह एक संदेश है- स्वायत्तता के साथ सहयात्रा!

धर्म और भारतीय बुद्धिजीवी

दुनिया के धर्म भय और निराशा की देन हैं। ईश्वर जरूर लोगों के दुख से जन्मा होगा और आशा की किरण बनकर आया होगा। धर्म ही कभी खुले आसमान के नीचे जीवन के शिक्षालय थे, संवाद के स्थल थे, रोने की एकांत जगह और गाने के मंच थे। धर्म सृष्टि की उन चीजों की व्याख्या करते हुए आया जो मनुष्यों के लिए रहस्य से भरी थीं। धर्म मरने-मारने के लिए नहीं, सुख-शांति से जीने के लिए था।

हमारे देश के कई बुद्धिजीवियों ने धर्म के बारे में हड़बड़ी से काम लिया। उन्होंने स्थान-काल को देखकर इसकी उपलब्धियों और समस्याओं को सामने लाने की जगह धर्म के विरोध को ही 'धर्मनिरपेक्षता' समझ लिया। वे धर्म के विरोध के साथ भारतीय परंपराओं के भी अंध-विरोधी हो गए। वे प्राचीन भारतीय साहित्य, भक्ति आंदोलन और नवजागरण पर आरोप लगाकर उन्हें खारिज करने लगे। वे कई बार आम जनता से खीझ उठते थे, वह एक आत्म-अचेत भीड़ नजर आती थी। ऐसे अंध-बुद्धिवादी रुख ने समाज में सांस्कृतिक सुधार की प्रक्रिया तेज करने की जगह कट्टरताओं को मजबूत किया। धर्मनिरपेक्षता जितनी विशिष्टवर्गी होती गई, धार्मिक कट्टरता जनमानस को उतनी अधिक जकड़ती गई। 21वीं सदी का परिदृश्य यही है और यह एक विपर्यय है।

1974 में मध्य प्रदेश कला परिषद ने 'संस्कृति और नियति' विषय पर एक संगोष्ठी आयोजित की थी। उसमें एक महत्वपूर्ण कन्नड़ लेखक यू. आर. अनंतमूर्ति ने अपने पर्चे में एलीट बुद्धिजीवी और आम जन के अंतर्विरोध को ब्राह्मण-श्रमण द्वंद्व के रूप में देखा था। उनका कहना था, ब्राह्मण और श्रमण दोनों ही पतनशील हो चुके हैं। दोनों दो

अलग संसारों में रह रहे हैं और उनके बीच संवाद नहीं है। आम जनता के रूढ़िवादी रुझानों पर खीझकर अनंतमूर्ति ने पूछा था, 'आखिर हमारी संस्कृति में और है भी क्या, जो हमें नई पहचान दे सके, अपने होने का एक बोध दे सके। कुछ नया साहसपूर्ण करने की उत्तेजना दे सके और कठोर संयम का अनुभव दे सके।' अनंतमूर्ति ने सामाजिक रूढ़ियों से दीर्घ भारतीय संघर्ष की उपेक्षा करते हुए यह सब कहा था। भारतीय संस्कृति की नकारात्मक विरासत को ही संपूर्ण संस्कृति मानकर उन्होंने जो चिंता व्यक्त की थी, वह भारतीय बुद्धिजीवी वर्ग की निष्क्रिय मनोव्यथा की अभिव्यक्ति थी। उन्होंने कहा था, 'मैं तो केवल यही जानता हूं कि जिस तरह के नैतिक वातावरण में मैं जी रहा हूँ, वह असंतोष पैदा करता है। इस असंतोष का एक हिस्सा यह है कि मुझे नहीं पता कि वह मुझे कहां ले जा रहा है।' भारतीय बुद्धिजीवी अपनी निजी विशिष्ट दुनिया से थोड़ा बाहर निकलकर देश की व्यापक जनता से संपर्क स्थापित करें, उसकी जीवंत विरासत को पहचानें और स्वप्नों को समझें, केवल तभी देश की मौजूदा निराशाजनक सांस्कृतिक स्थिति को नियति समझने की प्रवृत्ति से छुटकारा मिल सकता है।

हमारे सामने एक बड़ी चुनौती धर्म के उत्तर-आधुनिक विमर्श से टकराने की है, जो एक तरफ कट्टरवादी है, दूसरी तरफ उच्छेदवादी। शिक्षित लोगों का एक वर्ग हिंदू धार्मिक परंपराओं को रूढ़िवादी हिंदुत्व के उत्तर-आधुनिक चौखटे में सीमित करके देखता है। दूसरा वर्ग बौद्धिक आत्मदंभ में धर्म के बिलकुल तिरस्कार का रास्ता चुनता है। वह जनता की धर्मप्राणता को मूर्खता समझता है। वह धर्म को अफीम मानने की दृष्टि के दूसरे पक्ष को महत्व नहीं देता, जिसमें वह उत्पीड़ित मानवता की आह है, आखिरी भरोसा है!

धर्म के प्रति कट्टरवादी या उच्छेदवादी दृष्टिकोण अपनाने की जगह यह देखने की जरूरत है कि सेकुलर विचारधाराओं के अभाव में भी इस देश की अनगिनत धार्मिक परंपराओं ने किस तरह मनुष्यत्व को परिभाषित किया और अपनी ऐतिहासिक सीमा में बताया कि अच्छाई क्या है और बुराई क्या है।

यह भी देखने की जरूरत है कि धर्म किस तरह उत्पीड़ित मनुष्य की आह ही नहीं, समय-समय पर अन्याय के खिलाफ उत्पीड़ित जन के प्रतिरोध की आवाज भी बना। आज भी ईश्वर की धारणा ने बहुत से लोगों में सामाजिकता, सुंदरता की समझ और कर्तव्य-अकर्तव्य का बोध बचा कर रखा है। धर्म पर्व-त्योहार में उनके चेहरों पर खुशी लाता है, लोग आध्यात्मिक शांति का अनुभव करते हैं। निःसंदेह धर्म के भीतर से ही लंबे काल तक न्याय, नैतिकता और शांति की खोज हुई है। राजा नहीं सुनते थे, इसलिए देवता थे!

धर्म की अच्छाइयां समाज की ही अच्छाइयों और धर्म की बुराइयां समाज की ही बुराइयों के प्रतिबिंब हैं। एक समय कल्पना की जा रही थी कि विज्ञान धर्म की जगह ले लेगा, नहीं ले सका। राजनीति उसका विकल्प नहीं दे सकी। इसके बावजूद दुनिया भर में धर्म कठोरता से लचीलेपन की तरफ बढ़े। इस तरह भी सोचा गया कि हमें जरूरत धार्मिक दृष्टि की नहीं, धर्म के प्रति सही दृष्टि की है। धर्म में जब तक बहस थी, वह एक बहती नदी थी, क्योंकि उसमें सत्य की खोज थी। कट्टरवादी आदमी धर्म पर बहस नहीं चाहता, क्योंकि उसमें रूढ़ियों पर संदेह करने तथा सुधार और नवोन्मेष का साहस नहीं होता। उसकी नजर में उसका धर्म पूर्व-निर्धारित है, उसमें सुधार नहीं लाया जा सकता और सत्य सभी धर्मों में नहीं, सिर्फ उसके धर्म में है।

आज हर राजनीतिक सत्ता नौजवानों को यह समझाने में सफल है कि यदि वे बेरोजगार और निराश हैं या वंचित हैं तो इसके लिए जिम्मेदार 'हम' नहीं 'दूसरे' हैं। कुछ कहते हैं, सारी गड़बड़ियां पांच-सात सौ साल पहले के सुल्तानों और बादशाहों ने की हैं। वे यह स्थापित करते हैं कि धर्म ही लोगों की मुक्ति और गौरव की एकमात्र जगह है तथा शिक्षा, इतिहास, कला-साहित्य, सामाजिक ज्ञान, मीडिया और विज्ञान धर्म के अधीन होने चाहिए।

21वीं सदी में धर्म-संबंधी धारणाओं में एक बड़ा परिवर्तन यह आया है कि अब राज्य के अनुसार धर्म को होना है। जीवन के लिए

धर्म नहीं है, धर्म के लिए जीवन है। ईश्वर के गुणों के अनुसार अपने को ढालने की जगह अपने अनुसार ईश्वर को ढाल लेना है। धर्म अब राजनीति की वस्तु है, स्वायत्त खोज और आत्मबोध नहीं। इस काल में किसी शैक्षिक-सांस्कृतिक संस्थान की स्वायत्तता नहीं रह गई है, जो एक समय थी। समस्त ज्ञान राज्य के अधीन है, जबकि खुद राज्य मुक्त बाजार या बहुराष्ट्रीय कंपनियों के अधीन है। लोकतांत्रिक जलवे के बावजूद अब लोक के नियंत्रण में कुछ नहीं है।

धर्मसत्ता बनाम संस्कृति

हिंदू धर्म के वैष्णव, शैव और शाक्त संप्रदायों का एक समय राज्यसत्ता से संबंध रहा है। उदाहरण स्वरूप गुप्त काल के राजाओं का मुख्यतः वैष्णव धर्म से संबंध था। दक्षिण भारत में 12वीं सदी के चोल वंश के राजा शैव थे। वे इतने अनुदार थे कि वैष्णव मत के रामानुजाचार्य को दूसरे राज्य में भागना पड़ा था। असम में अहोम वंश के राजा जनजातीय आस्था से जुड़े थे। वे तांत्रिक बौद्धों को विशेष प्रश्रय देते थे। 15वीं सदी में वैष्णव भक्त शंकरदेव को अहोम राजा के अत्याचार से बचने के लिए भागना पड़ा था। असम में शाक्तों और वैष्णवों के बीच भी तनाव था। इन घटनाओं से लक्षित किया जा सकता है कि हिंदू धर्म से जुड़े कई सच्चे लोग हर युग में सत्ता से उदासीन थे। वे दंड पाकर भी अपनी ईश्वरीय भक्ति के साथ थे।

हर देश की उच्च परंपराओं पर आफत के दिन आए हैं, पर मानवता में गहरी जड़ें रखनेवाली संस्कृति अपने संकट से उबरी है। उच्च परंपराओं का पुनर्निर्माण हुआ है। नए सिरे से पता चला है, क्या अच्छा और क्या बुरा है। प्राचीन काल में धर्म में सहिष्णुता को अच्छा माना गया। यह 300 ईसा पूर्व अशोक द्वारा समवाय के प्रवर्तन से पता चलता है। बौद्ध अशोक ने सत्ता की हिंस्रता से अपने को मुक्त कर अच्छी संस्कृति के उदाहरण रखे। 400 ईसवी में हिंदू मत के समुद्रगुप्त ने लंका के बौद्ध राजा श्रीमेघवर्ण को गया में बोधिवृक्ष के पास मठ बनाने की इजाजत दी थी। बौद्ध भिक्षु हिंदू धर्म के कठोर आलोचक थे, तब भी यह सौहार्द

घटित हुआ था। दक्षिण भारत में चालुक्य साम्राज्य के पुलेकिशन द्वितीय (700 ई.) के ईरान के शाह से अच्छे संबंध थे। वह वैष्णव होते हुए भी शैवों और बौद्धों के प्रति सहिष्णु थे। उनके दरबार में चीनी यात्री ह्वेनसांग आए थे। ऐसी कई घटनाएं हैं जो भारतीय सौहार्द और एक-दूसरे के प्रति आदर के गौरवशाली उदाहरण हैं।

भारत एक देश भर नहीं है। वह एक विजन है, जिसमें हमेशा खुलापन रहा है। हम जानते हैं कि हमारे देश ने पुनर्निर्माण की अपनी क्षमता का परिचय ध्वंसावशेषों पर खड़ा होकर भी दिया है। इसने शून्य से भी शुरू किया है। भारत लंबे-लंबे समय तक बौद्धिक मूर्च्छा में रहा हो, पर इसने बार-बार उठकर नया इतिहास रचा है।

पिछली दो सदियों से भारत जिस बुद्धिपरक, राष्ट्रीय और मानवीय संस्कृति की खोज में है, वह धर्मों की विरोधी नहीं है। उसमें सिर्फ धार्मिक अंधविश्वास, असहिष्णुता और कुप्रथाओं से एतराज है। उसमें सभी धर्मों के प्रति आदर भाव है। उदारवादी भारतीय संस्कृति में पहले भी 'मनुष्य और मनुष्य के बीच सत्ता-प्रेरित कृत्रिम भिन्नता' का विरोध हुआ था। भक्त कवियों ने इसका सक्रिय रूप में विरोध किया था। आज भी जहाँ भारतीय संस्कृति के गुण बचे हैं, वहां कृत्रिम भिन्नता का विरोध किया जा रहा है।

यह भी देखा गया है, धर्म के स्तर पर ऊंची बातें सोचकर और धर्मानुष्ठानों में दुहरा कर भी कोई झूठा और सांस्कृतिक दृष्टि से रुग्ण हो सकता है। दरअसल राजनीतिक रूप से खोखला कर दिए गए समाज में धर्म भी अंततः विकृत हो जाता है, देवता दिखावा बन जाते हैं। इसके बावजूद हर युग में ऐसे कवि-कलाकार, दार्शनिक और सुधारक हुए हैं जिन्होंने साहस के साथ धार्मिक और राजनीतिक सत्ता को चुनौती दी है और उच्च तथा समावेशी संस्कृति के लिए महान कार्य किए हैं।

धर्म और संस्कृति

धर्म और संस्कृति एक नहीं हैं। धर्म की तुलना में संस्कृति में अधिक समावेशिकता, अधिक स्वतंत्रता और अधिक स्थान-काल संवेदनशीलता

होती है। धर्म कठोर हो, तब भी उस धर्म में आस्था रखनेवाले आम लोगों के सांस्कृतिक सरोकारों में उदारता, बुद्धिपरकता और रचनात्मकता के तत्व हो सकते हैं। धर्म सबसे पहले यह देखता है कि सत्य क्या है, जबकि संस्कृति सबसे पहले यह देखती है कि सुंदर क्या है। धर्म के हजारों बंद दरवाजे, देखा गया है कि संस्कृति में खुले हैं। आखिर कालिदास का धर्म संप्रदायवादी उत्तेजना देने की जगह सौंदर्यानुभूति क्यों कराता है? बौद्ध होकर भी अश्वघोष ने अपनी कृति 'बुद्ध चरित' में हिंदू परंपरा के वाल्मीकि का आदर से स्मरण क्यों किया? सूरदास ने कृष्ण के बाल रूप और राधा-कृष्ण के प्रेम में ही सबसे अधिक सौंदर्य क्यों देखा?

हिंदू धर्म की जितनी उन्नति वेदांत, भक्ति आंदोलन, नवजागरण और राष्ट्रीय स्वाधीनता आंदोलन के युगों में हुई, उतनी कभी नहीं हो सकी। ये चारों राज्याश्रय के बाहर की घटनाएं हैं। वस्तुतः ये भारतीय संस्कृति के विविधतापूर्ण उत्थान और कई धार्मिक बुराइयों से छुटकारा पाने के काल थे। कुछ बुद्धिजीवियों की दृष्टि में भारतीय संस्कृति का पिछले एक हजार साल में कोई उत्थान नहीं हुआ, कोई बड़ी सोच सामने नहीं आई और एक बड़ा काल खंड हिंदू धर्म के लिए बस एक प्रतीक्षालय था और अब जाकर उसका उत्थान हुआ है। कहा जाना चाहिए, इससे बढ़कर घटावपरक और नकारात्मक सोच नहीं हो सकती।

उदाहरण स्वरूप राम हिंदू आस्था के सबल प्रतीक हैं। लेकिन केवल राम को भारत की संपूर्ण आत्मा, संपूर्ण चिंतन और संपूर्ण विधान मानना अन्य देवताओं– कृष्ण, शिव, दुर्गा, मुरुगन, सूर्य और अनगिनत स्थानीय आस्थाओं की उपेक्षा है। यह धार्मिक आत्मसातीकरण का प्रयास ही नहीं, हिंदू धर्म के प्रति एक संकुचित दृष्टि है।

भारत का मनुष्य गहरा है। निश्चय ही वह अपने 'प्राचीन' से विच्छिन्न होना नहीं चाहता, पर वह नवोन्मेषों को पसंद करता रहा है। किसी प्रदेश में नवोन्मेषों की ग्राह्यता ज्यादा रही है, किसी में कम। यह भी सोचने का विषय है कि भारत की सांस्कृतिक बहुलता किसी डिपार्टमेंटल स्टोर या कबाड़खाने की बहुलता नहीं है। उसमें संवाद, अंतर्क्रिया और अंतर्मिश्रण की प्रवृत्तियां पहले भी रही हैं और आज भी हैं।

भारतीय संस्कृति में धान बोया गया है और धतूरा भी। धार्मिक उदारता, बुद्धिपरकता और रचनात्मक कल्पनाशीलता को अवरुद्ध करना खासकर इलेक्ट्रॉनिक मीडिया और कृत्रिम मेधा के युग में बहुत आसान हो चुका है। वस्तुतः धर्म की सबसे बुरी दशा तब होती है, जब राजनीति ही यजमान बन जाए।

फिर भी संस्कृति में आत्मरक्षण की शक्ति होती है। इसके प्रमाण साहित्य, कलाओं, दर्शन, लिटिल मीडिया और शैक्षिक गतिविधियों में हैं। छोटे-छोटे कला-सांस्कृतिक ग्रुप होते हैं, जो अच्छी परंपराओं को बचाकर रखते हैं। वे बहस की जगह बनाते हैं। संवाद संभव होता है।

संस्कृति है क्या, यह भिन्नताओं के बीच जीने की कला है। इस देश की संस्कृतियों ने विपरीत स्थितियों में भी किसी न किसी प्रकार अपने गुणों की रक्षा की है। संस्कृतिकर्मियों ने सुधार और विकास के काम किए हैं। सांस्कृतिक विध्वंस पर पुनर्निर्माण संभव हुए हैं। लेखक, कलाकार और सोचने-समझने वाले अन्य लोग गिरते-गिरते भी बार-बार उठे हैं।

कला की क्षमता

कला व्यक्ति को हमेशा अधिक मानवीय और समावेशी बनाती है, उसे उदार संस्कृति से जोड़ती है। यदि दुनिया में कलाओं का इतिहास देखा जाए, कलाओं ने आमतौर पर धर्म और राजनीति की चौहद्दियों को कम माना। इटली का प्रसिद्ध कलाकार माइकेल एंजेलो एक धार्मिक व्यक्ति था, पर उसने अपनी कला में आलोक को अंधकार से इस तरह अलग किया मानो यह 'रिनेसां' का प्रतीक हो और यह पोप को चुनौती हो। यह वह काल था, जब कोपरनिकस ने यह कहकर चर्च को नाराज कर दिया था कि सूर्य पृथ्वी के चारों तरफ नहीं, बल्कि पृथ्वी सूर्य के चारों तरफ घूमती है।

भारतीय कला के संबंध में कहा जा सकता है कि इसने धर्म का हमेशा अतिक्रमण किया और अपूर्व कल्पनाएं कीं। होयसल साम्राज्य के समय का एक विराट शिव मंदिर हेलिबिदु में है। हेलिबिदु का अर्थ है– भग्न गांव। चट्टान पर उकेरे गए मूर्तिशिल्प में शिव एक हाथी के पेट में

नृत्य कर रहे हैं। सरस्वती नृत्य मुद्रा में हैं। दक्षिण भारत में वेल्लुर के 11वीं सदी में बने विष्णु मंदिर में विष्णु का एक विशिष्ट मोहिनी रूप है। मोहिनी के केशों के शृंगार में गांधार शैली का मिश्रण है। इन मंदिरों में शृंगारिक अभिव्यक्तियां भी हैं। मथुरा के आसपास ऐसी कई मूर्तियां मिली हैं, जिनका धर्म से कोई संबंध नहीं है। कई मूर्तियों में सुरापान और आमोद-प्रमोद के दृश्य हैं। उनमें सामंती समाज की आकांक्षाएं हैं, पर निवृत्ति मार्ग की जकड़न से बाहर निकलकर जीवन से जुड़ने की आकांक्षाएं भी हैं!

कला तब से है, जब से मनुष्य ने सभ्यता में कदम रखा। वह तब तक रहेगी, जब तक धरती पर मनुष्य है। कला सदा से हमारे जीवन का हिस्सा है, चाहे हम घर बना रहे हों, सात सुरों से खेल रहे हों या किसी से बात कर रहे हों। कलाकार ऐसी हस्ती है जो किसी प्रभाव, प्रशिक्षण और वैचारिक नियंत्रण की परवाह नहीं करता। वह दीवारें और चौहद्दियां तोड़ता है– मूर्ति, स्थापत्य, चित्र, संगीत, नृत्य, कोई कला या काव्य हो। कलाएं इसलिए महत्वपूर्ण हैं कि वे हमारे भावों को झकझोरती हैं। मन को बड़ा करती हैं और एक संदेश देती हैं। वे हमें एकांत देती हैं और अपरिचित विषयों से जोड़ती हैं। वे समय और दूरियों को लांघ जाती हैं। वे सांस्कृतिक विशिष्टता प्रदर्शित करती हैं। वे असहमति की आवाज होती हैं। प्रेम की भूख पैदा हुए बिना कला की भूख पैदा नहीं हो सकती।

धर्म का जब भी कलाओं से संबंध बना, धर्म में नई खिड़कियां खुलीं। खासकर धार्मिक कट्टरताओं के दौर में सैकड़ों साल तक कलाओं ने धर्म में 'स्पेस' पैदा किया, लोगों के मन में विशालता पैदा की तथा उन्हें सौंदर्यप्रेमी बनाया।

दुनिया में जब भी नगर बने, विभिन्न जगहों और विचारों के लोग वहां कलाओं के कारण ही उदार हुए। हम अयोध्या की तुलना में मथुरा को काफी पहले से, खासकर 15वीं सदी से एक बड़े नगर के रूप में विकसित होता हुआ देखते हैं। यहां चैतन्य और वल्लभाचार्य आए। सूरदास के संगीतमय पद का रमरमा था। मथुरा में उस समय विभिन्न मत के

लोग रहते थे और भक्त दूर-दूर से आते थे। प्राचीन नगरीकरण की देन है धार्मिक उदारता।

मुख्य बात है, सैकड़ों साल से दुनिया में लाखों कलाकारों ने जो कलात्मक स्मारक और धर्मस्थल बनाए हैं, वे उदार और सौंदर्य-प्रेमी हृदय की अभिव्यक्तियां हैं। यही वजह है कि ऐसे स्मारक सबको विस्मित करते हैं, चाहे किसी धर्म के हों। ऐसे स्मारक हमें आनंद, वैश्विक भावना और अच्छाई के अनुभव की ओर ले जाते हैं। ये हमारे आत्मविश्वास को मजबूत बनाते हैं और हम भूलकर भी नहीं सोचते कि ये चीजें ध्वस्त हों, क्योंकि ये सैकड़ों साल की मानवता की निशानी हैं।

हम मुसलमान कवियों-कलाकारों में उदारवाद पाते हैं। कश्मीर के जैनुल अबिदीन संस्कृत के ज्ञानी थे। अकबर के दरबार में तानसेन ने रागमाला तैयार की थी। पंडितराज जगन्नाथ शाहजहां के आश्रय में थे, उन्होंने एक मुस्लिम युवती लवंगी से विवाह किया था। रहीम ने हिंदी और नीतिशास्त्र को लोकप्रिय बनाया। रसखान कृष्ण भक्त थे। औरंगजेब के भाई दारा शिकोह ने उपनिषद का फारसी में अनुवाद किया था। मुगल दरबार ने चित्रकला को प्रोत्साहन दिया और हिंदू देवताओं के चित्र बने। विश्व का एक बड़ा आश्चर्य ताजमहल बना, जिसने दुनिया को प्रेम का संदेश दिया। सूफी कवियों ने प्रेम का गीत गाया। इस तरह मुसलमानों ने उदारवादी भारतीय संस्कृति के निर्माण में एक महत्वपूर्ण भूमिका निभाई।

धर्म का संबंध जब-जब काव्य और कलाओं से स्थापित हुआ, धर्म को स्वत्व मिला। धर्म ने मनुष्यत्व को ऊपर उठाया। सत्ता से जुड़े धर्म में सत्ताधीश का दर्प और काव्य-कला-संस्कृति से जुड़े धर्म में लोक आस्था का दर्द बोलता है।

'जहांगीरनामा' में किसी बादशाह से संबंधित एक लोककथा का जिक्र है, जिसे खुद बादशाह जहांगीर सुनाता है। एक बादशाह भीषण गर्मी से परेशान होकर एक माली के दरवाजे पर आ खड़ा हुआ। उसने पूछा, 'घर में अनार है?' माली ने कहा, 'हां है' और अपनी बेटी को एक कटोरा अनार का रस लाने भेजा। माली की बेटी ले आई। रस के पात्र में कुछ

पत्ते भी थे। बादशाह ने पूछा, 'पत्ते क्यों डाले?' माली की कन्या ने जवाब दिया, 'वैद्यक कहता है कि पसीने की हालत में एक सांस में पानी नहीं पीना चाहिए। इसलिए रस में पत्ते डाल लाई।'

बादशाह ने सोचा, ऐसी समझदार कन्या तो उसके हरम में होनी चाहिए। उसने माली से पूछा, 'साल भर में कितना कमा लेते हो?' माली ने कहा, 'तीन सौ दीनार।' 'मालगुजारी देते हो?' 'नहीं, बादशाह नहीं लेता।' बादशाह ने सोचा कि उसके राज्य में बाग बहुत हैं। यदि दसवां भाग भी लिया जाए तो प्रजा को कोई नुकसान नहीं होगा। यह कल्पना करके बादशाह ने कन्या से कहा, 'अनार का रस ला।' माली की कन्या देर से लौटी और कटोरे में रस भी कम था। बादशाह ने गुस्से में पूछा, 'इतनी देर क्यों लग गई और रस भी कम!' कन्या ने भोलेपन से कहा, 'पिछली बार एक ही अनार से उतना रस निकला। इस बार पांच-छह अनार निचोड़े, तो भी रस नहीं भरा!' बादशाह यह सुनकर चकित हो गया। माली ने कुछ भांपकर उस बादशाह से कहा, 'उपज में बरकत बादशाह की नीयत से होती है। मेरा मन कहता है कि तू बादशाह है। बाग की उपज का वृत्तांत सुनकर तेरी नीयत डोल गई। नतीजतन फलों की बरकत जाती रही।' बादशाह को माली की बात से बड़ी चोट लगी। उसने पिछला सारा ख्याल दिल से हटाकर माली की कन्या से तीसरी बार कहा, 'एक कटोरा और ला।' लड़की गई और हँसती हुई झट कटोरा भर रस ले कर आ गई।

जहांगीर ने यह कथा सुनाकर इस पर टिप्पणी की, 'बेशक ऐसी बातों का होना न्याय और नीति का फल है। जब बादशाह की नीति प्रजा के हित में होती है, बागों और खेतों में बरकत आती है। खुदा का शुक्र है कि इस विशाल राज्य में बाग और बाड़ियों पर कर लगाने की रीति न पहले थी और न अब है। बल्कि यह हुक्म है कि जो कोई अपने खेत में बाग लगा ले, उसका हासिल माफ हो। मेरी प्रार्थना है, खुदा मुझे सदा इसी नीति पर रखे।' (जहांगीरनामा)। यह सत्ता पर लोक संस्कृति का प्रभाव है। लोक बोलता है, पर हर शासक नहीं सुनता!

नवजागरण और शिवाजी

जिस तरह अकबर-जहांगीर के इस्लाम और औरंगजेब के इस्लाम के बीच फर्क है, उसी तरह शिवाजी के हिंदू धर्म और 21वीं सदी के हिंदुत्व के बीच भी फर्क है। 1645 में शिवाजी ने एक पत्र में लिखा था, 'धर्म पर किसी राजा का अधिकार नहीं है, धर्म ईश्वरीय है।' शिवाजी ने मराठा जातीयता के साथ धर्म का मेल किया था, लेकिन उनकी राजनीति सांप्रदायिक घृणा पर आधारित नहीं थी। उनके युद्ध की अंतःप्रेरणा हिंदू-मुस्लिम विद्वेष न होकर मराठा जातीयता की प्रतिष्ठा थी। उनकी सेना और प्रशासन में मुसलमानों की संख्या कम नहीं थी। बीजापुर वालों से हुए युद्ध में शिवाजी को हिंदू सरदारों से भी लड़ना पड़ा था। बर्नियर ने अपने यात्रा वृत्तांत में लिखा है, 'एक बात कहना भूल गया, शिवाजी ने सूरत को लूटते समय रेवरेंड फादर एम्बोज, जो केपसीन संप्रदाय के पादरी थे, उनके मकान को यह कहकर छोड़ दिया कि अंग्रेजों के पादरी सीधे स्वभाव के होते हैं। उन्हें दुख देना उचित नहीं।' दूसरे धर्म के प्रमुखों पर अत्याचार भारतीय परंपरा नहीं है।

नवजागरणकालीन सुधारकों की आम राय है कि शिवाजी की औरंगजेब से लड़ाई धार्मिक नहीं राजनीतिक थी। बुद्धिवादी महादेव गोविंद रानाडे (1842-1901) और ज्योतिबा फुले (1827-1890) जैसे ब्राह्मणतंत्र-विरोधी सुधारक दोनों ही शिवाजी को पसंद करते थे।

शिवाजी के बारे में बनी समझ पर ऐतिहासिक तथ्यों के अलावा काल्पनिक धारणाओं की भी एक बड़ी भूमिका है। रानाडे शिवाजी के आदर्शों के आधार पर बने 'महाराष्ट्र धर्म' की विवेचना इस रूप में करते हैं, 'इस धर्म ने लोकभाषा में मूल्यवान साहित्य रचा। इसने पुरानी जाति प्रथा की कठोर संरचना में सुधार किया। इसने शूद्रों की आध्यात्मिक शक्ति और उनके सामाजिक महत्व को उस हैसियत तक पहुंचाया जो करीब-करीब ब्राह्मणों के बराबर थी। इसने पारिवारिक संबंधों को पवित्रता प्रदान की और स्त्री की दशा में सुधार किया। इसने मराठा जातीय राष्ट्रीयता को मानवीय बनाया, साथ ही मराठा लोगों को एकजुट करके सहिष्णुता

के मार्ग पर ला खड़ा किया। इसने मुसलमानों को मेलजोल का रास्ता दिखाया और कुछ हद तक मेलजोल कायम भी कर लिया।' (द राइज ऑफ मराठा पावर)।

इसी तरह फुले ने शिवाजी का 'पंवारा' लिखा और उनकी सराहना की। उनकी दृष्टि में शिवाजी शूद्र किसानों के राजा थे। फुले ने शिवाजी को हिंदू कट्टरवाद की धारणाओं से बाहर रखा था और ब्राह्मण रामदास को उनका गुरु मानने से इनकार कर दिया था। मराठी लोक संस्कृति से जुड़े होने के कारण रानाडे और फुले दोनों ही धर्म के बारे में कट्टरवादियों से भिन्न दृष्टिकोण रखते थे।

राष्ट्र और विनायक दामोदर सावरकर

1857 के राष्ट्रीय स्वाधीनता संग्राम की एक मुख्य प्रेरणा लोकसंस्कृति है। 1857 की चेतना में निश्चय ही सामंती और धार्मिक तत्व सक्रिय थे, लेकिन वह एक स्थानीय संग्राम से अधिक राष्ट्रीय संग्राम था, जिसमें हिंदुओं और मुसलमानों ने मिलकर हिस्सा लिया था और भविष्य के लिए एक महान संकेत दिया था। उन दिनों 1857 के बहादुर स्वाधीनता सेनानियों ने बरेली से एक घोषणापत्र जारी किया, जिसके कुछ हिस्से विनायक दामोदर सावरकर की पुस्तक '1857 का भारतीय स्वातंत्र्य समर' में छपे हैं। घोषणापत्र में कहा गया है, 'अंग्रेजों द्वारा इतने अत्याचार किए जा चुके हैं कि उनके पापों का घड़ा भर चुका है। प्रभु ने हिंदू और मुसलमान दोनों के ही हृदयों में अंग्रेजों को देश से निष्कासित कर देने की महान भावना भर दी है।' सावरकर ने यह भी लिखा है कि शहीदों के लिए 'दिल्ली की मस्जिदों में एवं काशी के मंदिरों में परमपिता परमात्मा से प्रार्थना की गई थी। 1857 में दिल्ली सम्राट के घोषणापत्र में मजहबी आह्वान न होकर एक राष्ट्रीय आह्वान था, 'हे हिंद भूमि के सपूतो, यदि हम संकल्प कर लेंगे तो शत्रु को क्षण भर में नष्ट कर सकते हैं। हम शत्रुओं का नाश कर अपने प्राणप्रिय धर्म एवं स्वदेश को पूर्णरूपेण भयमुक्त कर देंगे।' (वही)। 1857 परस्पर सहयोग पर आधारित राष्ट्रीय जागरण था।

ठीक उन्हीं दिनों, कार्ल मार्क्स ने लंदन में बैठकर 1857 के पहले स्वाधीनता संग्राम पर जो टिप्पणी की, उसे देखना चाहिए, 'यह पहली बार है, जबकि सिपाहियों की रेजीमेंट ने अपने यूरोपीय अफसरों की हत्या कर दी है। आपसी विद्वेष भूलकर मुसलमान और हिंदू अपने सामान्य मालिकों (अंग्रेजों) के खिलाफ एक हो गए हैं। हिंदुओं द्वारा आरंभ की गई उथलपुथल ने दिल्ली के सिंहासन पर वास्तव में एक मुसलमान बादशाह को बैठा दिया है। बगावत केवल थोड़े स्थानों तक सीमित नहीं है, ब्रिटिश भारतीय सेना का विद्रोह अंग्रेजों के प्रभुत्व के विरुद्ध महान एशियाई राष्ट्रों के जन प्रदर्शन के साथ मिलकर एक हो गया है।' (कार्ल मार्क्स ऑन इंडिया)। 1857 की असफलता और क्रूर दमन के बावजूद न केवल लंदन में बैठा एक लेखक-दार्शनिक, बल्कि बाद में कोई दूसरा नहीं खुद सावरकर 1857 और राष्ट्रीय एकता को एक नए परिप्रेक्ष्य में देख रहे थे। बुद्धिवाद और राष्ट्रवाद में बढ़ती अंतर्क्रिया एक नई संस्कृति की रचना कर रही थी, जिससे आरंभ में खुद सावरकर प्रभावित थे। यदि नवजागरण के बुद्धिवाद के मार्ग में समावेशी राष्ट्रवाद का मॉडल नहीं आता, तो बुद्धिवाद औपनिवेशिक रंग से बाहर नहीं निकल पाता।

हमें सोचना होगा कि हमारे देश के राष्ट्रीय आंदोलन एक ऐसे समाज में आकार ले रहे थे, जो प्रचंड रूप से धार्मिक था। क्या कोई राजा राममोहन राय के योगदान को इसलिए खारिज कर देगा कि वे ब्राह्म थे और भारतेंदु को इसलिए कि वे राधा-कृष्ण के उपासक वैष्णव थे? दरअसल हिंदू-मुस्लिम विद्वेष का जाल इतिहास के कुछ कटु विवरणों को उठाकर सर्वप्रथम अंग्रेजों ने बिछाया था। उसके असर में नवजागरण में कुछ पुनरुत्थानवादी विचार आए तो यही समझना चाहिए कि साम्राज्यवाद-विरोधी राष्ट्रीय जागरण अभी विकासशील अवस्था में था। किसी भी हालत में हमें धार्मिक तत्वों वाले राष्ट्रीय जागरण और सांप्रदायिक उन्माद में फर्क करना चाहिए।

1926 में एक साथ दो किताबें आईं–लाजपत राय की 'सम्राट अशोक' और विनायक दामोदर सावरकर की 'हिंदू-पाद-पादशाही'। दोनों हिंदू थे,

पर लाजपत राय की धार्मिक आस्था का स्वरूप सावरकर की कट्टरता से भिन्न था। लाजपत राय ने बौद्ध अशोक की राष्ट्रीय छवि अंकित करते हुए लिखा, 'अशोक ने सारे धर्म के लोगों को शरण दी और उनकी प्रतिष्ठा भी की। बौद्ध होते हुए भी जैनियों, ब्राह्मणों और हिंदुओं की सेवा की।' भारतीयता की रोशनी में लाजपत राय अशोक का महत्व उद्‌घाटित कर रहे थे, क्योंकि अशोक ने सभी धर्मों के प्रति आदर और 'समवाय' का प्रवर्तन किया था और अपना सारा धन-वैभव बांट दिया था। इसी पुस्तक में लाजपत राय ने हिंदू धर्म की एक प्रमुख खूबी की ओर इशारा किया है, 'हिंदू धर्म प्रबल रूप से यह सत्य मानता है कि प्रत्येक मनुष्य का धर्म पृथक है। यह व्यक्तिगत है, क्योंकि उसकी निर्भरता अपनी प्रकृति और अपनी आचारिक, आत्मिक और मानसिक शुद्धि पर है। हिंदू दो अवसरों पर ही इकट्ठे होते हैं– यज्ञ और तीर्थ। ये भी अंश मात्र ही सामूहिक कर्म हैं, अन्यथा पूजा तो प्रत्येक हिंदू को अब भी पृथक-पृथक करनी पड़ती है। यह धार्मिक और आत्मिक स्वतंत्रता ही हिंदू धर्म की शक्ति है।' आर्यसमाजी लाजपत राय का यह एक महत्वपूर्ण कथन है।

उस युग के लोग राजनीतिक-आर्थिक अधिकारों के लिए लड़ ही नहीं रहे थे। वे अपने धर्म, इतिहास और दार्शनिक-साहित्यिक परंपराओं से संवाद भी कर रहे थे जो बाद में टूटता गया। राजनीति एकायामी होती गई। अशोका, मौर्या या रिनेसां अब बड़े नगरों के पांच सितारा होटल के नाम होकर रह गए!

सावरकर ने लंदन में रहते हुए 1857 से संबंधित दस्तावेजों के आधार पर जो पुस्तक लिखी थी, उसमें हिंदू-मुस्लिम सौहार्द और मुसलमानों की देशभक्ति की प्रशंसा है। लेकिन अंग्रेजों द्वारा उनकी 'काला पानी' की सजा वापस लेने के बाद जब वे अंडमान से लौटते हैं, उनके विचारों में परिवर्तन आता है। उनकी राष्ट्रीय चेतना उदारवाद से हटकर कट्टर हिंदुत्व में सीमित हो जाती है। 1922 में गांधी द्वारा वापस लिए गए सत्याग्रह के बाद भड़के सांप्रदायिक दंगों ने उनका सांप्रदायिक झुकाव और बढ़ा दिया। वे भारतीय परंपराओं के संबंध में इकहरी दृष्टि अपना लेने के कारण पुनरुत्थानवादी रुझान व्यक्त करने लगे।

सावरकर की पुस्तक 'हिंदू-पाद-पादशाही' के नायक हैं शिवाजी। उन्होंने स्फीतपरक दृष्टिकोण के साथ लिखा, 'मराठों का यह आंदोलन प्रारंभिक काल से ही व्यक्तिगत तथा प्रांतीय आंदोलन न था, वरन यह हिंद के सारे हिंदुओं के धर्म और स्वत्व की रक्षा करने और भारतवर्ष से विधर्मियों का नामोनिशान मिटाकर एक दृढ़ विशाल हिंदू साम्राज्य स्थापित करने के लिए किया गया था।' स्पष्ट है कि सावरकर की दृष्टि 1857 के संग्राम से हटकर शिवाजी की ओर गई तो उन्होंने शिवाजी से संबंधित कई तथ्यों को छोड़ दिया। उन्होंने रानाडे और फुले से एक अलग लाइन पकड़ ली। उनके मन में 'विधर्मियों का नामोनिशान मिटाने' की बात जम गई। राष्ट्रीय दृष्टि से लिखे जा रहे इतिहास की प्रतिक्रिया में, उन्होंने इसी किताब में लिखा, 'धर्मशास्त्र तथा इतिहास से झूठी व्याख्याएं लेकर सभ्यता में जहर घोला जाता है। अतः सबसे पहले उन्हें ही व्यवस्थित करना होगा।' यह तेजी से होने लगा। जहर से जहर कटने की जगह बढ़ने लगा। उल्लेखनीय है कि सावरकर को बंदी मुस्लिम स्त्रियों के प्रति शिवाजी की उदार और सम्मानजनक दृष्टि पसंद नहीं आई। इतिहास में ब्रिटिश साम्राज्यवादी तोड़फोड़ चल ही रही थी, सावरकर के विचारों पर उसकी छाया थी। सावरकर के स्वाधीनता आंदोलन में योगदान से इनकार नहीं किया जा सकता, पर वे अंग्रेजों की इतिहास दृष्टि से बुरी तरह प्रभावित हो चुके थे।

लाजपत राय तथा सावरकर के अलग-अलग उदाहरणों से स्पष्ट है कि इतिहास को लाजपत राय समावेशी राष्ट्रवाद की दृष्टि से देख रहे थे, जबकि सावरकर बहिष्कारपरक राष्ट्रवाद की दृष्टि से देखने लगे थे। वे इस काम में कई तथ्यों को छिपा रहे थे और कुछ को भावावेग में अधिक उभार रहे थे। दोनों हिंदू नेता परंपरा की याद दिला रहे थे, पर अलग-अलग उद्देश्य से। उस दौर में हिंदू राष्ट्रवादी शिविर के सावरकर जैसे नेता हों या मुस्लिम लीग के जिन्ना जैसे नेता, दोनों ही अंग्रेजी दां थे। वे परंपरा में लौट नहीं रहे थे, बल्कि उसे भूलते जा रहे थे। वि. दा. सावरकर की हिंदू भावना लाजपत राय ही नहीं, मदन मोहन मालवीय की हिंदू भावना से भी भिन्न थी।

20वीं सदी में सांप्रदायिक मिजाज के इतिहासकारों का एक बड़ा दल सामने आया, जो इतिहास के गड़े मुर्दों को हथियारबंद करने लगा। 20वीं सदी के तीसरे दशक से धार्मिक मुद्दों पर सांप्रदायिक दृष्टि से मनोवैज्ञानिक युद्ध शुरू हो गया, 'शेर मरा नहीं था, बस सो रहा है। वह अपने को फिर से जगा रहा।' (वही)। उपनिवेशवाद से गुजरे हर देश में आधुनिकीकरण की उपस्थिति में ही अतीत की खाइयां चौड़ी हुई हैं। कुछ दलों का लक्ष्य हो गया है कि इतिहास के दुखदायी प्रसंगों को संवाद और सुधार से सुलझाने की जगह सत्ता-संघर्ष का हथियार बनाओ!

उदाहरण के तौर पर एक पत्रकार और बुद्धिजीवी अरुण शौरी ने चार सौ पेज की एक किताब लिखी 'हिंदू टेंपल्स ह्वाट हैपेंड टु देम'। उन्होंने इस किताब में अलाउद्दीन खिलजी, फिरोज शाह तुगलक, सुल्तान अहमद शाह आदि बर्बर शासकों के मंदिर तोड़ने और हिंस्र घटनाओं से संबंधित वे ब्यौरे उपस्थित किए, जो उनके जमाने के मुस्लिम इतिहासकारों ने मजहब से मिश्रित अपने इतिहासों में दिए थे और अंग्रेज इतिहासकारों ने उन्हें उछाला था। अरुण शौरी का प्रश्न है कि कक्षा आठ-नौ के विद्यार्थियों के सामने इतिहास की धर्मनिरपेक्ष तस्वीर क्यों पेश की जाती है, उन्हें मंदिर तोड़ने और हिंदुओं पर हुए जुल्म की घटनाएं क्यों नहीं पढ़ाई जातीं। वे अपनी उपर्युक्त किताब में लिखते हैं कि स्कूल में चलनेवाली इतिहास की एक पुस्तक में 'नालंदा के इतिहास का एक रेखाचित्र दिया गया है। इसमें कहा गया है कि ये शिक्षा केंद्र कितने महत्वपूर्ण थे। लेकिन इस बारे में यह पुस्तक जानबूझकर खामोश है कि इसे नष्ट कैसे किया गया।' क्या इतिहास की ऊंची कक्षाओं के विद्यार्थी और शोधकर्ता या नालंदा के पर्यटक नहीं जानते कि नालंदा कैसे नष्ट हुआ, क्या इतिहास के ऐसे दुखदायी प्रसंगों को कक्षा आठ-नौ के विद्यार्थियों के जेहन में तब उतारना जरूरी है, जब वे घटना को समग्रता में देखने की बौद्धिक स्थिति में नहीं होते? अरुण शौरी चाहते थे कि विद्यार्थियों के हाथ में इतिहास की किताब नहीं, लाठी दी जाए! उनको अपूर्व चिंतन के लिए सत्ता का पुरस्कार मिला। वे मंत्री बने, हालांकि जीवन के अंतिम दौर में दुर्गति झेलनी पड़ी।

यदि राष्ट्र अंतिम सत्य हो तो विद्वेष भी अंतिम सत्य होता है। अंध- राष्ट्रवाद का एक प्रमुख हथियार विद्वेष का प्रचार है। वस्तुतः अंध-राष्ट्रवाद एक सामाजिक जहर है जिसे फैलाने में मीडिया की हमेशा एक बड़ी भूमिका रही है। एक समय इटली के मुसोलिनी ने फिल्म के प्रचार मूल्य को समझते हुए अपने बेटे विटोरियो को फिल्म उद्योग की देखभाल का काम सौंपा था। विटोरियो ने पहली बार 1932 में प्रसिद्ध वेनिस फिल्म फेस्टिवल कराया था, जिसमें फिल्म 'ओलंपियाड' को एक प्रमुख पुरस्कार दिया गया था। इस राजनीतिक फिल्म में नाजियों का यशोगान था। उस तरीके का इस्तेमाल हिंदी फिल्मों की दुनिया में भी होने लगा है। सांप्रदायिकता अमरबेल की तरह फिल्म के अलावा न्यूज चैनल, सोशल मीडिया, शिक्षा और संस्कृति के संस्थान तथा विभिन्न कलाओं में फैल गई है। सर्वविदित है कि अमरबेल का छोटे-छोटे पौधों पर फैलना उन पौधों का नष्ट होना है।

गांधी की दृष्टि में हिंदू धर्म

कई बुद्धिजीवी गांधी पर आरोप लगाते हैं कि उन्होंने राजनीति को धर्म से जोड़ा और उनका धार्मिक बहुलतावाद रूढ़िवादी चरित्र का है। उस दौर में धार्मिक बहस हिंदू और मुसलमान तक सीमित न थी। उसमें एक आधुनिक खोज थी, जहां बुद्धिपरकता और निर्बुद्धिपरकता, मानव-सेवा और स्वार्थपरता, मानवीय और अमानवीय से संबंधित प्रश्न थे।

गांधी ने कहा था, 'मुझे धर्म प्यारा है। इसलिए पहला दुख यही है कि हिंदुस्तान का धर्म नष्ट होता जा रहा है। यहां धर्म से मेरा मतलब हिंदू, मुसलमान और पारसी से नहीं है। बल्कि इन सभी धर्मों का जो सार है, वह जाता रहा है।' (हिंद स्वराज)। वह हिंदुस्तान के धर्म की खोज में थे और धर्म के सार्वभौम गुणों को धर्म का सार मानते थे।

नवजागरण काल के प्रायः सभी बुद्धिजीवी और देशप्रेमी राजनीतिज्ञ धर्म को अपने समय की जरूरतों के संदर्भ में परिभाषित कर रहे थे। गांधी ने धर्म से लड़ने की जगह धर्म में घुसी निर्बुद्धिपरकता और आस्था

के राजनीतिकरण से संघर्ष किया। निश्चय ही धर्म के बुनियादी तत्व और धार्मिक 'फंडामेंटलिज्म' एक चीज नहीं हैं। गांधी धर्म की सामान्य धारणा खोज रहे थे, 'यदि मुझे हिंदू मत की परिभाषा देने को कहा जाए तो मैं यही कहूंगा कि यह अहिंसात्मक साधनों से सत्य की खोज है।' (हिंदू धर्म क्या है)। उपनिवेशवाद से जूझ रहे समाज में धर्म के घिसे सिक्कों की जरूरत नहीं थी, बल्कि धर्म को देखने की एक गतिशील दृष्टि की जरूरत थी। ऐसी दृष्टि को लोकप्रिय बनाने में गांधी की ऐतिहासिक भूमिका है।

धर्म को देखने की दृष्टि बदलेगी तो धर्म का रूप भी बदलेगा। देखा जा सकता है कि गांधी की दैनिक प्रार्थना रूढ़िवादी ढंग की उपासना नहीं है। वह माथे पर तिलक लगाना या माला फेरना नहीं है। उनके 'रघुपति राघव राजा राम' ईश्वर भी हैं और अल्लाह भी हैं। बड़े से बड़े राजनीतिक नेता और हर धर्म के लोग उनकी प्रार्थना सभा में बैठते थे। वहां कोई धार्मिक प्रतीक नहीं होता था, फिर भी वहां धर्म था। कई बार बेशुमार धार्मिक चिह्नों के बीच जो खो जाता है, वह खुद धर्म है।

कहा जाता है कि खिलाफत आंदोलन और गांधी के 'राम राज्य' की धारणा में धर्म का राजनीतिक इस्तेमाल हुआ। खिलाफत आंदोलन में ब्रिटिश साम्राज्यवाद के खिलाफ इस्लाम मुसलमानों के राष्ट्रीय जागरण की एक प्रेरणा बन गया था। उस आंदोलन का गांधी ने समर्थन किया था। खिलाफत आंदोलन उनके नेतृत्व में चले पहले राष्ट्रीय सत्याग्रह (1921-22) का अंग था। एक उच्च आशा से गांधी ने खिलाफत आंदोलन का समर्थन किया, जो सही नतीजा न दे सका।

देखा जाए तो 19वीं सदी में कलकत्ता में हिंदू मेला (1876) का आयोजन हुआ था। यहां से 'हिंदू पेट्रियाट' (1853) निकलता था। मद्रास से 'द हिंदू' (1878) निकलने लगा था। धार्मिक नाम के बावजूद, ये संकीर्ण हिंदुत्व के अखाड़े न होकर अपनी ऐतिहासिक सीमा में उदार राष्ट्रीय गतिविधियों के केंद्र थे। हमें राष्ट्रीय धारा के पुराने पुनरुत्थानवाद तथा 21वीं सदी के नव-पुनरुत्थानवाद में फर्क करना होगा, क्योंकि राष्ट्रीयता किसी भी समाज में अपने आरंभिक बिंदु पर ही एक पूर्ण विकसित धारणा नहीं

हो सकती थी। विडंबना यह है कि जिस राष्ट्रीयता को स्वाधीनता संग्राम ने एक 'समावेशी भारतीय धारणा' का रूप दिया, उसे धार्मिक कट्टरता और क्षेत्रीयतावाद ने एक संकीर्ण सामंती धारणा में ले जाकर पटक दिया।

गांधी का 'राम राज्य' सामंती अतीत में वापसी नहीं है। वह अंग्रेजी शासन के अत्याचारों से पीड़ित भारतीय जनता को गांधी का दिखाया गया एक मानवीय स्वप्न है। वह अधूरा रह गया, यह उतना महत्वपूर्ण नहीं है। महत्वपूर्ण यह है कि उस स्वप्न में वाल्मीकि या तुलसी के युग के पौराणिक तत्व न होकर लोकतंत्र के स्वतंत्रता, बंधुत्व और सामाजिक न्याय जैसे आधुनिक तत्व थे। 'राम राज्य' का जो स्वप्न जनमानस में बेजान पड़ा था, गांधी उसे खड़ा करके नए युग में स्वाधीनता संग्राम की प्रेरणा बना रहे थे। वे आम जनता की स्मृति को उकसा कर, उस जनता को राष्ट्रीय आंदोलन में एक बड़ी ऐतिहासिक जगह देना चाहते थे। उन्होंने विष्णु के चक्र, शंख, कमल, गदा या शंकर के त्रिशूल या चांद को राष्ट्रीय प्रतीक नहीं बनाया। कबीर के चरखा को बनाया, जो श्रम संस्कृति का प्रतीक था। उन्होंने कबीर और तुलसी दोनों से प्रतीक लिए। गांधी के राम राज्य को कुछ बुद्धिजीवी राम का राजनीतिकरण कहते हैं और उसकी आड़ में कहना चाहते हैं कि जब गांधी की राजनीति धर्म से जुड़ी थी तो आज इसमें क्या हर्ज है।

गांधी के राम क्या थे? ये उनकी वैयक्तिक अंतःप्रेरणा थे, राजनीतिक विचारधारा नहीं। राम महज धनुर्धारी उसे दिखेंगे, जो युद्ध पिपासु हो और उसकी आस्था नई सामाजिक चुनौतियों का सामना न कर पाने के कारण एक जीर्ण धार्मिक आश्रय हो। ऐसा आदमी शिशु राम के हाथ में भी धनुष पकड़ा देगा!

गांधी कहते हैं, 'हम जिन राम के गुण गाते हैं, वे वाल्मीकि के राम नहीं, तुलसी रामायण के राम भी नहीं हैं। हालांकि तुलसीदास की रामायण मुझे अत्यंत प्रिय है और उसे मैं अद्वितीय ग्रंथ मानता हूं तथा एक बार पढ़ना शुरू करने पर कभी उकताता नहीं, तो भी हम आज तुलसी के राम का स्मरण करने वाले नहीं हैं और न गिरिधरदास के राम को।

तब फिर कालिदास और भवभूति के राम का तो कहना ही क्या। भवभूति के उत्तररामचरित में बहुत सौंदर्य है, किंतु हममें वे राम नहीं हैं। मैं असह्य वेदना से पीड़ित व्यक्ति से कहता हूं कि राम नाम लो। अगर नींद नहीं आती है तो भी कहता हूँ कि राम नाम लो। किंतु ये राम तो दशरथ के कुंवर या सीता के पति राम नहीं हैं। ये तो देहधारी राम ही नहीं हैं। ...हम किसी देहधारी राम की पूजा नहीं करते हैं। हम तो अपने निरंजन निराकार राम को पूजते हैं। हम उसके पास सीधे नहीं पहुंच सकते। इसलिए जिन पदों में ईश्वर की मूर्तिमंत कल्पना की गई है, उन भजनों को गाते हैं। ...मेरा राम मुझे तारेगा, आपको नहीं। आपका राम आपको तारेगा, मुझे नहीं। हम सब तुलसीदास के समान सुंदर काव्य नहीं लिख सकते, किंतु अपने जीवन में ईश्वर को उतारकर उसे काव्यमय बना सकते हैं।' (घट-घट में राम)। कहना न होगा कि जड़ीभूत झुंडवादी धार्मिक आस्था से भिन्न है गांधी की वैयक्तिक आस्था। इसमें जितना खुलापन है, लोकपीड़ा उससे कम नहीं है।

गांधी का मत था, 'वैष्णव जन तो तैने कहिए जे पीर पराई जाणे रे'। गांधी ने 19वीं सदी के नवजागरण को शूद्रों और अंत्यजों तक पहुंचाया, खासकर हिंदी क्षेत्र में। उन्होंने अपने राम की प्रेरणा से देश को जोड़ा था, क्योंकि वे अपने अंदर की जड़ीभूत धार्मिक आस्था को तोड़ पाए थे। उन्होंने जड़ीभूत धार्मिक आस्था को तोड़ा था और गोली खाई थी!

विवेकानंद अपनी कृति 'प्राच्य और पाश्चात्य' में कहते हैं कि कुछ पश्चिमी लेखकों के अनुसार, 'रामायण आर्यों की दक्षिण विजय की कथा है। किस गुह, किस बाली का राज्य राम ने छीना, बताओ! जबकि उपनिवेशकों ने जिन्हें दुर्बल पाया, उनका समूल उच्छेद कर दिया।' इसका अर्थ है, राम को सिर्फ धनुर्धर युद्ध पिपासु के रूप में दिखाना उन्हें राष्ट्रवादी सोच के पश्चिमी मॉडल में रखना है।

तुलसी ने 'रामचरितमानस' में बताया था कि राम वस्तुतः किन हथियारों से रावण से लड़ रहे थे। विभीषण ने चिंता व्यक्त की, 'रावण रथी विरथ रघुवीरा'। रावण रथ पर है, आपके पास रथ नहीं है। कैसे

लड़ेंगे? राम जवाब देते हैं, 'सत्य और शील मेरे रथ की पताकाएं हैं। आत्मबल, विवेक, इंद्रिय नियंत्रण और लोकोपकार इस रथ के चार घोड़े हैं। ईश्वर का ध्यान इस रथ का सारथी है। वैभव-विलास से अरुचि ही ढाल है, दान ही फरसा है, बुद्धि ही तीक्ष्ण बरछी है, श्रेष्ठ विज्ञान ही धनुष है, निर्मल मन ही तूणीर और ज्ञानवान गुरु के प्रति श्रद्धा ही अमोघ कवच है।' क्या तुलसी के उपर्युक्त विवरण से जरा भी लगता है कि राम युद्ध पिपासु हैं? वह भारतीय चित्त कहां खो गया, जो राम को सिर्फ धनुर्धर के रूप में नहीं, बल्कि प्रेम के विविध रंगों और छवियों में देखता था? 'रामहि केवल प्रेम पियारा'! क्या राम मर्यादा पुरुषोत्तम ही हैं, प्रेम पुरुषोत्तम नहीं हैं?

'रामचरितमानस' साधारण श्रमजीवियों को उनके खाली समय में गांव के चौपाल, शहर के पिछवाड़ों और कोनों में आनंद देता रहा है। वे छुट्टी में झाल-मजीरे के साथ उसे गाते रहे हैं। रवींद्रनाथ ने बाल्यकाल में देखे एक दृश्य के आधार पर अपना अनुभव लिखा है, 'मुझे याद है, मैं जब छोटा था, हमारे घर के दरवान लोग तुलसीदास की रामायण का गान करते थे। वे सभी गाकर जैसे अमृत पा जाते थे और अपनी दिन भर की क्लांति दूर कर लेते थे। उनके भीतर से ही मैं तुलसीदास की प्रतिभा का दर्शन करता था।' इस तरह राम के चरित्र का संबंध लंबे समय तक लोगों को मन की शांति, आनंद देने से रहा है। वह विद्वेष और घृणा फैलाने के लिए नहीं रहा है। किसी साहित्यिक ग्रंथ से इतना आनंद पाना इसलिए संभव हो पाता था कि ऐसे आयोजन सत्ता-संघर्ष का अंग न होकर स्वतःस्फूर्त थे। सबसे महत्वपूर्ण बात है कि हजारों जगहों पर जो लोग गाते-बजाते थे, वे सब खुद इसका आनंद भी उठाते थे। वे न महज दर्शक थे और न महज कलाकार!

सतीनाथ भादुड़ी अपने 'ढोड़ाई-चरितमानस' को, जिससे प्रेरित होकर रेणु ने 'मैला आंचल' लिखा था, तुलसी के रामचरितमानस से जोड़ते हैं। भगवान राम एक श्रमिक ढोड़ाई के सहाय हैं, 'गई बहोर गरीब निवाजू। सरल सबल साहिब रघुराजू' (तुलसी)। उपन्यास में ढोड़ाई की यही सोच है।

गांधी ने वस्तुतः राम के दयालु-स्वरूप के प्रति उपर्युक्त विश्वास को पहचान कर 'राम राज्य' का यूटोपिया बुना था, जो 21वीं सदी में 'डिस्टोपिया' में बदल गया। राम भक्तों की उदात्त मनोभूमि 'हिजैक' हो गई।

भारत में हिंदू पहले भी थे। मदन मोहन मालवीय का हिंदुत्व उनके मानवीय अंतःकरण को अतीत की सकारात्मक परंपराओं से जोड़ता था। वह आत्मभक्षी हिंदुत्व नहीं था। आत्मभक्षी हिंदुत्व सबसे पहले किसी हिंदू को उच्च परंपराओं से विच्छिन्न और आंतरिक रूप से खोखला करता है। फिर धार्मिक साम्राज्यवाद का रास्ता खोलते हुए सर्वभक्षी हिंदुत्व की ओर ले जाता है। 21वीं सदी में हिंदुत्व का एक ऐसा रूप उभरा जो अपनी परंपराओं को तहस-नहस करते हुए पहले आत्मभक्षण फिर सर्वभक्षण के मुकाम पर पहुंच गया, सारे तर्कों और मूल्यों के भक्षण तक। यह हिंदू धर्म और भारत के स्वभाव के विरुद्ध है। इस नए उभार का बुरा असर मनुष्यता की धारणा के अलावा सभी धर्मों और लोकतांत्रिक संगठनों के चरित्र पर पड़ा। इतना ही नहीं, धार्मिक कट्टरवाद ने वस्तुतः जाति संकीर्णता और पुरुषसत्ता को मजबूत बनाया। दलित और स्त्री उत्पीड़न बढ़े। सभ्यता के वर्तमान शिखर पर उसके वीभत्स रूप सामने आए।

कहना होगा कि भारतीय राष्ट्रीयता की विकासशील धारणा को रौंदते हुए, अंततः हिंदुत्व के बाहर जो कुछ है, उसे मिटा देना हिंदू धर्म नहीं है। एक दानव की कल्पना कीजिए। वह बाहर जिसे देखता है खा जाना चाहता है, क्योंकि उसके अपने अंतःकरण में जो कुछ था, उसे वह पहले ही खा चुका है! ऐसा हिंसक हिंदुत्व भारतीय परंपरा का अंग कभी नहीं रहा है।

आज कौन है जो अपने को मदनमोहन मालवीय से बढ़कर हिंदू कह सकता है? उन्होंने हिंदुओं का उत्थान करना चाहा, तो सबसे पहले छुआछूत, अशिक्षा, स्त्री-पुरुष के बीच भेदभाव और दहेज प्रथा मिटानी चाही। उनके हिंदू धर्म का पहला लक्ष्य था सामाजिक सौहार्द, जो 21वीं सदी के राजनीतिक हिंदुत्व के लिए कोई समस्या नहीं है। मदनमोहन मालवीय हिंदुओं को उनकी धार्मिक रूढ़ियों और संकीर्णताओं से ऊपर उठाना चाहते थे। वे आस्था को विज्ञान से जोड़ना चाहते थे। उनका दूसरा

लक्ष्य था राष्ट्रीयता की सच्ची भारतीय धारणा का प्रचार, जो धार्मिक सहिष्णुता के बिना संभव नहीं है।

हिंदू महासभा का नेता होने के बावजूद मदनमोहन मालवीय की राष्ट्रीयता हिंदू राष्ट्रीयता नहीं थी। गांधी ने उन्हें 'महामना' कहा था। मालवीय ने 1931 में कानपुर में हुए दंगे के अवसर पर कहा था, 'मैं मुनष्यता का पूजक हूँ, मनुष्यता के आगे जातपात नहीं मानता। कानपुर में जो दंगा हुआ, उसके लिए हिंदू-मुसलमान में से केवल एक ही जवाबदेह नहीं है। मेरा आप सबसे आग्रहपूर्वक कहना है कि भविष्य में आप अपने भाइयों से ऐसा युद्ध नहीं करेंगे। वृद्ध, बालक एवं स्त्रियों पर हाथ नहीं छोड़ेंगे। मंदिर या मस्जिद नष्ट करने से धर्म की प्रतिष्ठा नहीं बढ़ेगी।'

पहले भी हिंदू थे। उनके बुनियादी लक्ष्य होते थे– शांतिपूर्ण जीवन, नैतिक उत्थान और सामाजिक सद्‌भाव!

उस जमाने में तिलक, लाजपत राय और मदनमोहन मालवीय ही नहीं, माखनलाल चतुर्वेदी, मैथिलीशरण गुप्त, प्रसाद जैसे कवि हिंदू संस्कारों के होते हुए भी सांप्रदायिक नहीं थे। उन्होंने अपने को हिंदू राष्ट्रीयता में सीमित न करके बड़े राष्ट्रीय उद्देश्यों से जोड़ा था। राष्ट्रीय जागरण के उस दौर में विचारों के बीच दूरियां होती थीं, पर आपस के संबंध हिंसक नहीं होते थे। उस युग में 'हमारा आदमी-उनका आदमी' का भाव नहीं था, विचारों का संघर्ष था।

गांधी ने आधुनिक बुद्धिजीवियों की तरह धर्मनिरपेक्षता पर कभी बहस नहीं की। इसकी जगह उन्होंने 'अहिंसा' और 'सहिष्णुता' शब्द का प्रयोग किया। उनका कहना है, 'मैं इस धारणा से सहमत नहीं हूं कि संसार में एक ही धर्म हो सकता है अथवा होगा। इसलिए मैं समानता के सूत्र पकड़ने और परस्पर सहिष्णुता का विकास करने के लिए प्रयासरत हूँ।' सहिष्णुता दूसरे को आदर देना है और एक उत्तरदायित्व है।

गांधी 'सादा जीवन-उच्च विचार' की धारणा लेकर चलते थे, जबकि 21वीं सदी 'कृत्रिम जीवन-निम्न विचार' लेकर चल रही है।

एक बार मदनमोहन मालवीय ने प्रयाग में गांधी जी को विद्यार्थियों के लिए बना आधुनिक सुख-सुविधाओं से युक्त हिंदू बोर्डिंग हाउस दिखाया।

गांधी बोले–बड़े भाई, आप ग्रामीण नवयुवकों की आदत इन आधुनिक साज-सज्जा से युक्त भवनों में रखकर खराब कर रहे हैं। इस प्रकार ये नवयुवक प्रतिभाएं फिर गांवों में कैसे रह पाएंगी? मदनमोहन मालवीय न कहा–'हां, मैं चाहता हूं कि सभी ग्रामवासी भारतीयों की आदतें खराब हो जाएं, ताकि अभावबोध में वे आधुनिक सुख-सुविधाओं का आविष्कार करें। आवश्यकता आविष्कार की जननी है।' मालवीय जी के दिमाग में धार्मिक पुनरुत्थान और आधुनिकीकरण के 'विरुद्धों का युग्म' था। इस अनोखे बिंदु पर गांधी सामान्यतः मदनमोहन मालवीय और रवींद्रनाथ ठाकुर के बीच एक अनंत भारतीय चुनौती बने हुए थे, एक ऐसी समस्या, जिसका कभी समाधान नहीं हो सका। गांधी और रवींद्रनाथ प्रायः दो ध्रुवों पर खड़े थे। वे एक-दूसरे के प्रति ढीला पड़ते हुए भी न कभी परस्पर नजदीक आए और न कभी उन्होंने आपस में जंग छेड़ी। शायद दोनों ने कुछ समस्याओं से निबटने की जिम्मेदारी भावी युगों पर छोड़ दी थी!

रवींद्रनाथ धर्म के बारे में गांधी जैसे राजनीतिज्ञ की तरह नहीं सोचते थे, वे एक कवि की तरह सोचते थे। वे धर्म के लिए सबसे पहले एक उचित स्थान और उचित वातावरण जरूरी मानते थे, क्योंकि इसके बिना धर्म मनुष्य को अनुप्राणित नहीं कर सकता। यदि कहीं भीड़ हो, ठेलमठेल हो, शोर हो, नारे हों, धर्म अनुप्राणित नहीं करता और जो कुछ करे। रवींद्रनाथ मनुष्य जाति की एकता को एक ऊर्जावान सत्य के रूप में देखते थे और मानते थे, 'अद्वैत अनंत है और आनंद से भरा है।' वे कहते थे, 'सच्चा आनंद कभी किसी लोभ के तृप्त होने से नहीं मिलता, यह वैयक्तिक आत्म को सार्वभौम आत्म को समर्पित कर देने से ही मिल सकता है।' वे एक शाक्त क्षेत्र बंगाल का होने के कारण ईश्वर को दैवी मातृशक्ति के रूप में देखते थे, पर मुख्यतः एक तरफ उपनिषद तो दूसरी तरफ बाउल गान की ओर आकर्षित थे। वे यह बाउल गान खासतौर पर पसंद करते थे, 'मंदिर और मस्जिद मुझे तुम्हारे पास आने नहीं देते ईश्वर, मैं पंडित-मौलवियों की भीड़ में तुम्हारी पुकार सुन नहीं पाता (भाव)!'

जाहिर है, रवींद्रनाथ की धर्म-संबंधी बातें शिक्षित मध्यवर्ग को आकर्षित कर सकती थीं, जबकि गांधी को साधारण जनता को संबोधित करना था, जो पंडितों और मौलवियों के प्रभाव में थी। फिर भी रवींद्रनाथ और गांधी के धर्म-संबंधी विचारों में यह समानता है कि दोनों ही 'मनुष्य के धर्म' की बात करते हैं। रवींद्रनाथ यहां तक आगे बढ़कर कहते हैं, 'मैं जब तक जिंदा हूं, देशभक्ति को मानवता पर जीत हासिल करने नहीं दूंगा।' उन्होंने अंध-देशभक्ति के नाम पर दुनिया में हुए अत्याचारों को देखा था, इसलिए उनकी यह अतिवादी धारणा बनी। देशभक्ति की जगह जरूरी है मानवता-संवलित देशप्रेम।

रवींद्रनाथ की दृष्टि में धर्म वैयक्तिक मुक्ति का साधन है। उन्होंने इतिहास से जाना था कि धर्म जब उन्मत्त भीड़ का औजार हो जाता है, उसके नतीजे क्या होते हैं। फूलों से टपकता है लहू!

हिंदू धर्म : सुधार और विपर्यय

हिंदू धर्म में सुधार की मांग सर्वप्रथम गौतम बुद्ध ने की थी और एक विकल्प दिया था। भक्त कवि हिंदू धर्म के 'इनसाइड क्रिटिक' थे। उनकी महत्ता असंदिग्ध है। उन्होंने जाति भेदभाव, धार्मिक आडंबर, अंधविश्वास और कर्मकांड को न मानकर ईश्वर की अनुभूति को प्रधानता दी थी। (देखें लेखक की पुस्तक 'भक्ति आंदोलन')। भक्त कवियों ने ईश्वर के देवरूपों से निजी संबंध पर जोर देकर धर्म के लोकमंगल वाले पक्ष को उभारा था। उनके सौंदर्यबोध का लक्ष्य प्रेम था। उन्होंने लगभग हजार-बारह सौ साल के अपने इतिहास में हिंदू धार्मिक सुधारवाद की आध्यात्मिक जमीन तैयार की, जिसे नवजागरणकालीन सुधारकों ने संगठित रूप से सामाजिक गति दी। 19वीं सदी में भारत के लोग खुलकर धार्मिक जड़ता के विरुद्ध बोलने लगे। इस तरह भक्ति आंदोलन और नवजागरण के बीच संबंध लक्षित किया जा सकता है।

दरअसल हर अंधेरे दौर के बाद धार्मिक सुधार, बुद्धिपरक अंतर्मिश्रण और शांतिपूर्ण सह-अस्तित्व ऐतिहासिक अनिवार्यता बने हैं। हर धार्मिक

हिंसा और शोर के बाद लोगों का मन अधिक तीव्रता से सुख-शांति चाहने लगा है।

आधुनिक युग में धर्म पर जो विचार आए, वे मोटे रूप से तीन तरह के थे– कट्टरवादी, उच्छेदवादी और आलोचनात्मक समावेशी। नवजागरण काल के राममोहन राय, विद्यासागर, विवेकानंद, रानाडे, फुले, सावित्री बाई, वीरेश लिंगम, नारायण स्वामी आदि सामान्यतः आलोचनात्मक और समावेशी प्रकृति के थे। (देखें लेखक की पुस्तक 'भारतीय नवजागरण : एक असमाप्त सफर')।

19वीं सदी में भारतेंदु मंडल के अंग माने जाने वाले प्रताप नारायण मिश्र ने धार्मिक सुधारों का विरोध करते हुए अपने धार्मिक कट्टरवाद के साथ कहा था, 'जपो निरंतर एक जबान, हिंदी-हिंदू-हिंदुस्तान'। यह हिंदी क्षेत्र के कुछ लोगों को सुनने में अच्छा लग सकता है, पर यह एक आधारहीन और खुद हिंदी के लिए एक विनाशकारी कथन है।

हिंदी क्षेत्र में डिरोजियो तथा उनके 'यंग बंगाल' के आधुनिक नौजवानों जैसे उग्र उच्छेदवादी नहीं थे। यह औद्योगिक-व्यापारिक विकास के अभाव में एक पिछड़ा क्षेत्र था, शिक्षा की दृष्टि से भी पिछड़ा था। हर तरफ कट्टरता का बोलबाला था। इन्हीं स्थितियों में ब्रज क्षेत्र के कठोर मत वाले वल्लभ संप्रदाय में राधाचरण गोस्वामी दीक्षित हुए थे, पर वे आलोचनात्मक समावेशिकता पर जोर देते थे। उन्होंने दो प्रहसन 'तन मन धन गोसाइयों को अर्पण' तथा 'यमलोक की यात्रा' लिखकर वल्लभ संप्रदाय के ही धार्मिक पाखंड का अनावरण किया था। उसी दौर में 'ओम जय जगदीश हरे' आरती के रचनाकार श्रद्धाराम फिल्लौरी ने एक ईसाई पादरी के कहने पर बाइबिल के कुछ अंशों का गुरुमुखी में अनुवाद किया। इसके अलावा, वे अंग्रेज सरकार का विरोध करने पर तड़ीपार हुए थे। उन्होंने हिंदी के पहले उपन्यास 'भाग्यवती' की रचना करने के अलावा उर्दू और पंजाबी में भी लिखा। हमें यह कल्पना करने का जोखिम उठाना चाहिए कि 19वीं सदी के राधाचरण गोस्वामी और श्रद्धाराम फिल्लौरी जैसे व्यक्तियों के हिंदू धर्म में कितना अधिक स्पेस था।

बालकृष्ण भट्ट आधुनिकता की ओर आकर्षित थे, वे उदारवादी ब्राह्मण थे। उन्होंने लड़कियों का पहला स्कूल खोलने में सहयोग दिया था। वे इस हद तक कल्पना कर लेते थे, 'यकीन मानिए, जिस दिन हमारी सीधी-सादी ललना समाज में शिक्षा का असर पैदा हो गया, जैसा बंगाल में हो चला है, फिर ये मंदिर और देव-स्थान हिंदुस्तान में एक पुरानी बात हो जाएंगे।' (हिंदी प्रदीप, अप्रैल-जून, 1891)। वस्तुतः आम हिंदू स्त्रियां व्रत-पूजा, चौका-चूल्हा, शृंगार और शिशु पालन के चौखूंटे से इतनी अधिक बंधी होती हैं कि उनके लिए मंदिर और देवस्थान अतीत की वस्तु नहीं हो सकते थे। बालकृष्ण भट्ट तब सोच नहीं पाए थे कि धार्मिक रूढ़ियों को उत्तर-औद्योगिक समाज में बाजार, राजनीति और मनोरंजन उद्योगों का समर्थन पाकर नई ऊर्जा मिलेगी।

अयोध्या सिंह उपाध्याय 'हरिऔध' ने एक महाकाव्य रचा था 'प्रियप्रवास' (1909)। कृष्ण की कथा में कानी अंगुली पर गोवर्द्धन पर्वत उठा लेने का एक प्रसंग है, जिसे अपने युग के बौद्धिक जागरण की रोशनी में हरिऔध ने तर्कसम्मत बनाकर उपस्थित किया। उन्होंने दिखाया कि अतिवृष्टि के समय कृष्ण ने अपने सखाओं के साथ वस्तुतः राहत कार्य किया। उन्होंने ब्रजवासियों को गोवर्द्धन की गिरि-कंदराओं में ले जाकर सुरक्षित पहुंचा दिया, 'सकल लोग लगे कहने, उसे रख लिया उंगली पर घनश्याम ने'! उस युग में धार्मिक विश्वासों का 'रैशनलाइजेशन' हो रहा था। आज समाज को वापस पुरानी धार्मिक धारणाओं और रूढ़ियों की तरफ ले जाया जा रहा है, वह भी पागलपन के साथ।

धार्मिक परंपरा से आए हुए बिहार के पं. रामावतार शर्मा (1877-1929) संस्कृत के विद्वान थे, पर वे तार्किक व्यक्ति थे। उन्होंने लिखा, 'जादू और अद्‌भुत दोनों छल हैं, जिन्हें झूठे धर्मवाले दिखाया करते हैं और उन्हें वैसे ही मूर्ख लोग सत्य समझते हैं, जो सतर्कतापूर्वक परीक्षण नहीं करते।' उन्होंने यह भी कहा, 'जिसे धर्म का ज्ञान नहीं है और वह समझता है कि हम चाहे जितना अधर्म करें, एक बार किसी नाम के जपने से शुद्धि हो जाएगी, उस आदमी को अधर्म करते क्या लगता है।' (निबंधावली)।

आज के युवा जब तर्क देकर साधारण लोगों को धार्मिक अंधविश्वास और बाबाओं के चमत्कारवाद तथा दिए जाते प्रलोभनों से बाहर निकालने का प्रयास करते हैं, उन्हें रूढ़िवादियों के आक्रोश का सामना करना पड़ता है। जब बिग मीडिया और न्यूज चैनल रात-दिन अंधविश्वासों, रूढ़ियों और चमत्कारों के उत्तेजनात्मक प्रचार में लगे हों, जनता की बुद्धिसम्मत दृष्टि का विकास कैसे होगा!

प्रेमचंद ने धर्म की कुरूपता का अनावरण तीखे रूप में किया था। इसके चलते उन्हें कट्टरवादियों का वैचारिक आक्रमण झेलना पड़ा। प्रेमचंद ने धर्म और राजनीति की सांठ-गांठ से पैदा होने वाली समस्याओं से सचेत करते हुए लिखा था, 'पांचों वक्त नमाज पढ़िए, तीसों रोजे रखिए, देवताओं की जितनी चाहे पूजा कीजिए, हवन की सुगंध से देश को सुगंधित कर दीजिए, मगर धर्म को राजनीति से गड़बड़ न कीजिए। धर्म ईश्वर और मनुष्य के संबंध की वस्तु है। हम तो यहां तक कहते हैं कि अगर आपके धर्म में कुछ ऐसी बातें हैं, जो राष्ट्रीयता की परीक्षा में पूरी नहीं उतरतीं, सार्वदेशिक हितों में बाधक होती हैं तो उन्हें त्याज्य समझिए। 'काफिर' और 'म्लेच्छ' का हमारे धर्म से नामोनिशान मिट जाना चाहिए।' प्रेमचंद ने कबीर की तरह हमेशा हिंदुओं और मुसलमानों दोनों के संदर्भ में अपनी बात रखी। वे यह सब कहते हुए जरा भी बौद्धिकता का दंभ नहीं पालते। जनता के प्रति आदर भाव के कारण ही वे अपने कथा साहित्य में उसके विश्वासों का मखौल नहीं उड़ाते, भले उन विश्वासों के प्रति उनका सामान्य रुख आलोचनात्मक था।

प्रेमचंद ने लक्षित किया कि आम जनता की धार्मिक भावना में उसकी नैतिक शक्ति छिपी होती है। वे अपने को नास्तिक कहते थे, पर इसका यह अर्थ नहीं है कि उनके पास मूल्यबोध न था। उल्लेखनीय है कि वे अपनी नास्तिकता को अपने कथा-चरित्रों पर आरोपित नहीं करते। वे कहते हैं, 'अगर एकाएक जनता को कोई भगवान से अलग करना चाहे तो संभव नहीं है।' वे दो भिन्न किस्म के धार्मिक झुकावों में फर्क करते हैं, 'दुखी आशा में ईश्वर में भक्ति रखता है, सुखी भय से।' प्रेमचंद युग

की धार्मिक भावना में नैतिक शक्ति बची हुई थी, क्योंकि धर्म को संकीर्ण राजनीति से जोड़ने की प्रवृत्ति अभी व्यापक आकार नहीं ले पा रही थी। प्रेमचंद के यथार्थवाद की एक बड़ी खूबी यह है कि उसमें प्रेम, त्याग, ईमानदारी, आत्मनिर्भरता, भाईचारा, परस्पर सहयोग जैसे मूल्यों के लिए जगह है। यथार्थवाद से कभी-कभी गलत अर्थ निकाला जाता है– उच्च मानवीय आदर्शों और राष्ट्रीय विरासत का विध्वंस!

इतिहास की किसी बुराई को केवल तर्क से नहीं मिटाया जा सकता, सहृदयता भी चाहिए। इस युग में जो व्यक्ति तर्क की पिटारियां लेकर बैठे हैं, वे अलग-थलग हैं और जिनके पास कोई तर्क नहीं है, उनकी दुंदुभि बज रही है। भारत में तर्क का जिस तरह दिवाला पिटा है और धर्माडंबर, जातिवाद और प्रांतीयता जन-जन के बीच जिस तरह फैली है, ये चीजें कुछ समय के लिए पिछड़ जाएं, लेकिन इनका मूलोच्छेद अब कठिन हो चुका है। वस्तुतः इतिहास, धर्म और संस्कृति एक राजनीतिक रणभूमि में बदल दिए गए हैं। इसके अलावा, बाजार सभ्यता में 'हरेक के विरुद्ध हरेक का युद्ध' और 'सर्वाइवल ऑफ द फिटेस्ट' ये दो समस्याएं अलग से हैं। हम बाजार सभ्यता की अदृश्य कैद में हैं। इन सबसे मुक्ति भारतीय जीवन में तर्क, लोकतांत्रिक बोध और सहृदयता के पुनर्वास से ही संभव है।

भारत में शुद्धतावाद या उच्छेदवाद ज्यादा वक्त तक कभी नहीं चल सका। किसी बड़े उद्देश्य को पाने के लिए हर युग में ही सामंजस्यपरक आलोचनात्मक अंतर्दृष्टि की जरूरत महसूस की गई है। ऐसी दृष्टि के लिए बौद्धिक सहृदयता चाहिए, जो अहंकार से मुक्त होने पर ही संभव है। अंध-बुद्धिवाद या कट्टरवाद के रहते बौद्धिक सहृदयता संभव नहीं है।

सामंजस्यपरक आलोचनात्मक अंतर्दृष्टि मिथ्या अंतर्विरोधों और खाइयों में नहीं फँसती है। यह हमारे देश की विभिन्न जातीयताओं, संस्कृतियों और विश्वासों के आपस में घुलने-मिलने से बार-बार बनी और खो गई। देश विपर्यय का शिकार हुआ।

दरअसल समावेशी आलोचनात्मक दृष्टि के निर्माण में जातिवाद, धार्मिक मतांधता, प्रांतीयता और भिन्नता की राजनीति मुख्य रुकावटें हैं।

उसे पर्याप्त आधुनिक और लोकतांत्रिक पोषण नहीं मिला। फलतः अतीत से वर्तमान की दृष्टि निर्धारित की जाने लगी। पश्चिमी अपसंस्कृति के शिकार देश पर अतीत का नकारात्मक सांस्कृतिक बोझ लद गया। यह नहीं कहा जा सकता कि उदारवाद की अंतिम रूप से हार हो गई है, क्योंकि 'भारत भाव' एक कृत्रिम शोर में डुबोया जा सकता है पर उसके संगीत को, उसकी बहुस्वरता को अंतिम रूप से मिटाया नहीं जा सकता।

यह चिंताजनक है कि भारतेंदु हरिश्चंद्र, महावीर प्रसाद द्विवेदी, प्रसाद, निराला, रामचंद्र शुक्ल जैसे हिंदी लेखकों के धर्म और संस्कृति-संबंधी विचारों को समग्रता में न देखकर उन पर धार्मिक पुनरुत्थानवाद के आरोप लगे। उन्हें नकारा गया, जबकि उनमें से किसी ने भाषा को धर्म से नहीं जोड़ा था। देखा जा सकता है कि इस तरह का आरोप लगाने वाले उच्छेदवादी बुद्धिजीवियों का अपना साहित्यिक योगदान लगभग नगण्य है।

महावीर प्रसाद द्विवेदी का उदाहरण लें। उन्होंने 'साहित्य की महत्ता' में एक बहुत महत्वपूर्ण बात कही है, 'साहित्य ने अनुदार धार्मिक भावों को जड़ से उखाड़ फेंका है।' उनकी यह उक्ति भी देखें, 'हे जगदीश, प्रतिदिन प्रातःकाल हाथ को कपड़े में छिपाकर अनेक प्रकार के मंत्र जप करने के मिस जो लोग दूसरों को पीड़ा पहुंचाने का चिंतन करते हैं, उनको हमारा दूर से नमस्कार!' महावीर प्रसाद द्विवेदी हिंदू थे, उनकी देवताओं में आस्था थी, पर उनकी धार्मिक दृष्टि में बुद्धिपरकता थी।

20वीं सदी के आरंभिक दशकों में धर्म के बारे में जो नई भारतीय सोच बन रही थी, उसकी पृष्ठभूमि में वस्तुतः 19वीं सदी के सुधार आंदोलन थे। कहा जाना शुरू हुआ था कि सच्चे धर्म के अनुसार जीवन जियो, धार्मिक पाखंड की राह से नहीं।

रामचंद्र शुक्ल हिंदू थे। वे राम से जिस तरह का मार्मिक लगाव का अनुभव करते थे, वह आज दुर्लभ है। वे लिखते हैं, 'कोई राम भक्त जब चित्रकूट पहुंचता है, तब वहां के प्राकृतिक सौंदर्य पर ही मुग्ध नहीं होता, अपने इष्ट देव की मधुर भावना के योग से एक विशेष प्रकार के अनिर्वचनीय माधुर्य का भी बोध करता है।' (काव्य में प्राकृतिक दृश्य)।

अब ऐसे अनिर्वचनीय माधुर्य के बोध की जगह उन्माद-भरा शोर है। आचार्य शुक्ल आगे लिखते हैं, 'ऊबड़-खाबड़ पहाड़ी रास्तों में जब झाड़ियों के कांटे उसके शरीर में चुभते हैं, तब उसमें सान्निध्य का यह मधुर भाव बिना उठे नहीं रह सकता कि वे झाड़ उन्हीं प्राचीन झाड़ों के वंशज हैं जो राम, लक्ष्मण और सीता को कभी चुभे होंगे। इस भाव योजना के कारण उन झाड़ों को वह और ही दृष्टि से देखने लगता है।' राम को देखकर हृदय के भावों का ऐसा उत्कर्ष हो और मन में विशालता आए, यह आज संभव नहीं रह गया है, क्योंकि देवताओं की छवि में हम अपने ऐश्वर्य और हिंसा की छवि ढूंढ़ते हैं। रामचंद्र शुक्ल भाव-उत्कर्ष की वजह से यहां तक सोचते थे कि यदि राम से सच्चा प्रेम है तो व्यक्ति राह चलते हुए अपने पैर बचाकर चलेगा ताकि कोई चींटी न दब जाए!

'सेक्यूलरिज्म' बौद्धिक प्रयोगशाला की चीज नहीं है। वह एक जीवन दृष्टि है। वह स्थान-काल सापेक्ष एक विकासशील अवधारणा है जो इतनी प्रदूषित कर दी गई कि आज उसका कोई नाम तक नहीं लेता, बल्कि सेकुलर भी अब जन-समर्थन के लिए धार्मिक सजकर घूम रहे हैं

निराला 'तुलसीदास' और 'राम की शक्तिपूजा' जैसी कृतियां लिखने के अलावा 'कुल्लीभाट', 'बिल्लेसुर बकरिहा' भी लिखते हैं। वे साधारण जनों पर कलम उठाते हैं। गरीब ब्राह्मण बिल्लेसुर एक कसाई द्वारा बकरी चोरी कर लिए जाने पर गुस्से में अपने इष्टदेव हनुमान की नाक डंडे से तोड़ देता है, क्योंकि वे उसकी बकरी की रक्षा नहीं कर सके थे। इस प्रेम को देखिए जो डंडा मारकर हनुमान की नाक तोड़ देने में झलक रहा है! निराला एक अन्य संदर्भ में लिखते हैं, 'धार्मिक कानूनों की दुहाई देकर आत्मा को उन्हीं से घेर रखना मुक्ति नहीं।' (साहित्य का आदर्श, 1932)। वे स्पष्ट करते हैं, 'जिस भारतीयता के गर्व से दूसरे तुच्छ जान पड़ते हैं, वह भारतीयता में कुछ रूढ़ियों से चलती आई अभारतीयता है।' (हिंदी में आलोचना, 1933)। निराला के 'काउंटर डिस्कोर्स' से आज भी यह विश्वास हासिल किया जा सकता है, 'सीमा के अंदर घिरकर बंद रहना जिस तरह मनुष्य की प्रकृति है, उसी तरह सीमा के संकीर्ण बंधनों को पार

कर जाना भी मनुष्य की प्रकृति है।' (साहित्य की समतल भूमि, 1926)। दरअसल मनुष्य में उत्थानशील प्राचीन की गहराई ही नहीं, आधुनिक युग की गति भी होनी चाहिए। हमें अपने जीवन में गहराई और गति दोनों चाहिए।

निराला 'तुलसीदास' में भारत की कठोर स्थितियों की ओर संकेत करते हुए कहते हैं, 'तोड़ने को विषम बज्र-द्वार/उमड़े भारत का भ्रम अपार हरने को।' अब भी भ्रम छाए हैं। वर्तमान युग में धर्म का बज्र-द्वार टूट नहीं पा रहा है, क्योंकि नई समस्याओं का सामना कभी जंग खाए पुराने हथियारों से नहीं किया जा सकता। उनका सामना चुटकुलों और हवाई बातों से भी नहीं होगा। इसके लिए, 'शक्ति की करो मौलिक कल्पना/आराधन का दृढ़ आराधन से दो उत्तर'! ये निराला की 'राम की शक्तिपूजा' की पंक्तियां हैं।

विवेक का संकट

हिंदी के शैक्षिक-बौद्धिक संसार में आधुनिकता विवेक और परंपरा विवेक का भारी अभाव है। राहुल सांकृत्यायन ने दिमागी खुलेपन का परिचय देते हुए 'प्रगतिशीलता का प्रश्न' शीर्षक एक लेख में लिखा था, 'यदि प्रगतिशीलता के नाम पर कोई हमारे पुराने अमर कलाकारों वाल्मीकि, अश्वघोष, कालिदास, भवभूति, बाण, सरहपा, जायसी, सूर, तुलसी से लेकर प्रेमचंद, प्रसाद तक से हाथ धो लेना अपना कर्तव्य समझता है तो यह प्रगतिशीलता नहीं है। एंगेल्स ने जर्मन प्रोफेसर डूरिंग के इसी तरह के ऊटपटांग विचारों की खबर लेते हुए कहा था कि अब गेटे और दूसरे महान कवि तो खत्म कर दिए जाएंगे, क्योंकि वे डूरिंग के समाजवादी युग में पैदा नहीं हुए और डूरिंग साहब उनकी जगह नए गेटे पैदा नहीं कर सकते। हिंदुस्तान में भी हमारे गेटे, वर्जिल और शेक्सपियर हैं। प्रगतिशीलता के नाम पर उनको अपमानित और स्थानच्युत करने का प्रयास पागलपन या लड़कपन के सिवाय कुछ नहीं है।' इस उद्धरण में वाल्मीकि से लेकर प्रसाद तक की सूची बौद्ध और मार्क्सवादी राहुल के उदार विवेक को प्रतिध्वनित करती है। इससे स्पष्ट होता है कि भारतीय समाज और इसकी

सांस्कृतिक परंपराओं से संवाद किए बिना कोई विचारधारा इस मिट्टी में पनप नहीं सकती। भारतीय मिट्टी में बहुत कुछ है, जो बहुमूल्य और आंखें खोलने वाला है।

कभी पश्चिम से वैयक्तिक स्वतंत्रता, लोकतांत्रिक दृष्टि, बुद्धिपरकता और मानवीय गरिमा का बोध होता था। आज का 'पश्चिम' इन दिशाओं में नहीं ले जाता और न लोगों के मन को विस्तृत करता है। कभी पश्चिम से पश्चिम के साम्राज्यवाद से भिड़ने की प्रेरणा मिलती थी। आज का पश्चिम आधुनिक दर्शन देने वाला पश्चिम न होकर माइकल जैक्सन, मेडोना, रिहाना, बिल गेट्स और जुकेरवर्ग का पश्चिम है जिसकी तरफ दुनिया आकर्षित है।

पश्चिम की तरफ अबौद्धिक खुलेपन या पश्चिमवाद से शहरी लोगों को सुख और तसल्ली जितनी मिली हो और उनकी आत्महीनता जितनी दूर हुई हो, पर वे भारतीय परंपराओं के सुंदर, उच्चतर और श्रेष्ठ तत्वों से लगातार विच्छिन्न होते गए। यह कैसे हो सकता है कि मोर नाचे और नंगा न हो।

देखा जा सकता है कि पश्चिम की ओर दिमाग को खुला रखने के बावजूद, भारत के अधिकांश लोगों का अतीत के मरे हुए हिस्सों के इर्द-गिर्द चक्कर काटना नहीं छूटा, बल्कि यह तेज हो गया। धर्म का सारतत्व फिसल गया, हाथ में उसका छिलका रह गया। अतीत की जीवंत विरासत से संपर्क खत्म होता गया। स्वतंत्र भारत में 'आधुनिकीकरण और धार्मिक रूढ़ियों का युग्म' ही आम भारतीयों के जीवन का प्रमुख लक्षण बन गया। इस तरह न आधुनिकता विवेक पनप पाया और न परंपरा विवेक।

कई क्रांतिकारी विद्वान सोच रहे थे कि सत्ता हाथ में आते ही सामाजिक बुराइयां अपने आप दूर हो जाएंगी। वे जोश में धर्म का विरोध करने लगे, सांस्कृतिक उच्छेदवादी हो गए। उन्होंने अपने ही पैर पर कुल्हाड़ी मारी। उन्होंने चिंता नहीं की कि ढहती उदारवादी राष्ट्रीय भावना और मानवीय मूल्यों को कैसे बचाया जाए। ऐसे अधिकांश बुद्धिजीवी अंतरराष्ट्रीयतावाद में मगन थे। विचारधारा उनके लिए आत्मा की रीढ़ नहीं, टोपी थी। उनमें व्यक्तिगत पसंद-नापसंद के विचार पनपने लगे और

धीरे-धीरे उनमें जातिवाद सहित भारत की सभी सामाजिक बुराइयां प्रवेश कर गईं। एक दौर ऐसा आया जब शासन में धर्मनिरपेक्षता और भ्रष्टाचार प्रायः पर्यायवाची हो गए। राजनीति नैतिकता-विहीन होती गई। वह समाज में कोई नया विश्वास, एक भिन्न जीवनबोध प्रतिष्ठित नहीं कर पाई।

आत्मसातीकरण और समावेशिकता में फर्क

नवजागरण पर अपनी पुस्तक में एक जगह के. एन. पनिक्कर लिखते हैं, 'हिंदू पहचान को राजनीतिक समाज में घोलने की साजिश की जड़ें 19वीं सदी के उत्तरार्ध में तलाश की जा सकती हैं, जब सुधारवादी और नवजागरणवादी आंदोलनों पर आधारित धार्मिक समुदायों ने जातपात में उलझी हिंदू व्यवस्था में समरूपता की भावना जगाने की कोशिश की थी। (कोलोनियलिज्म, कल्चर एंड रेजिस्टेंस)! यदि नवजागरण काल में हिंदू धर्म के एकरूपीकरण की कोशिश ही मुख्य प्रवृत्ति थी, तो उस काल में 'जितने मत-उतने पथ' क्यों बने और ब्रह्म समाज, आर्य समाज, प्रार्थना समाज, सत्य शोधक समाज जैसे संगठन कैसे खड़े हुए?

दरअसल कई स्वातंत्र्योत्तर बुद्धिजीवियों को पता नहीं था कि वे जिस अंध-बुद्धिवाद को लेकर चल रहे हैं, वह एक दिन उन्हें जनता से विच्छिन्न कर देगा। वे नहीं सोच पाए कि भारतीय उदारवाद पर अंततः धार्मिक, जातिवादी और प्रांतीय कट्टरताएं हावी हो जाएंगी, इनसे मानवता का दम घुटेगा। अंध-बुद्धिवादी लेखकों ने देखना नहीं चाहा कि इस देश के इतिहास और संस्कृति में अंग्रेजी राज को उखाड़ फेंकने की कैसी ताकत छिपी थी और आगे भी वह हर भेदभाव को उखाड़ फेंकेगी।

कई धार्मिक-राजनीतिक चिंतक भारत की बहुलता को 'सह-अस्तित्व' की जगह 'आत्मसातीकरण' के पाले में लाना चाहते हैं। विद्यानिवास मिश्र पूछते हैं, 'क्या हिंदू चिंतनधारा भारतीय चिंतनधारा का मुख्य उपादान नहीं है? क्या विभिन्न विचारधाराओं से कुछ टकराव, कुछ विनिमय, कुछ अनुकूलन आदि प्रक्रियाओं से हिंदू चिंतनधारा ही भारतीय चिंतनधारा नहीं बन गई है?' वे खुलकर कहते हैं, 'भारतीय परंपरा एक है।

वह सनातन भी है और नहीं भी।' (भारतीय चिंतनधारा)। 21वीं सदी में ऐसे ही विचारों की रोशनी में भारतमाता को सिंह पर सवार एक हिंदू देवी के रूप में देखा जाता है, जबकि भारत की जनता भारतमाता है। कहने की जरूरत है, कोई एक पूर्णतः परिभाषित हिंदू चिंतनधारा नहीं है। हिंदू धर्म की कई लोकप्रिय परंपराएं हैं। विद्यानिवास मिश्र भारतीय परंपरा को सनातन 'नहीं भी' कहते हैं, हालांकि अब इतना स्पेस भी नहीं दिया जाता और उदारवाद तथा आधुनिक सामाजिक परिवर्तनों को नकारा जाता है। एक खास हिंदुत्ववादी चिंतनधारा को जोर-जबर्दस्ती भारतीय चिंतनधारा का पर्याय बनाने और बहुलता को नकारने के उद्देश्य से ही 'सनातन' और 'हिंदू आत्मसातीकरण' के सिद्धांत का सहारा लिया गया है।

रवींद्रनाथ के चिंतन में भारतीय समावेशिकता की महासागर वाली धारणा है। भारत-महासागर में न जाने कितनी जातियां और संस्कृतियां आईं और मिल गईं। यहां महासागर का संदर्भ हिंदू धर्म नहीं है, भारतीय संस्कृति है, भारतीय समाज है। भारतीय समावेशिकता से हिंदुत्ववादी आत्मसातीकरण भिन्न है। यह भारतीय संस्कृति ही नहीं, हिंदू धर्म की भी एकरेखीय और सर्वभक्षी तस्वीर निर्मित करता है। कहना न होगा कि हिंदू धर्म में प्राचीन अवस्था से ही बहुलता है, समावेशिकता है। भारतीय परंपराओं में सामान्यतः किसी ने किसी को नहीं निगला।

समावेशिकता और आत्मसातीकरण में फर्क है। समावेशीकरण में वर्चस्व और अधीनता नहीं है, 'दूसरों' के प्रति सम्मान है, जबकि आत्मसातीकरण 'दूसरों' को बलात मिटाकर वर्चस्ववादी एकरूपता लाना है। हमारे देश में 'बहुलता में अखंडता' के साथ-साथ 'अखंडता में बहुलता' भी एक यथार्थ है। इसके बिना लोकतंत्र की कल्पना नहीं की जा सकती।

परंपरा और रूढ़ि में फर्क

विद्यानिवास मिश्र से तुलनात्मक रूप से पुरानी पीढ़ी का होकर भी हजारी प्रसाद द्विवेदी ज्यादा यथार्थपरक और सकारात्मक सोच के हैं। वे 'मानव धर्म' निबंध में कहते हैं, 'वास्तव में हमारे अध्ययन की सामग्री प्रत्यक्ष

मनुष्य है।' द्विवेदी जी मनुष्य को 'सनातन' की जगह इतिहास में उसकी 'धारावाहिक जययात्रा' में देखते हैं। कैसी विडंबना है कि हजारी प्रसाद द्विवेदी जैसे साहित्यकार धर्म के रास्ते से आकर भी आधुनिक जीवन और देश की प्रगतिशील परंपराओं का अभिनंदन करते हैं, जबकि आधुनिकता की राह से आकर भी कई बुद्धिजीवी और कलाकार धार्मिक कट्टरवाद के जाल में फंस गए। ज्ञानपीठ पुरस्कार से सम्मानित नरेश मेहता प्रश्न करते हैं, 'भारतीयता का दावा करने वाले छायावादी कवियों में सिर्फ और सिर्फ निराला ने 'राम की शक्तिपूजा' लिखी। बाकी कवियों ने राम और कृष्ण पर कलम क्यों नहीं चलाई?' (जनसत्ता, 18 मई 1993)। छायावाद एक महान साहित्यिक उभार था। इसके लिए उपर्युक्त कसौटी देखकर कोई भी व्यक्ति देश के बौद्धिक विपर्यय का अंदाजा लगा सकता है।

हिंदी साहित्यकार हजारी प्रसाद द्विवेदी के व्यक्तित्व में कालिदास और कबीर गले मिलते दिखते हैं। वे ज्योतिषाचार्य और संस्कृत के पंडित थे। उन्होंने परंपरा और रूढ़ि का फर्क बताया है, 'परंपरा का शब्दार्थ है एक का दूसरे को, दूसरे का तीसरे को दिया जाने वाला क्रम। यह अतीत का समानार्थक नहीं है। परंपरा से हमें समूचा अतीत नहीं प्राप्त होता। उसका निरंतर निखरता, छंटता हुआ रूप प्राप्त होता है।' कहना न होगा कि रूढ़ि परंपरा का छंटा हुआ रूप है। परंपरा बुद्धि से निखरती है और प्रयोग से पुनर्नवता हासिल करती है। रूढ़ि वह है, जिससे सत्य खो गया हो और वह समाज के लिए समस्या हो। रूढ़ि परंपरा का शव है। रूढ़ियां समाज को मुर्दा बनाकर रखती हैं, चाहे वे अतीत की हों या आधुनिक युग की।

भारत के लोगों ने सामान्यतः अतीत और पश्चिम दोनों जगहों से वह लिया, जो बुरा और पतनशील है और दोनों जगहों का वह छोड़ दिया जो अच्छा और उत्थानशील है। उन्होंने अतीत और परंपरा में फर्क नहीं किया। उन्होंने पश्चिम के सिर्फ आधुनिक फैशन और औपनिवेशिक तत्वों को चुना। हमें तय करना है कि क्या भारत को अतीत और पश्चिम दोनों की रूढ़ियों का मालगोदाम होकर रहना है या दोनों की रूढ़ियों से मुक्त होना है।

भारत किस खोज में रहा है

राष्ट्रीय स्वाधीनता आंदोलन के दिनों में उदार और विवेकशील लोग नेतृत्व में थे। धर्मांध, जातिवादी या अन्य किस्म के पृथकतावादी नेता उस दौर के राष्ट्रीय उभार में वैसे-वैसे ही अलग-थलग पड़ते जा रहे थे, जैसे-जैसे आंदोलन में तीव्रता और उसके लक्ष्य में व्यापकता आती जा रही थी। 1924 के दंगे पर टिप्पणी करते हुए 'किरती' के 27 जून के अंक में भगत सिंह ने लिखा था, 'कलकत्ता के दंगे में एक बहुत खुशी की बात सुनने में आई, वह यह कि वहां दंगा में ट्रेड यूनियन के मजदूरों ने हिस्सा नहीं लिया। सभी हिंदू-मुसलमान बड़े प्रेम से कारखाने आदि में साथ उठते-बैठते और दंगे रोकने का प्रयत्न करते थे।' अंग्रेजों ने उस वक्त मजदूर वर्ग में बढ़ते सौहार्द को साम्राज्यवाद पर एक बड़े खतरे के रूप में देखा था, क्योंकि राष्ट्रीय आंदोलन को बड़ा जनाधार देते हुए मानवतावादी संस्कृति का दुर्ग अधिकाधिक इस्पाती होता जा रहा था। शहर के मजदूर चाहे हिंदू हों, मुसलमान या सिख हों, वे अब एक राष्ट्रीय महापरिचार बना रहे थे। उनके बीच संवाद ही नहीं बढ़ रहा था, नए रिश्ते भी बन रहे थे। सांप्रदायिक सद्भाव के माहौल में वे अपने आर्थिक हित के संबंध में लगातार अधिक सचेत होते जा रहे थे, अधिक दुर्द्धर्ष भी।

इसमें संदेह नहीं कि आजादी की लड़ाई के दौरान और इसके बाद भी मुसलमानों के कट्टरवादी संगठनों के समानांतर उदारवादी तबके भी थे। उदारवादी हिंदू हिंदू कट्टरवाद का विरोध कर रहे थे और उदारवादी मुसलमान मुस्लिम कट्टरवाद से अपने को अलग कर रहे थे। मौलाना अबुल कलाम आजाद ने 1940 के एक भाषण में पूछा था, 'हम हिंदुस्तानी मुसलमान हिंदुस्तान के स्वाधीन भविष्य को आशंका से देखते हैं या हिम्मत और आत्मविश्वास से?' आज यह ज्यादा जरूरी लगता है कि हिंदू और मुसलमान नौजवान अपने-अपने धार्मिक परिवेश में कठमुल्लेपन का विरोध करें। वे धार्मिक सुधार के पहिये को साहसपूर्वक कीचड़ से **बाहर** निकालें और अपराधियों को प्रश्रय न दें। वे 'घेटो' से बाहर आएं। अब एक बड़ी मुस्लिम आबादी आधुनिक जीवन शैली अपना चुकी है,

पर वह आज भी मुल्ला-मौलवियों से डरी रहती है। उसका कठमुल्लापन उसके अल्पसंख्यकताबोध का हिस्सा बना हुआ है। इस मामले में मुस्लिम युवाओं को आवाज उठानी चाहिए।

पिछली दो सदियों से भारत जिस बुद्धिपरक, राष्ट्रीय और मानवीय संस्कृति की खोज में है, वह धर्मों की विरोधी नहीं है। उसमें सिर्फ धार्मिक अंधविश्वास, असहिष्णुता और कुप्रथाओं से एतराज है। इसमें सभी धर्मों के प्रति आदर भाव है। उदारवादी भारतीय संस्कृति में मनुष्य और मनुष्य के बीच 'कृत्रिम भिन्नता' का सदा विरोध हुआ। आज किसी का भी उद्देश्य सिर्फ निजी आत्मोत्थान नहीं हो सकता। नए विश्व परिदृश्य में बुद्धिपरक समावेशिकता, सामूहिक आर्थिक विकास और वंचितों का सशक्तिकरण ही मुख्य लक्ष्य हो सकते हैं।

पश्चिमीकरण और अतीतवाद का युग्म

जवाहरलाल नेहरू पश्चिम की ओर ज्यादा देखते थे। उन्होंने 'डिस्कवरी आफ इंडिया' में लिखा था, 'जब तक हिंदुस्तान ने अपने दिमाग को दुनिया के लिए खुला रखा, अपनी दौलत दूसरों को दी और खुद उसमें जिस चीज की कमी थी, उसे दूसरों से लिया, तब तक उसमें ताजगी रही और वह जीवट वाला बना रहा। लेकिन जितना ही वह अपने भीतर सिमटा और आत्मसंरक्षणशील था और बाहरी असर से अपने को अछूता रखना चाहा, उतना ही उसने अपनी प्रेरणा खो दी। उसकी जिंदगी अधिकाधिक मंद पड़ती गई। ऐसी हो गई कि वह अपने मरे हुए अतीत के इर्द-गिर्द व्यर्थ के धंधों में फंसी चक्कर काटती रही।' पश्चिम के प्रति खुलापन आधुनिक भारतीय जीवन की वास्तविकता है, जिसे जवाहरलाल नेहरू ने अंग्रेजी राज के बाद अपने शासन में ज्यादा सहज बना दिया था।

पश्चिमीकरण आधुनिकीकरण की आंधी बनकर आया तो पश्चिम से भौतिक वस्तुएं और जीवन शैली ही नहीं, सिद्धांत भी आए जो इस देश को दृष्टि देते थे। विश्व नागरिक बनने की अफरा-तफरी भी मची थी। सब हुआ, पर आधुनिकीकरण लोगों की दृष्टि में आधुनिकता न ला सका। आधुनिकता सिर्फ जीवन शैली और फैशन तक सीमित थी।

इसी का नतीजा है कि धर्म, जाति व्यवस्था और राष्ट्रीयता के भीतर से बड़ी समस्याएं पैदा हुईं। 1961 में, अपनी मृत्यु से तीन साल पहले जवाहर लाल नेहरू ने कहा था, 'दरअसल संकुचित धार्मिक राष्ट्रीयताएं अब अतीत की चीज हो गई हैं, आज उनकी प्रासंगिकता नहीं है। वे एक पिछड़े हुए और समय से कटे समाज का ही प्रतिनिधित्व कर सकती हैं। कुछ हद तक आज भी तथाकथित सांप्रदायिक संकट मौजूद है, लेकिन इसकी जड़ में उन सामाजिक वर्गों का पिछड़ापन है।' आगे चलकर स्पष्ट होता गया कि शिक्षित और संपन्न वर्ग ही सांप्रदायिकता के मुख्य योजनाकार हैं।

नेहरू अपने देश को पश्चिम की तरफ खोलकर निश्चिंत हो गए थे। पर क्या संकुचित धार्मिक राष्ट्रीयताएं अतीत की चीज हो पाईं? आधुनिकीकरण जहां-जहां पहुंचा वहां जाति, धर्म और प्रांतीयता-आधारित सामुदायिक कट्टरता भी मजबूत हुई। अंग्रेजी-शिक्षित लोगों में भी कूपमंडूकता मौजूद रह गई। उनका चित्त बड़ा न हो सका, वे 'रैशनल' नहीं बन सके। लोकतंत्र के खोखलेपन ने आधुनिकीकरण के लाभों को झपटने के लिए सांप्रदायिक और जातिवादी रस्साकशी बढ़ा दी। 'अपना-पराया' का भेद बढ़ गया। सामाजिक न्याय की दृष्टि पनप नहीं सकी। इन विडंबनाओं को बढ़ाते हुए भारतीय मध्यवर्ग उपभोक्तावाद के साथ-साथ नव-पुनरुत्थानवाद का भी पुरोहित बन गया। नेहरू कल्पना नहीं कर पाए थे कि पश्चिम की तरफ अपने देश को अंधाधुंध खोलने के कई बुरे नतीजों में एक यह होगा कि भारत के लोग अंततः पश्चिमीकरण और धार्मिक कूपमंडूकता के बीच सैंडविच बन जाएंगे।

आधुनिकीकरण और धार्मिक कट्टरता एक-दूसरे के लिए चुनौती की तरह दिखते हों, पर वे सामान्यतः हमजोली हैं। दोनों में कोई भी मानवीय गरिमा और सामाजिक न्याय के प्रति संवेदनशील नहीं रहा है। दोनों ने मनुष्य की नगण्यता और निस्सहायता बढ़ाई है। वर्तमान दौर में धार्मिक कट्टरता अतीत से और आधुनिकीकरण पश्चिम से निर्बुद्धिपरक संपर्कों पर खड़ा है।

कहा जाता रहा है कि आधुनिकीकरण सांस्कृतिक आत्मपहचान की बलि लेता है, यह एकरूपता लाता है और एक सार्वभौम आवश्यकता है।

भारतीय मामले में एक समस्या यह है कि आधुनिकीकरण समाज के सभी हिस्सों में समान रूप से नहीं पहुंचा। बल्कि उसने अपनी तकनीकी ताकत से गरीबी, परायेपन और छल के हजारों नए द्वार खोल दिए। एक समस्या यह है कि इधर आर्थिक मामलों में उदारता बढ़ती जा रही है, पर सामाजिक मामलों में अनुदारता बढ़ रही है। देश में 'आर्थिक उदारीकरण-सामाजिक अनुदारता' का युग्म काम कर रहा है। उपर्युक्त समस्या का असर बुद्धिपरक समावेशिकता, सामाजिक न्याय, राष्ट्रीय सौहार्द और असहमति की आवाज पर स्पष्ट है।

20वीं सदी के उत्तरार्ध में धर्मनिरपेक्षता और उच्च मूल्यों के बीच संबंध नहीं टूटना चाहिए था। धर्मनिरपेक्षता को एलीट धारणा में सीमित नहीं होना था, पर धर्मनिरपेक्षता एक तमाशा बना दी गई, एक दिखावा। इसका नतीजा हुआ, धर्मनिरपेक्ष बुद्धिजीवी और धर्म से जुड़े आम लोगों की एक-दूसरे से संपर्कहीन दो भिन्न दुनियाएं बन गईं। बुद्धिजीवी भी बुद्धिजीवियों के बीच अकेले होते गए। सामान्यतः इस देश के सेक्यूलर बुद्धिजीवियों को आम लोगों से लगाव रहा है, पर आम लोगों के उनके रंग के छाते के नीचे न आने के कारण उनसे चिढ़ भी रही है। वे पर्व-उत्सव और मंदिरों की भीड़ देखकर खीझते रहे हैं। वे जनता मात्र से ऊबने लगे। कोलकाता के एक हिंदू पूर्व मेयर ने मात्र अपनी प्रगतिशीलता दिखाने के लिए सड़क पर गोमांस खाने का आयोजन किया (2015)। यह किसे चिढ़ाना था? जाहिर है, अपने ऊटपटांग बयानों और एलीट जीवन शैली के कारण ऐसे बुद्धिजीवी साधारण लोगों को 'एलियन' की तरह दिखने लगे।

21वीं सदी में पश्चिमीकरण, पश्चिमी सभ्यता जैसे शब्द ग्लोबल सभ्यता को स्पष्ट करने के लिए नाकाफी हैं। आज 'पश्चिम' सिर्फ पश्चिम में नहीं है।

इन दिनों जो सभ्यता छाती जा रही है, उसमें स्पष्टतः जिसमें फायदा है वह सत्य है। झूठ को जोर से बोलो तो वह सत्य है। एक-दूसरे के प्रति संदेह इतना बढ़ गया है कि 'साझा जीवन-साझी संस्कृति' संकट में है। बहुराष्ट्रीय कंपनियों पर निर्भर आधुनिक विकास लोगों के बीच दूरियां

और परायापन बढ़ा रहा है। दूसरी तरफ, अंध-राष्ट्रवाद को देशभक्ति कहा जा रहा है, पुराण को इतिहास और अंधविश्वास को धर्म। बुद्धिजीवी सिर्फ वे माने जा रहे हैं जो सहमति में लिखते-बोलते हैं। यह एक 'सार्वभौम क्षय' का समय है, जिसे एक बड़े परिप्रेक्ष्य में समझने की जरूरत है।

उदारवादी बुद्धिजीवी का अकेलापन

आजादी मिले करीब आठ दशक होने जा रहे हैं। वर्तमान दौर में आर्थिक उदारीकरण के बावजूद समाज में उदारवाद का लगातार क्षय होता गया है। शिक्षा के नए पांच सितारा भवनों के बावजूद बौद्धिक दरिद्रता बढ़ गई है। अधिक शिक्षा अधिक खुदगर्जी ला रही है।

वैश्वीकरण के आरंभिक दौर, 1990 से 'भिन्नता के खेल' ने आम लोगों को तर्क की जगह उन्माद की तरफ ठेलना शुरू कर दिया। मनोरंजन उद्योग ने मूल्य की जगह मजा को प्रधान बना दिया। अधिक राजनीति अधिक विमानवीयकरण ले आई। बदले की भावना बढ़ी, हिंसा बढ़ी। संवेदना के अनगिनत शिविर बन गए।

लोग ज्ञान की खोज से विच्छिन्न होकर नेताओं, अभिनेताओं और खिलाड़ियों की तरफ आकर्षित होने लगे। वे बौद्धिक सतहीकरण के शिकार हुए। खासकर हिंदी क्षेत्र के शिक्षितों के बीच पहले की तरह साहित्यिक संवाद, वैचारिक बहस और गंभीर पुस्तकों में दिलचस्पी नहीं रह गई।

इन दिनों सामाजिक स्मृति के ऐसे चिह्नों को उभारा जा रहा है, जिनसे 'पर' का बोध निर्मित हो और तात्कालिक स्वार्थ सिद्ध हों। अब किसी की मदद के पहले लोग धर्म-जाति देख लेते हैं। 'परहित सरिस धर्म नहिं भाई' उनके लिए घिसा सिक्का है। नागरिक अपने सुख और उच्च जीवन शैली के लिए समझौते करने लगे हैं। उन्हें अब सिद्धांत नहीं, सिर्फ वे आकर्षित करते हैं जो लाभ देते हैं। ये स्थितियां क्यों पैदा हुई और मानवता क्यों विडंबनाओं से घिर गई, इन मुद्दों पर विस्तृत विचार करने से आजकल बचा जाता है।

पहले भाषणों में कहा जाता था, 'जनता बहुत समझदार है'। सामान्यतः जनता आज जो समझती है, वह उसका अर्जित सत्य न होकर 'प्रचलित

और प्रचारित अज्ञान' है। बड़े न्यूज चैनल, सोशल मीडिया, ह्वाट्सएप विश्वविद्यालय आदि झूठ के कारखानों का प्रसार हुआ है। अब साधारणतः सादगी पर पहले-सा जोर और कपटहीन मन नहीं है। धर्म के वेश में अधर्म, सकारात्मक के वेश में नकारात्मक, इतिहास के वेश में अफवाह और सत्य के वेश में झूठ है। सत्ता और ज्ञान पर्यायवाची हो गए हैं। अधपढ़ता अनपढ़ता से ज्यादा खतरनाक होती है।

विचारधारा का हर संकट शब्द और कर्म के बीच दूरी का नतीजा है। जब विचारधारा पर बाजार का प्रभुत्व स्थापित होगा, स्वाभाविक रूप से यह बौद्धिक-लोकतांत्रिक परिवेश को दूषित करेगा। हमारे युग में बहुराष्ट्रीय कंपनियों का बाजार छुट्टा सांड है। वह आज राज्य से अधिक शक्तिशाली हो चुका है। बाजार आम नागरिक का लालच ही नहीं बढ़ा रहा है, उसकी संपूर्ण सोच को खंड-खंड पाखंड में बदल रहा है। यह तय कर पाना मुश्किल है कि अपने संपूर्ण व्यवहार में व्यक्ति पुनरुत्थानवादी अधिक है या उपभोक्तावादी अधिक है। ऐसी दशा में धर्म का मूल्यों के स्रोत की जगह 'ताकत' का चिह्न बन जाना स्वाभाविक है। धुआं दशकों से उठ रहा था, आग अब फैली है।

देश में धर्म और जाति को लेकर पहले कभी इतना उन्माद नहीं देखा गया, उन्माद ही जैसे कल्पवृक्ष है। इस समय 'भीड़' से जो व्यक्ति बाहर है वह अकेला है, पर वह अपने पास है! हजारी प्रसाद द्विवेदी ने 'बाणभट्ट की आत्मकथा' में लिखा है, 'सत्य के लिए किसी से न डरना– गुरु से भी नहीं, मंत्र से भी नहीं, लोक से भी नहीं, वेद से भी नहीं।'

यह सोचकर चिंता हो सकती है कि समाज में अब अन्याय के प्रतिवाद का स्वर कमजोर होता जाएगा। एक जगह के लोग विरोध करेंगे तो दूसरी जगह के लोग चुप रहेंगे। असहमति विभाजित रहेगी। साहित्य की आधुनिक परंपराएं और हाशिए के विमर्श संकट में पड़ेंगे। धर्म रस और वीर रस का साहित्य ही साहित्य माना जाएगा। स्त्रियों, दलितों और आदिवासियों पर अंकुश बढ़ेंगे। जंजीरें बढ़ेंगी। अब यह एक अनोखे भय का युग होगा।

ऐसे में कुछ प्रश्न उठते हैं, क्या इस देश की बौद्धिकता को पशिचमवाद और अतीतवाद के बीच सैंडविच बनने से बचाया जा सकता है, क्या राजनीति का पुनर्मानवीयकरण संभव है और क्या उदारवादी दुनिया के लोग आलोचनात्मक आत्मनिरीक्षण कर सकते हैं और मिलजुल कर मानवतावादी पुनर्निर्माण का पथ खोज सकते हैं? मुश्किल होता है आत्मनिरीक्षण और पुनर्निर्माण, यदि अहं से भरी सामंती मानसिकता प्रबल हो।

लक्षित किया जा सकता है कि नगरों के छोटे-छोटे बौद्धिक-साहित्यिक संसार विलुप्त हो रहे हैं। लेखकों के अड्डे मिट गए हैं। किताबें अलमारियों में बंद हैं, लोगों के बीच पढ़ने की संस्कृति का ह्रास हुआ है। संवाद की जगह एकतरफा विमर्श ने ले रखी है। आरोप-प्रत्यारोप में अपशब्दों की चमक बढ़ गई है। एक सार्वभौम सांस्कृतिक विध्वंस की दशा है। पहले छोटे-छोटे स्थानीय संगठनों द्वारा नियमित रूप से बौद्धिक आयोजन होते थे। अब सिर्फ राजकोष-पोषित बड़े मंच हैं, उत्सव हैं और दादुर मुखर हैं।

तुलसीदास की कोयल वर्षा ऋतु में कहती है, 'अब तो दादुर बोलिहें हमें पूछिहै कौन'। उन्होंने इस पंक्ति में कहना चाहा कि यह ढोंगियों और पाखंडियों का युग है, गुणी जनों का सम्मान नहीं होगा!

19वीं सदी में अतीत का गौरव गान बृहत्तर मानवता के गान से जुड़ा था। इन दिनों यह चिंता ज्यादा है कि तड़क-भड़क के साथ कोई बड़ा धार्मिक आयोजन कैसे संपन्न किया जाए। अब ऐसा साउंड सिस्टम हो कि कानफोड़ू गाने बजें और नाचा जा सके। इसकी योजना बनती है कि धार्मिक जुलूस किधर-किधर से गुजरे कि तनाव पैदा हो। कौन बताएगा कि इन दिनों हमारी सभ्यता धार्मिक मानसिकता को किस जगह ले आई है। इस पर सोचने की जरूरत है कि समाज में उदारवाद और सुरुचि की चिंता करने वाले लोग क्यों कम होते जा रहे हैं। यदि किसी की प्री-वेडिंग के नृत्य पर 75 करोड़ का खर्च हो, तो इस अश्लीलता को कितने लोग समझते हैं?

यह चिंताजनक है कि दुनिया के सभी देशों में मानवता के सैकड़ों साल के अर्जित गुण मिटाए जा रहे हैं। भारतीय स्वाधीनता आंदोलन के हजारों शहीदों ने जिन आदर्शों के लिए जान दी, उनकी परवाह नहीं की

जा रही है। अहिंसा, विश्व शांति, मानवीय आत्मपहचान, सामाजिक न्याय और वैयक्तिक स्वतंत्रता पर सार्वभौम संकट है। बुद्धिजीवियों का समुदाय इन दिनों शासक वर्गों का बड़े पैमाने पर क्रीतदास हुआ है। उसे बदले में सुख-सुविधाएं मिलती हैं। सांप्रदायिक विचारधाराओं ने बुद्धिजीवी वर्ग में व्यापक सेंध लगाई है। बड़े पैमाने पर लेखक, कलाकार और बुद्धिजीवी मौन या मुखर रूप से वैचारिक स्थानांतरण कर चुके हैं। उनकी रीढ़ गल गई है। अब कोई भी अचानक माथे पर तिलक लगा कर महान धार्मिक नकर घूमने लगता है। कोई भी व्यक्ति अपना स्वार्थ देखकर इस दल से उस दल में चला जाता है। एक समय बुद्धिजीवी समझौता नहीं करते थे और निर्भय होते थे, लेकिन जीवन में जब लोभ प्रवेश करता है तो भय भी प्रवेश करता है।

क्या यह धार्मिक उपनिवेशन का दौर है

धार्मिक उपनिवेशन वस्तुतः धार्मिक आत्मसातीकरण और वर्चस्व का अगला चरण है, जब धार्मिक स्वतंत्रता और आस्थागत विविधता समाप्त कर दी जाती है और लोग धार्मिक पाखंडों को सच मान लेते हैं। वे धर्म के उच्च मूल्यों की जगह धार्मिक रूढ़ियों और 'पर' के बोध के साथ जीने लगते हैं।

यह देखना जरूरी लग सकता है कि क्या हिंदुत्ववाद का उभार आधुनिकता, धर्मनिरपेक्षता, समाजवाद, वामपंथी आंदोलन और लोकतंत्र की आंतरिक विडंबनाओं का नतीजा है और इन सबसे निराश जनता का विक्षोभ है, जो धार्मिक पागलपन की हद तक बढ़ गया है। देश के लोगों के मानवीय सपनों को बार-बार इतनी निर्ममता से तोड़ा गया है कि बड़ी संख्या में आम लोग अब धार्मिक विमर्श की शरण में चले गए हैं। ये आम लोग वे हैं जो वैश्वीकरण के मायावी सुखों के साथ एक भीषण असुरक्षा भोग रहे हैं और अनिश्चितता में जी रहे हैं।

दरअसल उदार राष्ट्रवादियों के राजनीतिक पतन के बाद ही 21वीं सदी का धार्मिक नव-पुनरुत्थान संभव हुआ है और सामाजिक विद्वेष का जहर फैला है। यह जहर इतना फैल चुका है कि खोखले विरोधों के सहारे

उससे मुक्ति दूर-दूर तक नजर नहीं आती। यदि हिंदुत्ववाद की राजनीति कभी सत्ता के बाहर हो भी जाए तो भारतीय समाज को धार्मिक जहर के असर से मुक्त करना पहले से अधिक चुनौतीपूर्ण हो चुका है। हिंदू धर्म को समावेशी संस्कृति से विच्छिन्न करने और राजनीतिक हथियार बनाने के प्रयास देखकर संदेह हो सकता है कि हमारे समाज को कारपोरेट बाजार की सुरक्षा के लिए धार्मिक उपनिवेश बनाया जा रहा है।

यह एक विडंबना है कि आम लोगों को लंबे समय से अपने उस बौद्धिक पक्षाघात के साथ जीना पड़ रहा है जो धर्मांधता का नतीजा है और वे वस्तुतः इससे अनजान हैं कि उन्होंने क्या खो दिया है और इससे भी कि वे जिस जश्न में नाच-गा रहे हैं वह उनके भीतर के ईश्वर की मृत्यु पर है। वे इससे भी अनजान हैं कि कितनी अमानवीय स्थितियों में वे कैद हैं।

यह संपूर्ण घटना क्रम दुखदायी है और एक सभ्यता के ऐसे अंधेरे की कथा है, जिसे ताकत के जोर से सूर्योदय कहा जा रहा है।

कहने की जरूरत है कि यदि लोगों को लंबे समय तक धार्मिक रूढ़ियों, आतंक और प्रतिबंधों के बीच जीना पड़ेगा तो बौद्धिक स्वाधीनता चिर स्वप्न हो जाएगी और निर्बलों पर अत्याचार ही शाश्वत सत्य होंगे। ऐसे भी यह फिलहाल 'रिचेस्ट' और 'फिटेस्ट' का युग है, सबल ही बचेगा! जाहिर है कि धार्मिक उपनिवेशन निर्बल को अधिक निर्बल करेगा तथा सबल को अधिक सबल होने के अवसर देगा और इसका तर्क बनाएगा। धार्मिक उपनिवेशन बाजार के उपनिवेशन को निरंतर विस्तृत करेगा। हम जानते हैं कि दोनों का एक ही अर्थ है मनुष्य के खुद सोचने और कल्पना करने के साथ चुनने के विवेक का ह्रास। पर इसके समानांतर एक और अर्थ है आत्मनिरीक्षण, बौद्धिक स्वतंत्रता और मिलजुल कर ध्वंस पर पुनर्निर्माण की जरूरत महसूस करना!

सपने देखना हमारे मिजाज में है

किसी जमाने में लोक-संस्कृति हुआ करती थी। उसका उत्तर-औद्योगिक समाज में व्यापक क्षरण होता गया। उसे 'पॉप कल्चर' ने निगल लिया

या वह सजावट और मंचों पर प्रदर्शन की चीज होकर रह गई। लोक संस्कृति थी तो नगर में भी परिवार, सामाजिक संबंध और नैतिकता का अहसास बचा हुआ था। मनुष्य की सरलता बची हुई थी। लोक कलाओं के जरिए स्थानीय रचनात्मकता को अवसर मिलता था। लोग मेला-उत्सव, विवाह, सेवा कार्य, जीनी-मरनी में खुले मन से मिलते थे। इन दशकों में लोगों की आम संस्कृति के रूप में पॉप कल्चर है। इसका प्रवेश धार्मिक संसार में हुआ है और शिक्षा जगत में भी। इसने मनोरंजन को प्रधान चीज बना दिया है। 'पॉप कल्चर' और 'पॉप म्यूजिक' युवा पीढ़ियों की मानसिकता को बुरी तरह प्रभावित कर रहे हैं। विस्मयजनक लग सकता है कि 'अतीतवाद' और 'पॉप कल्चर' दोनों में ही न तर्क के लिए जगह है और न संवेदना के लिए!

इधर अति-व्यक्तिवाद, पारिवारिक-सामाजिक भावना के विलोप तथा उपभोक्तावादी अतियों की वजह से ही नहीं, धार्मिक-सांस्कृतिक एकरूपता के अभियान की वजह से भी लोक संस्कृतियों के उदात्त तत्वों का क्षरण हुआ है। बाजार लोक संस्कृति का विकृतिकरण कर रहा है तो धार्मिक कट्टरता लोक संस्कृति की विविधता और स्थानीय आस्थागत विशिष्टता को मिटा रही है। यह स्पष्टतः आत्मसातीकरण का मामला है। कई धार्मिक बुद्धिजीवी संस्कृति की बार-बार चर्चा करते हैं, पर उनकी संस्कृति का स्रोत सैकड़ों साल की विविधतापूर्ण लोक संस्कृति के उदात्त तत्व न होकर सत्ता की संस्कृति है। उनकी संस्कृति में कृष्ण महाभारत के युद्ध-रथ पर होते हैं, जबकि उदात्त लोक संस्कृति में राधा के साथ त्रिभंगी कृष्ण हैं जिनके हाथ में बांसुरी है।

कहना न होगा कि इधर लोक संस्कृति महान की परंपराओं से विच्छिन्नता लोगों की सत्ता और बाजार सभ्यता के पार देखने की क्षमता को कुंद कर रही है। धर्म का अर्थ बदल गया है, विश्वास हाईजैक कर लिए गए हैं। ऐसी घड़ियों में जरूरी है मानवता के दो प्रमुख तत्वों-- तर्क और संवेदना का पुनर्जन्म। आज की दशा यह है कि लोभ के कारण हर तरफ बौद्धिक चारण भर गए हैं। बुद्धिपरक और मानवतावादी साहित्य की पूछ घट गई है। यह एक बड़ी राष्ट्रीय क्षति है। धर्म, बाजार और राजनीति

की कठोर त्रिआयामी व्यवस्था में साहित्य नक्कारखाने में तूती की आवाज है, फिर भी आखिर किस जमाने में तूती ने बोलना छोड़ा?

अब हमारे समाज में ऐसी चीजें ज्यादा छाती जा रही हैं, जिनका तार्किक आधार नहीं है। जाहिर है, जो जितना अधिक शक्तिशाली है, वह उतना अधिक हास्यास्पद होता जा रहा है। कोई भी जीवित समाज हास्यास्पद को ज्यादा समय तक ढो नहीं सकता।

निश्चय ही लेखकों, कलाकारों और साहित्य प्रेमियों के हाथ में नहीं है कि वे किसी सपने को यथार्थ में बदल सकें। लेकिन सपने देखें, यह उनके हाथ में है, उनके मिजाज में है!

21वीं सदी : धर्म और उपभोक्तावाद

इक्कीसवीं सदी में उपभोक्तावादी संस्कृति ने धर्म को काफी प्रभावित किया है। धर्म अब राजनीति की वस्तु के साथ बाजार की भी वस्तु है। धर्म पर राजनीति और बाजार का वर्चस्व धर्म की स्वायत्तता का अंत है। वह आज ईश्वरानुभूति और मूल्यबोध की जगह भव्य दिखावा, मनोरंजन या तनाव मुक्ति का आध्यात्मिक साधन बना हुआ है। अब धार्मिक होने से धार्मिक दिखना अधिक महत्वपूर्ण है।

यदि उपभोक्तावाद ने धर्म को प्रभावित किया तो उपभोक्तावाद भी धर्म से कम प्रभावित नहीं हुआ। धार्मिक छुट्टियों, पर्व-त्योहार और विभिन्न अनुष्ठान के अवसर पर बाजार में हमेशा गरमाहट आ जाती है। देखा जा सकता है कि पहले की तरह धर्म अब न जीवन दृष्टि का प्रमुख स्रोत है और न वह मनुष्य को अति-उपभोग और कृत्रिमता से रोकता है। वह आजकल सत्ता और सुखवाद के लिए प्रेरित करता है।

उपभोक्तावाद के असर से जीवन के आदर्श संकुचित हो गए हैं, विचारशक्ति कमजोर हो गई है। मनुष्य को पैसा कमानेवाली मशीन और खुदगर्ज बना दिया गया है। सांप अंगुली में काटे, पूरा शरीर नीला पड़ जाता है।

अब शिक्षित या ईमानदार की जगह समृद्ध और 'पावरफुल' व्यक्ति को सामाजिक प्रतिष्ठा मिलती है। अपने धर्म, जाति या दल का माफिया भी नायक की तरह देखा जाता है। राजनीति मिथ्या आशाओं और बाजार कृत्रिम इच्छाओं को जगाकर रखता है। वे हमारे ज्ञान का भी निर्धारण करते हैं, अज्ञान को ही ज्ञान बनाकर उपस्थित करते हैं। उपभोक्ता संस्कृति का काम है आदमी को खुद ज्यादा सोचने न देना और धर्म का

भी अब यही काम है, जबकि एक समय धर्म का लक्ष्य था व्यक्ति को आत्मज्ञान कराना।

प्राचीन ऋषियों, वेद-उपनिषद, बौद्ध दर्शन और भक्ति आंदोलन के काल में भोगवाद को कभी बड़े लक्ष्य के रूप में नहीं देखा गया। वेदांत की परंपराओं ने हमेशा आत्मबोध को प्रधानता दी, भौतिक सुखों के पीछे दौड़ने, अर्थात सुखवाद को अच्छा नहीं माना। ईशावास्योपनिषद की शुरुआत ही इस कथन से है, 'तेन त्यक्तेन भुंजीथाः' अर्थात भोग करो भी तो त्याग के साथ। वैश्वीकरण युग के धार्मिक लोगों के त्याग और भोग की तुलना करके देखा जा सकता है कि वे इन दोनों में किसे अधिक महत्व देते हैं। वे सादगी और कृत्रिमता में क्या ज्यादा पसंद करते हैं, वे सामाजिक न्याय और सामाजिक भेदभाव में क्या चुनते हैं?

उपभोक्तावाद क्या है

उपभोक्तावाद, उपभोक्ता संस्कृति और धर्म के बाजारीकरण के मसले ऐसे हैं, जिन पर धार्मिक विमर्शकारों ने कम ध्यान दिया है, जबकि वैश्वीकरण के बाद इन सबका धर्म पर असर बढ़ा है। धर्म अब एक उत्पाद है। धार्मिक उपभोक्ता वस्तुओं का हर जगह वर्चस्व है, जिसे परंपरावादियों ने भी स्वीकार कर लिया है। धर्म का उपभोक्तावाद की चपेट में आना धर्म का प्रसार है या दुखांत, यह सोचने का विषय है। फिलहाल स्पष्ट है कि उच्च धार्मिक परंपराओं में गिरावट आ गई है और पुरानी धार्मिक रूढ़ियां आधुनिक सजावट के साथ सिर पर चढ़कर बोल रही हैं। लोग धर्म से सनातनी हिंदू हों और भौतिक स्तर पर पश्चिमी जीवन शैली का अनुकरण करें, यह ताजा युगबोध है।

यह भी लक्षित किया जा सकता है कि इंग्लैंड, अमेरिका, फ्रांस, नीदरलैंड जैसे देशों की आधी आबादी अब धार्मिक गतिविधियों में रुचि नहीं लेती और प्रायः सेकुलर (लौकिक) है। इसके विपरीत, भारत जैसे देश में धार्मिक गतिविधियां पहले से अधिक बढ़ी हैं, पर लोग एक दूसरे कोण से शत-प्रतिशत सुखवादी हो चुके हैं और सिर्फ अपने भौतिक स्वार्थ की चिंता करते हैं। 'धार्मिक' और 'लौकिक' का भेद मिट गया है।

इन दिनों सोचा केवल अपनी समृद्धि के बारे में जाता है, भाषा धार्मिक होती है!

यह जानकर विस्मय हो सकता है कि उपभोक्ता मालों का बाजार 17वीं सदी से बनने लगा था, जब भारतीय सूती कपड़ों और मलमल की पहली खेप इंग्लैंड पहुंची थी। एक समय भारतीय कपड़े इंग्लैंडवासियों के लिए प्रतिष्ठा चिह्न थे, उपनिवेशवाद के दौर में पासा पलट गया।

दरअसल बाजार में वस्तुओं की खरीद-बिक्री सदियों से होती रही है। लेकिन समाज के किसी एक कोने में बाजार का होना उपभोक्तावाद नहीं है। खरीदकर किसी वस्तु का उपभोग करना उपभोक्तावाद नहीं है। उपभोक्तावाद है उपभोक्ता वस्तुओं का लोगों की रुचियों, विचारों और जीवन शैलियों से एक स्वतंत्र संसार बना लेना, उनका नया-नया रूप धारण करना तथा समाज में बाजार नहीं बाजार में समाज का होना।

पहले लोग चमक-दमक देखकर नहीं, अपनी जरूरत के अनुसार सामान खरीदते थे। वे मजबूती और टिकाऊपन देखते थे। उपभोक्तावाद ने यह सोच बदल कर नई स्थिति ला दी, 'यूज एंड थ्रो'! उपभोक्ता संस्कृति में बाजार लोगों को आकर्षक विज्ञापन के जरिए बताता है कि उनकी इच्छाएं और जरूरतें क्या हैं। वह मनुष्य को खुद अपने विवेक से सोचने के लिए स्पेस नहीं देता। इन दिनों यह लगभग असंभव है कि कोई उपभोक्ता परंपरागत सामाजिक आदर्शों और जरूरतों के अनुसार कुछ भी 'रैशनल' होकर खरीदे। उपभोक्ता संस्कृति का उद्देश्य ही है कि वह उपभोक्ता में शाश्वत मूर्खता का बीजारोपण कर दे।

पहले बाजार के सामान प्रलुब्ध करते थे, पर कैद नहीं। उपभोक्तावाद ने मनुष्य को नई उपभोक्ता वस्तुओं का कैदी बना दिया। इसने उसके स्वप्नों तक को 'कमोडिटी' में बदल दिया। बाजार ने 'अभावग्रस्त' और 'वंचित' की धारणा बदल दी। इतनी वस्तुएं हैं और इतने रूपों और रंगों में हैं कि आज व्यक्ति सोचता है, यदि उसके पास लैटेस्ट मोबाइल नहीं है या घर पर एयर कंडीशनर नहीं है तो वह वंचित है। ये अब जरूरी आवश्यकताएं हैं। सामान्यतः आदमी दिखावे की मूर्खता-भरी वस्तुओं के संसार पर लट्टू होने लगा है। इन दिनों वह धर्म के संदर्भ में भी 'वस्तुओं'

के बाहर सोच नहीं पा रहा है, इतना जबर्दस्त 'कमोडिफिकेशन' है। इस तरह उपभोक्तावाद को अब समाज की एक बड़ी विशेषता के रूप में देखने की जरूरत है।

उपभोक्तावाद एक आर्थिक मामला भर नहीं है। उसके धार्मिक-सांस्कृतिक चेहरे हैं। दुनिया में वैश्वीकरण (1991) के बाद वह धर्म के क्षेत्र में अधिक तेजी से छाने लगा। भारत में धर्म लगभग तभी, वैश्वीकरण की शुरुआत के साथ ही एक बड़ा मुद्दा बना था। अयोध्या को एक ब्रांड के रूप में स्थापित करने में सफलता मिल गई थी (1992)। बाजार की सफलता ऐसे ब्रांड बनाने में है जिन्हें लोग आंख मूंदकर ग्रहण कर लें। फिल्म और खेल दुनिया के बड़े सेलेब्रिटी उनके प्रचारक होते हैं। वे पैसे के लिए उन वस्तुओं को भी वैधता देते हैं, जिनकी गुणवत्ता या जरूरत पर संदेह करना चाहिए।

उपभोक्तावाद महज कुछ खरीदने और उपयोग करने तक सीमित मामला नहीं है, बल्कि यह चिह्नों, प्रतीकों और पहचान का भी मामला है। इसके संसार में मनुष्य की पहचान इससे नहीं होती कि वह क्या है, इससे होती है कि उसके पास क्या-क्या है। उसके पास जो वस्तुएं हैं, उनसे ही उसकी प्रतिष्ठा और पहचान निर्धारित होती है। समाज 'पहचानों के समाज' में बदल जाता है और मूल्यों का संसार विघटित हो जाता है। इस जमाने में बाजार 'पहचानों' का बाजार है, जहां 'मूल्यों' की जगह 'पहचानें' प्रमुखता पाती हैं। धर्म भी मूल्यों की जगह पहचान के औजार में सीमित हो जाता है। फिर ऐसे बाजार भोजन, वेशभूषा और जीवन के लक्ष्यों के साथ धार्मिक आस्था के भी मॉडल रचने लगते हैं। उपभोक्ता जो धार्मिक वस्तुएं खरीदते हैं या जिस तरह अपनी आस्था को सजाते हैं, वह एक खास पहचान निर्मित करने के सुनिर्धारित कार्यक्रम के तहत होता है। यह अकसर एक राजनीतिक कार्यक्रम होता है।

उपभोक्तावाद सामान्यतः एक वैयक्तिक आत्म और कभी-कभी उग्र-वैयक्तिकता पैदा करता है। यह उपभोक्ता वस्तुओं के असंख्य विकल्प देता है और एक धारणा के अनुसार उदारवाद का प्रसार करता है। माना जाता है कि उपभोक्तावाद और उदारवाद के बीच एक स्वाभाविक संबंध है।

यथार्थ यह है कि धर्म के संदर्भ में उपभोक्तावाद निजी रुचि या वैयक्तिकता की जगह उग्र-समूहवाद पैदा करता है। खासकर एशिया में धार्मिक कट्टरवाद और उपभोक्तावाद हमजोली हैं।

पश्चिमी संदर्भ में सही हो सकता है कि उपभोक्तावाद ने 'धार्मिक' और 'लौकिक' के फर्क को मिटा दिया हो। धर्म बंद बक्से के काफी बाहर आ गया हो। लेकिन भारत में उपभोक्तावाद और धार्मिक कट्टरवाद के बीच संबंध मजबूत है, सिर्फ बक्सा बड़ा हो गया है। बल्कि इधर जन असंतोष के प्रबंधन में धर्म बहुत काम आने लगा है। उससे मनुष्य की प्रवृत्तियां और मूल्यबोध निर्धारित किया जा रहा है। धर्म असंतोष प्रबंधन की एक भारी बजट वाली परियोजना बन गया है। फलस्वरूप अन्याय, गरीबी और सामाजिक भेदभाव के मामलों में लोगों की दिलचस्पी कम हो गई है, बल्कि ये अब तर्कसंगत लगते हैं।

उपभोक्तावाद के असर से हिंदू धर्म आध्यात्मिक-पौराणिक स्तर पर नए सिरे से चमका है। उसका बड़े पैमाने पर व्यापार, मीडिया, शिक्षा, मनोरंजन उद्योग, राजनीति, पर्यटन, स्थापत्य, चिकित्सा, प्रसाधन, फिल्म और अन्य कलाओं में मिश्रण लक्षित किया जा सकता है, जिसके व्यापक अध्ययन की जरूरत है।

सर्वाधिक उल्लेखनीय बात है कि उपभोक्तावाद खरीदने-बेचने से हमेशा एक अधिक बड़ा संसार है। वह चीजों का अर्थ बदल देता है। उसके असर में शब्द 'बहुरूपिया' हो जाते हैं, आदमी बिंबों से घिरा रहता है और हर क्षण बिबों को ही जीता है। उन्हीं बिंबों में बड़े पैमाने पर धार्मिक बिंब होते हैं। विज्ञापन में धार्मिक छवियों का इस्तेमाल ग्राहक को ज्यादा आत्मीयता से बांधता है।

यह भी देखा जा सकता है कि किसी आवास परिसर के संबंध में यदि कोई यह जानता है कि फ्लैट वास्तुशास्त्र के हिसाब से बने हैं, तो फ्लैट के प्रति बढ़ गए आकर्षण की बुनियाद में धार्मिक अनुप्रेरणा होती है। वास्तु की धारणा ने फ्लैट, दफ्तर आदि की खरीद-बिक्री पर असर डाला है।

किसी देवी-देवता का भजन जब पॉप म्यूजिक में होता है, वह आदमी भी मजा लेता है जो ज्यादा धार्मिक नहीं होता। तेज स्वर में

बजते भजन के साथ भव्य गंगा आरती देखना सुखकर लगता है। लोग श्रद्धा से आंखें बंद कर अंतर्लीन नहीं होते, आंखें फाड़-फाड़ कर देखते हैं! लोग छुट्टियों के दिन अक्षरधाम या इस्कान मंदिर जाते हैं। वहां के स्थापत्य, फूड प्रदर्शनियों और सुंदर कलात्मक दृश्यों का खास आकर्षण रहता है। च्यवन ऋषि से च्यवनप्राश बन जाता है और प्राचीन योग-ऋषि पतंजलि साबुन, टूथपेस्ट, मुरब्बा और बिस्कुट के भी ब्रांड एंबेसडर बना दिए जाते हैं।

उपभोक्तावाद से प्रभावित संस्कृति में सादगी विस्थापित है। लोग कृत्रिम और आरामदायक जीवन पसंद करने लगते हैं। वे मजा को 'मूल्यबोध' से ज्यादा प्रधानता देते हैं। उनका परम लक्ष्य परहित की जगह स्वहित और आत्मप्रचार हो जाता है। उनका 'स्व' या 'आत्म' भी एक वस्तु होता है। वे अपनी धार्मिक आस्था को तरह-तरह से सजाते हैं और धार्मिक वेशभूषा को ही धर्म समझते हैं। धर्म के कई ऊंचे आदर्शों का पतन देखने को मिलता है। उदाहरणस्वरूप, भक्ति भावना को हटा कर धर्म मनोरंजन प्रधान हो जाता है। प्राचीन मंदिरों की जगह सुख-सुविधाओं के साथ अरबों में बने नए मंदिर ज्यादा ध्यान खींचते हैं। अब धार्मिक दिखावे में भी काफी स्पर्धा है।

धर्म का कभी लक्ष्य नहीं रहा है कि मनुष्य प्रकृति और पर्यावरण से अपना संबंध खोता जाए, वह अपनी विशिष्ट प्रकृति खो दे, अपनी अर्जित मानव सभ्यता खो दे और सभ्यता के कृत्रिम रंग चढ़ा ले, बल्कि धर्म के सच्चे रूपों ने हमेशा सभ्यता के मायावी रंग उतारने पर जोर दिया है।

मनुष्य ने प्राचीन सभ्यता की विभिन्न मंजिलों पर धर्म पर संवाद किया, बहस की, चिंतन किया और कई सुधार किए। आज का परिदृश्य उन घटनाओं से बिलकुल भिन्न है। धर्म को लेकर अब कोई संवाद, बहस या चिंतन नहीं है। धर्म अब तामझाम, लटकों-झटकों और भौतिक माया में सीमित है। वस्तुतः उपभोक्तावाद ने अपने शोर से चिंतन की शक्ति समाप्त कर दी, तर्क को औंधा लटका दिया। इसलिए धार्मिक अंधविश्वास और चमत्कारवाद का आकर्षण बढ़ता गया। चंदन कीचड़ के संसर्ग में चंदन

नहीं रह जाता। आजकल धर्म को मूल्यों के स्रोत की जगह सत्ता और सामाजिक प्रतिष्ठा के स्रोत के रूप में देखा जाने लगा है।

कहना न होगा कि बाजार अब किसी भी राजनीति के नियंत्रण से काफी बाहर निकल चुका है और लोगों के बीच एक बड़ी भूमिका निभा रहा है। लोगों पर राजनीति और बाजार का, अर्थात बाजार-राज्य का जरूरत से ज्यादा प्रभाव ही सार्वभौम बौद्धिक सतहीकरण ले आया है। खोखला ही ज्यादा बज रहा है, तुच्छ को ही महान घोषित किया जा रहा है।

उपभोक्तावाद रोमांटिसिज्म का शत्रु है

19वीं सदी के नवजागरण के व्यक्तित्वों द्वारा सुखोपभोग तथा कृत्रिमता को प्रश्रय नहीं मिला था। वे दिखावा पसंद नहीं करते थे। भारत के पढ़े-लिखे लोग जब यूरोपीय देशों में जाते थे, वे अकसर किताबें खरीद कर लाते थे, सेंट की शीशियां और रंग-बिरंगी पोशाकें नहीं। उस युग के उपभोग में उपभोक्तावाद का प्रवेश नहीं हुआ था।

प्रेमचंद और प्रसाद दोनों ही सुखवाद और खुदगर्जी के विरुद्ध थे। देखा जा सकता है कि प्रसाद की देवसेना, मधूलिका, सालवती, श्रद्धा जैसे स्त्री चरित्र सुखोपभोग की तरफ नहीं मुड़ते। 'पुरस्कार' कहानी की मधूलिका वैभव की तरफ नहीं देखती। सालवती स्वर्ण कंदुक को तालाब में फेंक देती है। श्रद्धा मनु के सुखवादी झुकावों का विरोध करते हुए कहती है, 'अपने में भर सब कुछ कैसे व्यक्ति विकास करेगा/यह एकांत स्वार्थ भीषण है, अपना नाश करेगा।' (कामायनी)। उस जमाने में महादेवी वर्मा लिख सकती थीं, 'यह मंदिर का दीप इसे नीरव जलने दो'। अब लाउडस्पीकर पर शंख-घड़ियाल की तेज आवाज के बिना धर्म का बोध नहीं होता।

व्यक्ति उपभोक्तावाद का शिकार तब होता है, जब उसमें रोमांटिसिज्म बचा नहीं होता। रोमांटिसिज्म और उपभोक्तावाद विपरीत ध्रुव हैं। उपभोक्तावाद आदमी को 'कलकुलेटिव' बनाता है और उसका रोमांटिसिज्म मिटा देता है। वह आंतरिक सौंदर्य की जगह चमकते बाहरी रूप पर जोर देता है।

उपभोक्तावाद की गिरफ्त में आया व्यक्ति अपनी इच्छाओं का उदात्त संसार खो देता है और कृत्रिम इच्छाओं का गुलाम बन जाता है। असंतोष का स्थान अतृप्ति ले लेती है। अधिकाधिक सुखोपभोग अधिकाधिक अतृप्ति। उपभोक्तावाद अतृप्ति का सौदागर है। उपभोगों से मिली तृप्ति जो चीज नष्ट करती है वह है खुद सोचने, कल्पना करने और बौद्धिक नवोन्मेष की शक्ति। उपभोक्तावाद व्यक्ति को मानवता की भावनाओं से ही विच्छिन्न नहीं कर देता, यह कलाओं और सौंदर्यबोध के उच्च संसार से भी दूर कर मनुष्य के आगे तुच्छताओं को ही महान बनाकर पेश करता है।

उपभोक्तावाद के आगमन से पहले लोगों में आदर्शों की दृढ़ता थी, त्याग की भावना थी। वे धार्मिक रूप से उदारवादी और प्रयोगशील थे। परंपरा, प्रयोग और प्रगति के बीच अंतःसंबंध था। 20वीं सदी के उत्तरार्ध में, खासकर 1970 के दशक में अर्थव्यवस्था के नए रूपों के साथ आदर्शों का पतन तेज गति से होने लगा। वैश्वीकरण के बाद बाजार राजनीतिक नियंत्रण से काफी बाहर निकल गया और अब वह समाज में सबसे बड़ी भूमिका निभा रहा है। नतीजे हैं, जीवन में कृत्रिमता बढ़ गई है, दिखावा बढ़ गया है और लूट-मार बढ़ गई है। आदमी 'मुखौटाधारी' हो गया है। उसे किसी भी तरह अधिकाधिक सुख, सुख की वस्तुएं और सत्ता चाहिए। कहा जा सकता है कि कृत्रिम इच्छाओं से निर्मित उपभोक्तावाद ही वैश्वीकरण युग की मुख्य धुरी है।

देखने की जरूरत है कि किस तरह धर्म का भी धीरे-धीरे बाजारीकरण होने लगा, धर्म का उपभोक्ता वस्तुओं का रूप धारण करने का क्या अर्थ है, इसका मनुष्य जीवन पर क्या असर पड़ रहा है और यह मनुष्य को धर्म से कितना जोड़ता कितना विच्छिन्न करता है। इन मुद्दों पर विचार करने के लिए दिमाग की खिड़कियों को खुला रखना जरूरी है, हालांकि एक प्रलुब्धकारी बाजार में रहते हुए यह कठिन है। फिर भी उपभोक्तावाद के धार्मिक तिलिस्म को समझने की कोशिश करनी चाहिए। देखना होगा कि धर्म एक उपभोक्ता वस्तु के रूप में कितना मनुष्य को संस्कारता है और कितना वह महज एक मादक वस्तु होता है, वह सोचने की कितनी शक्ति देता है और कितनी शक्ति छीन लेता है, वह कितना सृजनात्मक

बनाता है और कितना पिछलग्गू। ऐसे सभी मुद्दों पर गंभीरता से विचार करने की जरूरत है।

बाजार में धर्म

धर्म के बाजार में इधर प्रवचनकर्ताओं की बाढ़ है, अखबारों में उनके पूरे-पूरे पृष्ठ के विज्ञापन छपते हैं। अब धार्मिक आयोजन एक 'इवेंट' के तौर पर देखे जाते हैं और वे पूर्णतः बाजार के पैरों पर खड़े होते हैं। लोग आजकल धार्मिक उपभोग के मंचों पर ही ज्यादा संगठित होते हैं। फिल्मी धुन पर भजन-कीर्तन हैं, स्वादिष्ट खाना-पीना है, भंडारा है। धर्म पर खर्च बढ़ा है, क्योंकि कई लोगों के पास अब काफी पैसा है। वे इसी तरह सामाजिक प्रतिष्ठा हासिल करते हैं। अब सबसे बड़े धार्मिक वे हैं जो धर्म पर ज्यादा पैसे खर्च करते हैं। एक समय पैसेवाले उद्योगपति सेवा भाव से अच्छे अस्पताल, स्कूल और धर्माशालाएं खोलते थे। अब नए अस्पताल और स्कूल कमाई की जगहें हैं। इसका अर्थ है, धर्म से व्यापारियों का बढ़ा प्रेम उन्हें अधिकाधिक सेवा भावना के लिए प्रेरित नहीं करता।

अब धार्मिक पर्यटन के लुभावने पैकेज हैं। योग शिक्षण के केंद्र हैं। वातानुकूलित ध्यान केंद्र हैं। धार्मिक थिरेपी की जगहें हैं। धर्म की परंपरागत संस्थाओं का रूप बदला है, उनमें चुस्त व्यापार का प्रवेश हुआ है। इसी तरह व्यापार में भी धर्म का प्रवेश हुआ है। आधुनिक ढंग की डिजाइनर पोशाकों पर ॐ, स्वस्तिक तथा अन्य धार्मिक प्रतीक छपे मिलते हैं। घरेलू साज-सज्जा में धार्मिक चिह्नों का उपयोग बढ़ा है। अमूल मक्खन अपने विज्ञापनों में जन्माष्टमी के दिन ज्यादा सक्रिय हो जाता है। एक बार नेस्ले वालों ने उड़ीसा के लिए अपने चाकलेट के रैपर पर भगवान जगन्नाथ की तस्वीर दे दी।

संगीत में इतनी ताकत है कि आम में भी महुआ का असर ला दे। पॉप म्यूजिक में मेडोना एक बड़ा नाम रहा है, उसने 'कहत कबीर सुनो भई साधो' गाया। मेडोना से लेकर आलिशा निनाय के 'ॐ नमः शिवाय' से होते हुए आज के गायकों के हिंदू पॉप गानों तक एक मजेदार सिलसिला है।

अब संस्कृत में पॉप है। पॉप म्यूजिक का धर्म में भारी प्रवेश हुआ है। सूर, मीरा, तुलसी के भजन आनंद नहीं देते। वह संगीत और वह आभा अब खो गई है।

युवा पीढ़ी धार्मिक पॉप गानों की दीवानी है। लक्षित किया जा सकता है कि आजकल बाजार की धार्मिक वस्तुओं और गतिविधियों में नई पीढ़ी को आकर्षित करने की बहुत ताकत है, अन्यथा कभी समझा जाता था कि धर्म सिर्फ स्त्रियों और बूढ़ों का मामला है। उपभोक्तावाद और धर्म के मिलन ने धर्म के क्षेत्र को फैलाया और उसे 'पवित्र' की जगह रोचक बनाया। इन दिनों दिव्यता की तुलना में भव्यता प्रधान हो गई है। देवमूर्ति का दूर से दर्शन कराने के लिए एक राशि है तो उसे छूने के लिए एक राशि, ऊँची राशि है। इन घटनाओं से धर्म का अर्थ बदल रहा है।

बाजार को लगता है कि धार्मिक अवसरों पर वह सहजता से लोगों से जुड़ सकता है। वह धार्मिक बिंबों वाले भावनात्मक विज्ञापन देता है। हम सामान्यतः मिठाई, नए कपड़े या नए जूते नहीं भी खरीदते, पर त्योहार है तो खरीदते हैं और जश्न होता है। निःसंदेह धर्म के आकर्षक बाजार आसमान से नहीं उतरे हैं, ये नई सामाजिक घटनाओं की देन हैं।

बाजार ने धार्मिक वस्तुओं की पहुंच ही नहीं बढ़ाई, धर्म को बड़े पैमाने पर बाह्याडंबर में बदलने का काम भी किया। मीडिया के धार्मिक झुकाव ने भी धार्मिक वस्तुओं की पहुंच बढ़ाने में सहयोग दिया। इधर हिंदू तीर्थों, पर्व-त्योहारों और धार्मिक चिह्नों का बड़े पैमाने पर वस्तुकरण हुआ है। यह सब धार्मिक लोगों की इच्छा से नहीं, बाजार की सक्रियता से हुआ है। बाजार ने निर्मित रुचियों के ढांचे में धर्म को बहा दिया।

इस युग में राजनीति और बाजार मिलकर धर्म का अर्थ बता रहे हैं और खासकर हिंदू समुदाय में एक अजीबोगरीब रूपांतरण ला रहे हैं। बाजार, खासकर ज्वेलरी बाजार अक्षय तृतीया, दशहरा, धनतेरस या दिवाली ही नहीं, तीज- करवा चौथ आदि अवसरों पर भी धार्मिक उत्प्रेरणाओं का उपयोग करता है। आभूषण ऐसे अवसर पर आभूषण से कुछ अधिक हो जाते हैं। करवा चौथ में बड़े ज्वेलरी शॉप द्वारा पतियों से पूछा जाता है,

'पत्नी ने आपके लिए उपवास किया है, आप उसके लिए क्या कर रहे हैं?' अक्षय तृतीया और दिवाली में गहने लक्ष्मी के रूप हो जाते हैं। वैवाहिक लग्न के समय ज्वेलरी की एक बड़ी कंपनी बताती है कि उसके गहनों के बिना विवाह असंपूर्ण है। उपभोक्तावाद कर्ज लेकर भी धार्मिक विधियां संपन्न करने के लिए उत्साहित करता है। पहले विवाह के समय सादगी के साथ जयमाल होता था। अब लाखों में जयमाल के मशीनी दृश्य हैं। शिक्षित युवक-युवतियां भी शादी में खर्चीले आइटम और 'एथनिक टच' चाहते हैं। धार्मिक नागरिकों को हर पवित्र अवसर पर अब भारी तामझाम चाहिए। धर्म एकांत की प्रार्थना या वैयक्तिक मामला नहीं रह गया है।

गौर करने की चीज है कि स्त्रियों का इन दिनों शृंगार, ज्वेलरी, एथनिक कपड़ों और पर्व-त्योहारों के प्रति आकर्षण अधिक बढ़ा है, पर धार्मिक अभिभावकत्व के बढ़ने से उनकी निजी स्वतंत्रता घटी है। स्त्रियों को नए सिरे से पुरुषों के अहंकार और इच्छाओं का शिकार होना पड़ रहा है। यदि वे आत्मनिर्भर नहीं हैं तो उनके जरा-सा अपनी पसंद का कुछ 'भिन्न' करने पर पुरुषसत्ता (पितृसत्ता) की भौंहें चढ़ जाती हैं। पुरुष उन पर बिगड़ने के आरोप लगाने लगते हैं। पुरानी धार्मिक व्यवस्था के पुनरुत्थान का अर्थ है 'भिन्नता' की पुनः स्वीकृति।

धार्मिक पुरुष सत्ता को स्त्रियों का खुलापन रास नहीं आता। वह स्त्री-पुरुष बराबरी की जगह स्त्रियों को पुरुष की अधीनता में देखना चाहती है। इसे वह 'सुरक्षा' कहती है, जबकि स्त्रियों के लिए 'सुरक्षा' उनका संवैधानिक अधिकार और 'स्वतंत्रता' उनका मानवाधिकार है। पुरुषों का धर्म दहेज से मौत और बलात्कार पर चुप रहता है। भारत में 2021 में दहेज न देने पर सताई जा रही 6.8 हजार स्त्रियों ने आत्महत्या की। 2022 में 21 हजार बलात्कार के मामले दर्ज हुए, जबकि छिपा लिए गए मामले लाखों में होंगे। कोई बलात्कार होता है, तो कुछ प्रभावशाली व्यक्ति टिप्पणी कर देते हैं कि शाम के बाद लड़कियां अकेले बाहर निकलेंगी तो रेप होगा!

इधर स्त्री-सशक्तिकरण की काफी चर्चा है। ऐसे प्रयासों का अर्थ है स्त्रियों को पुरानी सत्ता के ढांचे में हिस्सेदारी देना। सामान्यतः पुरुष ही

स्त्रियों को रिमोट बनाकर कंट्रोल करते हैं। आज स्त्रियां आजादी से मॉल और सड़कों पर घूमती नजर आती हैं, पर एक फिक्र, एक डर उनके परिवार वालों और खुद उनके मन में लगा रहता है। यह भी देखा जा सकता है कि उपभोक्तावाद ने पुरुषों की यौनिक इच्छा ज्यादा बढ़ा दी है, जिससे पारिवारिक समस्याएं बढ़ गई हैं।

इधर धर्मस्थल के निर्माण के लिए अंतरराष्ट्रीय पूंजी में बड़ा उत्साह है, क्योंकि ये समाज में 'भिन्नता' निर्मित करते हैं। उच्च तकनीक से बने धर्मस्थलों पर अब पूजा-पाठ के अलावा बड़े टेलीविजन स्क्रीन, मल्टी मीडिया हाल, संगीत कार्यक्रम, प्रदर्शनियां, रेस्तरां, कृत्रिम जलप्रपात, भंडारा और भी बहुत कुछ होता है।

ऐसे हाईटेक धर्मस्थलों पर ऐसे बच्चे और नौजवान भी आते हैं जो आमतौर पर धार्मिक गतिविधियों से उदासीन होते हैं। दुनिया में सभी की निगाह अभी बच्चों और नौजवानों पर है, जिन्हें तीसरी सहस्राब्दी की सभ्यता की नींव रखनी है।

हिंदू धर्म के व्यापारिक उपयोग की संभावना ज्यादा है, क्योंकि अतीत का जो कुछ श्रेष्ठ और सादगी भरा था वह मिटता गया है और जो कुछ तुच्छ और आडंबर-भरा था, उसका नया पुनरुत्थान हुआ है। हिंदू धर्म में मूल्य-ध्वंसक सुखवाद या भोगवाद को लेकर जो प्रतिरोधक आध्यात्मिक क्षमता थी, वह अब नहीं बची है। इससे आया सांस्कृतिक गत्यवरोध चिंता का विषय होना चाहिए।

आजकल लोगों की मानसिकता उपभोगवादी होती जा रही है। उन्हें धर्म के संसार में आध्यात्मिक अनुभव के अलावा आकर्षक, मनोरंजक और स्वादिष्ट वस्तुएं भी चाहिए। इसलिए धर्म में कुछ भी मिलावट कर दो, भले उसके प्रतीकों का परंपरागत तात्पर्य समाप्त हो जाए! इस तरह एक धार्मिक परंपरा, एक संस्कृति के बारे में सोचने का तरीका लगातार अ-गंभीर होता जा रहा है। खासकर पश्चिमी देशों में बसे हिंदू डायस्पोरा की नई पीढ़ियों के लिए धार्मिक रीतियां प्रथा भी हैं और फैशन भी हैं। हर जगह ही धार्मिक आस्था का इस तरह वस्तुकरण हुआ है कि धार्मिक प्रतीक अपने धार्मिक-सांस्कृतिक अर्थ से ही नहीं, अपने सौंदर्यात्मक मूल्य

से भी विच्छिन्न हो गए हैं। एक घटना यह है कि धार्मिक प्रतीक ही अब विदेशों में अल्पसंख्यक हिंदुओं की सामाजिकता के साधन हैं।

वस्तुतः नई स्थितियों में उपभोग खुद एक धर्म है। लोग देवताओं की छाप वाले अत्याधुनिक पोशाक पहन लेते हैं, तिलक लगा लेते हैं, धार्मिक पॉप गानों पर नाच-झूम लेते हैं, भर पेट सुस्वादु प्रसाद खा लेते हैं– हो गया धर्म!

अध्यात्म का बाजार

यूरोपवासियों की भारत के धर्म, पर्व-त्योहार और रीति-रिवाजों के अलावा प्राचीन आध्यात्मिकता में कभी गहरी रुचि थी। अध्यात्म हिंदू धर्म का एक महत्वपूर्ण अंग है। 1960 के दशक में प्रसिद्ध अमेरिकी 'बीटल्स' पश्चिम के उत्तर-औद्योगिक समाज से ऊब कर भारतीय आध्यात्मिकता की तरफ आकर्षित हुए थे। वे महर्षि महेश योगी के शिष्य बन गए, हालांकि उन्हें त्याग भी दिया। इसके बावजूद महेश योगी के ऋषिकेश स्थित ध्यान केंद्र ने अंतरराष्ट्रीय आकर्षण पैदा किया और उस पर डालर की वर्षा हुई। कवि एलेन गिंसबर्ग अध्यात्म के आकर्षण में बनारस आए थे। लंबे समय से ही यह धारणा थी कि पश्चिम के पास औद्योगिक भौतिक समृद्धि है तो भारत के पास आध्यात्मिक श्रेष्ठता है। धीरे-धीरे आध्यात्मिकता इंद्रियातीत ध्यान, 'ॐ' ध्वनि के उच्चारण, योग, प्रवचन, ग्रह रत्न और मानसिक शांति की वस्तुओं में सिकुड़कर सैकड़ों करोड़ डालर का एक बड़ा उपभोक्ता बाजार बन गई। भारत का अध्यात्म रिड्यूस होकर अब मुख्यतः तनाव-रोधक कैप्सूल है। बाजार में अध्यात्म की अनगिनत जेरॉक्स कापियां निकल गई हैं।

कहा जा सकता है कि 20वीं सदी का उत्तर-नवजागरण काल धार्मिक सुधारों में ठहराव का समय है। इस दौर में अंध-बुद्धिवादी झोंक में कुछ जगहों पर धर्म का तिरस्कार हुआ। उसका मखौल उड़ाया गया, जो फलदायक नहीं हो सकता था। एक और घटना है, 19वीं सदी से ही पिछड़ी जातियों और गरीबों की दुनिया में अनगिनत नए संत, बाबा, गुरुदेव, स्वामी, यहां तक कि स्वघोषित भगवान पैदा होने लगे थे। वे 20वीं सदी में बढ़ गए थे।

नए युग में साईं बाबा, जय गुरुदेव, अमृतानंदमयी, आशाराम बापू, राम रहीम जैसे अनगिनत लोकप्रिय धर्मगुरु हुए। अमीरों की दुनिया में जे. कृष्णमूर्ति, ओशो, परमहंस, योगानंद जैसे व्यक्तित्व थे। वे आध्यात्मिक शांति और जीवन में आनंद भोगने की शिक्षा देते रहे हैं। इस परंपरा में पंडित रविशंकर हैं। ऐसे सभी धर्मगुरु, जो आध्यात्मिक शिक्षक हैं, देश के लोगों और विदेशियों को भौतिकता और आध्यात्मिकता– नदी के दोनों तटों पर एक साथ चलना सिखाते हैं।

उपर्युक्त धर्मगुरुओं के भक्तों में व्यापारी, तकनीकविद, अफसर, फिल्मी कलाकार, राजनेता और उच्च मध्यवर्ग के लोग हैं। उनके समर्थक लाखों की संख्या में हैं, हालांकि शायद ही कोई गुरु, अम्मा, स्वामी या मानव-रूप भगवान अपने भक्तों का सामाजिक दृष्टिकोण बदल पाया हो। उन्होंने धार्मिक बिंबों का इस्तेमाल करते हुए अति-भौतिकवाद के दौर में अपने-अपने तरीके से आध्यात्मिक शांति का मार्ग बताने का काम किया। कुछ ने चमत्कार प्रदर्शित किया और कुछ ने प्रवचन से अपने आर्थिक साम्राज्य का विस्तार किया। इस तरह धर्म के कई नए लोकप्रिय ब्रांड बने, जिन्होंने एक समय परंपरागत धर्म-ध्वजधारियों और पुरोहित ब्राह्मणों का महत्व कम करना शुरू कर दिया था।

फिर भी इन धर्मगुरुओं के बारे में नहीं कहा जा सकता कि वे विवेकानंद की तरह लोकहृदय को जरा भी झकझोर सके। सोचना चाहिए, नए युग के धर्मगुरु ऐसा क्यों नहीं कर सके, अपनी वैसी जगह क्यों नहीं बना सके और उन्होंने अपना आध्यात्मिक साम्राज्य बढ़ाते हुए धन-संपत्ति का भंडार बढ़ाने में इतनी अधिक रुचि क्यों ली।

गौर करने की चीज है कि आधुनिक भौतिकवादी दुनिया में जिस अध्यात्म के प्रति आकर्षण बढ़ा है, वह प्राचीन ऋषियों या भक्त कवियों जैसा मूल्य-उन्मुख अध्यात्म नहीं है। वह आमतौर पर निजी मानसिक शांति और भौतिक जीवन को एक अनंत सुख में बदलने के लिए है। नए युग के धर्मगुरु सामान्यतः विश्व शांति और सौहार्द की बातें करते हैं, साथ में सत्ता की निकटता भी खोजते हैं।

देखा जाए तो आधुनिक भारत में धर्म के भीतर से मानवीय सौहार्द और लोककल्याण का बोध जगाने के मामले में गांधी से बड़ा व्यक्तित्व

नहीं हुआ। उनके युग में विभिन्न समुदाय के लोग खाइयां लांघकर राष्ट्रीय आंदोलनों के भीतर से एकताबद्ध हुए थे। वे बाद में कई कारणों से बिखर गए, पर वे जिन राष्ट्रीय-आध्यात्मिक प्रेरणाओं से इकट्ठे हुए थे, उनका महत्व आज भी है। अध्यात्म की आदर्शोन्मुखता अध्यात्म के महज उपभोग से हमेशा बेहतर है।

नए युग के आध्यात्मिक अभियान अपनी व्यापारिक चौहद्दी के भीतर रह गए और अपने टारगेट श्रोता वर्गों से बाहर नहीं निकल सके। वे धार्मिक सुधार आंदोलन का रूप न ले सके, क्योंकि धर्मगुरुओं का अध्यात्म एक उपभोक्ता वस्तु से ज्यादा नहीं रहा है। आध्यात्मिक बाजार में भारी स्पर्धा के कारण इन धर्मगुरुओं ने कभी आपस में बौद्धिक संवाद नहीं किया और न समाज को अंधविश्वासों और रूढ़ियों से मुक्त करने का काम किया। उन्होंने इन मुद्दों पर अपने ज्ञान को स्थगित रखा।

नए युग के धर्मगुरुओं के पास आमतौर पर जो लोग आते रहे हैं, वे सत्य की खोज में नहीं आए। वे नैतिक पुनर्गठन के लिए भी नहीं आए। वे आते रहे हैं एक न एक भय और लोभ से। वे सुख, आंतरिक शांति और आनंद की कला सीखने के लिए आते रहे हैं।

कहना न होगा कि विदेशी भक्तों से घिरे किसी धर्मगुरु से संपर्क नए उभरे उच्च वर्ग के लोगों के लिए प्रतिष्ठासूचक होता है। नई शैली के धर्मगुरुओं की प्रतिष्ठा इससे आंकी जाती है कि उनके आश्रम में कौन-कौन से विदेशी मेहमान, फिल्मी कलाकर और राजनेता आते हैं और विश्व भर में उनके कितने आश्रम हैं। उनकी प्रतिष्ठा इससे बनती है कि धर्मगुरु के पास कुल कितने सौ करोड़ की संपत्ति है। कई गुरुओं के पास 'एक्सपोर्ट क्वालिटी' का अध्यात्म होता है। इसकी जरूरत उन समृद्ध लोगों को होती है, जिन्हें अथाह संपत्ति के अलावा च्यवन ऋषि जैसा स्वस्थ जीवन और अनंत खुशी चाहिए।

प्रवचन भी एक उद्योग है

उपभोक्तावादी युग के धर्मगुरु अपना एक आध्यात्मिक प्रभामंडल ही बना कर नहीं रखते, वे नपे-तुले तरीके से बोलने वाले कुशल वक्ता भी होते हैं।

हर बड़े नगर के फूलों से सज्जित रंग-बिरंगे सभास्थल पर हजारों श्रोताओं के बीच प्रवचनकर्ता किसी धर्मावतार की तरह उपस्थित होते हैं। उनकी धार्मिक साज़-सज्जा, उनके हाव-भाव और सिंहासन देखकर लगता है कि वे अलौकिक हैं। वे ईश्वर के वर्णन, योग-शिक्षा, अध्यात्म, पौराणिक कथा, उपदेश, भजन और संगीत के सम्मिश्रण से अपने प्रवचन को इतना सम्मोहक बना देते हैं कि भक्त जन के लिए उसके परे सोचना संभव नहीं रह जाता। उनकी वाणी के प्रभाव से सब कुछ अच्छा-अच्छा, सुंदर-सुंदर और दिव्य-दिव्य नजर आता है। कहीं किसी दुख-दर्द की झलक नहीं दिखती, श्रोता एक यूटोपिया में पहुंच जाता है।

धर्मगुरु के डिस्कोर्स में कहीं उस बच्चे की बलि की नृशंसता पर चिंता नहीं होती, जिसे 21वीं सदी में भी काली की मूर्ति के सामने मार डाला गया। प्रवचन में स्त्रियों और दलितों की प्रताड़ना की घटना का जिक्र नहीं होता और ऐसी घटना रोकने की अपील नहीं होती। लोकप्रियतावादी प्रवचन धर्म को संवाद नहीं बनने देता, यह एकतरफा मामला है। इसमें चुटकुले, अंग्रेजी शब्दों की छौंक, कुछ रोचक घरेलू समस्याएं, शब्द-क्रीड़ा और तमाम किस्म के मसाले होते हैं।

कारपोरेट दुनिया के धर्मगुरु अपने प्रवचन में 'आध्यात्मिक रूपवाद' लेकर चलते हैं तो साधारण मध्यवर्गीय लोगों के धर्मगुरु 'पौराणिक आदर्शवाद' का रास्ता चुनते हैं। उच्चवर्गीय आध्यात्मिक रूपवाद के प्रवचनकर्ताओं के लिए धर्म तनाव से मुक्ति और आध्यात्मिक आनंद के लिए है, जबकि साधारण मध्यवर्गों के लिए उनके पौराणिक देवता उनका दुख, परायापन और निराशा दूर करने के शरणस्थल हैं।

पौराणिक कथाओं के बिना कम पढ़े-लिखे आम लोगों तक पहुंच नहीं हो सकती। इसलिए बड़ी संख्या में धर्मगुरु रामकथा, गीता और भागवत को प्रवचन के लिए चुनते हैं। गौर करने की चीज है कि शिव पुराण या देवी भागवत को सामान्यतः प्रवचन के लिए नहीं चुना जाता। विकल्प के रूप में रुद्राभिषेक और देवी जागरण के लिए भजन के छोटे-छोटे दल हैं। इधर भव्य शिव महोत्सव ट्रेंड में है, ईशा योग केंद्र की महाशिवरात्रि ने विदेशियों का ध्यान खींचा है।

देखा जा सकता है कि भारतीय समाज के विभिन्न आर्थिक स्तर के अनुसार धर्म का एक विराट बाजार बना है, जहां पैसे के बिना पत्ता भी नहीं हिलता। अब कोई तबका धर्म के व्यापारिक जाल के बाहर नहीं है, सबके लिए कुछ न कुछ इंतजाम है। देखने से लगेगा कि भारत में इस समय हर तरफ धर्म ही धर्म छाया है, एक बाढ़ आई है।

धर्म की नई आध्यात्मिक दुनिया में साधारणतः मध्यवर्गों के वे लोग हैं जो वैष्णो देवी, हरिद्वार-बद्रीनाथ, विंध्याचल, बनारस, तिरुपति, पुरी, देवघर, गंगासागर आदि की तीर्थयात्रा करते हैं। उनमें कांवर ले जाने वाले और छठ पूजा के लोग हैं। कुछ दशकों से पूजा-पाठ और तीर्थ-यात्राओं में उभार आने से प्रवचन की दुनिया में भी विस्तार आया है। ऐसे लाखों स्त्री-पुरुष हैं जो दुख से सताए गए, मार खाए और हताश हैं। वे सोचते हैं कि देव कथा सुनने से फल प्राप्ति होगी। पीछे बैठे कई बुजुर्ग प्रवचन ठीक से न सुन पाने के बावजूद भावविभोर होकर आंख बंद किए रोते रहते हैं और राहत पाते हैं। इस तरह के धार्मिक प्रवचन-भजन के आयोजन ही हिंदुओं की सामाजिकता की राहें हैं। क्योंकि अन्य सामाजिक रास्ते उजड़ गए।

कहना न होगा कि अभिजातवर्गीय आध्यत्मिक आनंद से पौराणिक कथा सुनने का लोकवर्गीय आनंद भिन्न चरित्र का है। आम लोग अपनी आस्था में ठिठुरते हुए भी कई बहानों से अपने पुण्यों और आदर्शों को अपने फटे कलेजे से चिपकाए रहते हैं। हालांकि वे यह भी महसूस करते हैं कि ये आदर्श भी हाथ से फिसलते जा रहे हैं। उनकी आस्था की राज-नीतिक डकैती हुई है, वे असहाय हो गए हैं। वे अब भीड़ में हैं, अपने ईश्वर और वैयक्तिकता को खोते हुए!

धर्म के इतने अधिक प्रदर्शन के बावजूद समाज में कहीं प्रेम, अहिंसा, ईमानदारी, त्याग और सादगी के दृश्य नहीं हैं। राजनीति और बाजार मिलकर मनुष्यता के इन गुणों का भक्षण करते जा रहे हैं। आसाराम बापू, राम रहीम के सेक्स प्रसंगों के उदाहरण भी सामने हैं, उनके आर्थिक साम्राज्य सामने हैं। ऐसे पता नहीं कितने और महंत और धर्मगुरु होंगे।

सामान्यतः अब धर्म 'चिह्नों' में सिकुड़ चुके हैं। जहां 'चिह्न' होंगे, वहां रिक्तता होगी।

धर्म के रास्ते से रूढ़ियां ही किस तरह ज्यादा प्रचारित हुईं, यह हम धर्मगुरु के रूप में प्रतिष्ठित कुछ व्यक्तियों के विमर्श से समझ सकते हैं।

प्रवचनकर्ता कहां-कहां से चीजें उठाकर और मिलाकर भोली-भाली जनता को धार्मिक निर्बुद्धिपरकताओं की ओर ले जाते रहे हैं, इसके कुछ उदाहरण यहां दिए जा रहे हैं। काफी पहले एक बार आसाराम बापू 'श्री नाट श्री' का मंत्र देते हुए अपने एक प्रवचन में कह रहे थे, 'मंत्र की जरूरत सुख पाने के लिए है, विकार दूर करने के लिए है। अहमदाबाद का एक कपड़े का व्यापारी पागल हो गया। मेरे पास आया। किसी पर भूत-प्रेत की छाया आ जाती है, ऐसे कितने ही लोग आते हैं। उन्हें ठीक करने का मंत्र मैं बताता हूँ। वह है श्री नाट श्री। घर से कुछ लाकर रास्ते पर रखो। वहां से सात कंकड़ उठाओ। चार कंकड़ चार दिशाओं में फेंको। बाकी तीन कंकड़ में 'ह्रीं फ्रू' का मंत्र 21 बार पढ़ो। रास्ते के बिजली के तारों में बिजली दिखाई नहीं देती, लेकिन घर में बल्ब जल उठता है। इसी तरह कंकड़ों में मंत्र से शक्ति आ जाती है, पर वह दिखाई नहीं देती। एक कंकड़ उस आदमी के सिर पर मारो, दूसरा छाती पर और तीसरा पीठ पर। 'जै रामजी की!' (एक पुस्तिका)। इस तरह का मंत्र वास्तव में कैसे धार्मिक दिमाग की उपज हो सकता है, बताने की जरूरत नहीं है। ऐसी चीजों पर ही लोग आसाराम बापू के दीवाने थे। उन्हें सुनने के लिए ट्रेनों और बसों में भरकर भक्त आते थे। बाकी सेक्स प्रसंग या उनकी जेलयात्रा के बारे में ज्यादा बताने की जरूरत नहीं है।

कुछ शास्त्रीय शैली वाले प्रवचनकर्ता हैं। एक ऐसे प्रवचनकर्ता थे, जिनके बारे में कहा जाता है कि वे रुपये को हाथ से छूते तक नहीं थे। उन्होंने अपने एक प्रवचन में कहा था, 'दर्द, दुख–यह पापों का फल है या पुण्य का? पापों का फल मानते हो तो फल भोगने से पाप रहेंगे या नष्ट होंगे? पाप का नष्ट होना भगवान की कृपा है या अकृपा है? शुद्धि हो रही है, भगवान कृपा कर रहे हैं– ऐसा विचार करके मस्त रहो। ज्यों पीड़ा हो, त्यों अनुभव करो कि भगवान की बड़ी कृपा है। प्रभु कृपा

कर रहे हैं, पवित्र बना रहे हैं।' सभास्थल पर पहुंचाए गए हजारों लोग ऐसी बातें भक्ति से सुनते हैं और निर्बुद्धिपरकताओं से घिरे रहते हैं। उन्हीं स्वामी जी का एक और उत्तेजक कथन है, 'ईसाई, मुसलमान आदि सब अपनी-अपनी टोली बढ़ाने के लिए काम करते हैं, ताकि उनके संप्रदाय को मानने वाले लोगों की संख्या ज्यादा हो जाए। ...गर्भपात करा देना, ऑपरेशन करा देना कितना महान अत्याचार है। अगर कोई जीव मनुष्य बनने वाला है और उसको रोक देंगे तो वे हिंदू संस्कृति को न मानने वाले विधर्मियों के यहां पैदा होंगे और हिंदुओं का नाश करेंगे। ...परिवार नियोजन नारी जाति का घोर अपमान है।' देखा जा सकता है कि ऐसे प्रवचन नवजागरण के धार्मिक सुधार की उपलब्धियों को किस तरह नकारते हैं। इन्हीं स्वामी जी का एक उदाहरण और देखें, 'विधवाओं का विवाह शुरू करना चाहते हो? विधवाएं तैयार हो जाएंगी तो कन्याओं को वर कैसे मिलेंगे? विधवा-विवाह शास्त्र की रीति से भी निषिद्ध है।' देश के राजनेता ऐसे बाबाओं और स्वामियों के पास जाते हैं जो अंधविश्वासों को मजबूत बनाने का काम करते हैं। एक नौजवान प्रवचनकर्ता ने कुंआरी लड़कियों को 'जमीन का खाली प्लाट' कहा!

कुछ धर्मगुरुओं को खुद भगवान होने का मुगालता रहा है। ऐसे बाबा सभी को चमत्कृत करते हुए भभूत, अंगूठी या घड़ी निकाल कर भक्तों को देते थे। एक दक्षिण भारतीय भगवान का कहना था, 'मैं जो कुछ सृजित करता हूं, वे मेरे विजिटिंग कार्ड हैं। मैं एक दैवी मिशन पर हूं। सभी दुखों, तकलीफों और दैन्य का कारण इस शरीर से आसक्ति है। जब सारा संसार सोता है, तब मैं अपने भक्तों के पास जाता हूँ और उनको अपना आभास देता हूँ। मैं उनको धीरज बंधाता हूं। मैं अपने भक्तों के दुख-दर्द को अपनी इच्छा से अपने ऊपर ले लेता हूँ।' वे अब इस संसार में नहीं हैं, पर एक समय प्रायः लाखों घर में उनकी तस्वीर थी। आम लोगों के जीवन की समस्याएं इतनी बढ़ गई हैं कि यदि वे अंग्रेजी में प्रवचन देने वाले आध्यात्मिक गुरुओं की शरण में नहीं जा पाते, तो ऐसे ही भगवानों और अंधविश्वासों को अपना सिर सौंप देते हैं।

देश में विज्ञान आंदोलन के कई बुद्धिवादी कार्यकर्ता कस्बों और शहरों में साधारण जन को अंधविश्वासों से बाहर निकालने के लिए प्रदर्शनी लगाते रहे हैं। वे हाथ की सफाई से भभूत, अंगूठी आदि निकालकर जनसाधारण को समझाने की कोशिश करते रहे हैं कि ये सब आध्यात्मिक चमत्कार नहीं हैं। लेकिन विज्ञान आंदोलन और ऐसे सभी प्रयास देश में फैले धार्मिक अंधविश्वासों के विस्तृत जाल के आगे महज प्रतीकात्मक अभियान साबित हुए। उनके अंध-बुद्धिवादी और उच्छेदवादी रुख की वजह से भी उनके विचारों का धार्मिक वृत्ति के आम लोगों पर असर नहीं पड़ा, कई बार उल्टा असर पड़ा।

समाज में आधुनिक शिक्षा के बावजूद रूढ़िवादिता को जितना जन समर्थन मिलता है, बुद्धिपरकता को नहीं! किसी गली-मुहल्ले के मंदिर के सुंदरीकरण का मामला हो या अरबों की लागत से कोई नया भव्य मंदिर, मस्जिद या चर्च बनाने का मामला हो, पैसे की कमी नहीं होती। बड़े व्यापारियों के बीच धार्मिक कार्यों में धन देने के लिए स्पर्धा मची रहती है। सामाजिक पहचान और किसी लाभ के लिए यह मानो एक 'इन्वेस्टमेंट' हो!

अतीत के प्रभाव को आर्थिक विकास में बाधक माना जाता है। एक भिन्न तरह के तनाव-त्राता धर्मगुरु कहते हैं, 'अतीत को भूलो, अतीत जा चुका है। आनेवाले कल की चिंता भी क्यों करो, सिर्फ वर्तमान में जियो। यदि तुम अभी खुश हो, भविष्य भी खुशी की अपनी राह निकाल लेगा। यही 'आर्ट ऑफ लाइफ' है।' बहुत सुविधा है सिर्फ वर्तमान में जीने में। उपभोक्तावादी व्यवस्था मनुष्य को अतीत की उच्च विरासत से ही नहीं, उच्च भविष्य दृष्टि से भी विमुख करके वर्तमान-केंद्रिक बनाती है। वह धर्म को महज सुकून और लुत्फ के क्षण में बदल देती है।

हिंदुओं की एक प्राचीन मनोरुग्णता है घटनाओं से उदासीनता। हमारे देश में लोग बार-बार जागकर फिर सो गए। कुछ व्यक्ति दूसरों को जगाते-जगाते खुद सो गए। कहा जा सकता है कि यह सांस्कृतिक मध्यांतर (इंटरवल) का समय है। इतिहास इसके लंबे-लंबे दौर का साक्षी है, जब भौतिक उजाले के बावजूद आध्यात्मिक-नैतिक अंधेरा रहा है। आज भी

धार्मिक पवित्रता की सबसे ज्यादा बात करते हुए हिंदू धर्म के लोग चारों तरफ की गंदगी के प्रति सबसे अधिक उदासीन दिखेंगे। वे आमतौर पर पर्यावरण-सचेत नहीं होते। देवियों के रूप में स्त्री की पूजा करते हुए वे अपने घर की स्त्रियों के मानवाधिकारों के प्रति उदासीन रहते हैं, देश-काल से भी उदासीन। कई बार अपने आप से उदासीन, आसपास के खून-खराबा, अन्याय और अत्याचार की घटनाओं से उदासीन। एक और बात है, हिंदुओं का धर्म सामान्यतः उनकी इच्छाओं को दबाता रहा है। फिर भी लोग आपस में टकराते-जुड़ते हुए अपने छोटे-छोटे स्वार्थों की नौका पर अपना जीवन समुद्र पार करते रहे हैं। ये आम लोग निष्कलंक हैं, अपने में ही सैकड़ों सालों से बंद!

क्या धर्म का बाजारीकरण उपर्युक्त उदासीनता पर चोट कर पा रहा है, हिंदुओं की कुंठाओं को तोड़ पा रहा है और उदात्त इच्छाएं जगाकर उन्हें किसी उच्चतर लक्ष्य की ओर ले जा पा रहा है? धर्म के बाजारीकरण ने इंसान को एक रूढ़िवाद से निकालकर एक दूसरे रूढ़िवाद में, एक पुरोहितवाद से निकालकर एक दूसरे पुरोहितवाद में और भौतिक उदासीनता से बाहर निकालकर नैतिक उदासीनता की ओर धकेल दिया है। धर्म एक राजनीतिक हथियार बन गया है और एक मायाबाजार। तक्षक हमेशा पूजा की थाली में आता है!

धार्मिक उपभोक्तावाद की परिणति

उपभोक्तावाद का संबंध भौतिक समृद्धि से जोड़ा जाता है, पर आज वह एक सांस्कृतिक महामारी है। वह एक वैश्विक मामला है, पर स्थानीय संस्कृतियों का भरपूर इस्तेमाल करता है, ताकि छोटे-छोटे समुदायों तक अपना प्रसार कर सके। उसका केवल एक आदर्श है, 'जब तक जीवन है, केवल अपने सुख की चिंता करो।' उपभोक्तावाद चार्वाकों का सुखवाद चुनता है, लेकिन उनके धार्मिक रूढ़ियों और अंधविश्वासों से विद्रोह के तत्व को छोड़ देता है।

बुद्ध ने कहा था, 'यदि इतने धनवान लोग भी अतृप्त रहते हैं और अपनी धनलिप्सा से क्षणिकता की सरिता में बहे चले जाते हैं, तो फिर

इस पृथ्वी पर आखिर कौन शांति से रह सकता है।' यह मानो आज के उपभोक्तावाद पर टिप्पणी है। सोचा जा सकता है कि वर्तमान क्षण को सब कुछ मानने वाला उपभोक्ता आखिर इतिहास की सचाइयों की कितनी परवाह करेगा और धर्म के बारे में भी कैसी दृष्टि रखेगा। बुद्ध ने अपने समय में हिंसा और विलासोन्माद के चरम रूप देखे थे। वे कुछ रोक नहीं पाए थे। आज भी हिंसा और विलासोन्माद के वैसे ही रूप हैं और कुछ भी बोलना बहुत कुछ अरण्यरोदन जैसा है।

उपभोक्तावाद की भौतिक दौड़ दुनिया को सांस्कृतिक गत्यवरोध की ओर ले जा रही है। वह उच्च सौंदर्यानुभूति, नैतिक मूल्यबोध और एक तरह से संपूर्ण मानवता को उजाड़ने में लगी है। इसका असर धार्मिक गतिविधियों पर है, यह बहुत से उदाहरणों से स्पष्ट है। इन दिनों उपभोक्तावाद लोगों की सोच का बंध्याकरण करके जो सौंप रहा है, वह एक बहुरंगी तुच्छता है, एक तरह की माया है। वह इलेक्ट्रॉनिक मीडिया की ताकत से हिंदू धार्मिक परंपराओं और देशज संस्कृतियों पर बुरा प्रभाव डाल रहा है।

धार्मिक उपभोक्तावाद बाजार की नई माया का एक हिस्सा है। वह छल-छद्म के अनगिनत सांस्कृतिक राजनीतिक रूपों के साथ उपस्थित है, 'माया महा ठगनी हम जानी!' लौकिक जीवन को सामान्यतः स्वीकार करने वाले भक्त कवियों और दार्शनिकों की दृष्टि में भोगवाद माया है, कृत्रिम भव्यता माया है। उपभोक्तावादी विश्व में धर्म और मनोरंजन के बीच गहरा संबंध स्थापित हो चुका है। धर्म का मुख्य सरोकार मूल्यप्रवण होना नहीं है। हम देख सकते हैं कि बाजार अपने विज्ञापनों में धर्म के चिह्नों का कैसा उपयोग कर रहा है। उपभोक्तावादी विश्व में धर्म का पैमाना यह नहीं है कि क्या 'अच्छाई' और क्या 'बुराई' है, बल्कि यह है कि कोई चीज कितनी तृप्ति देती है।

उपभोक्तावाद ने जनमानस को अतिवादी बिंदु तक उपभोग में प्रवृत्त करते हुए भौतिकता और आध्यात्मिकता का द्वंद्व समाप्त कर दिया है। इसके अलावा, धर्म अब राजनीति में नई शक्ति पाता है और राजनीति को नई शक्ति देता है।

उपभोक्तावादी विश्व रैशनल विश्व नहीं है। इसमें तर्क, बहस या किसी गहरे विचार के लिए जगह नहीं है। इसमें पुराकथाएं धार्मिक शिक्षा

नहीं हैं, वे महज प्राचीन गौरव हैं। उनके तात्पर्य और संदेश महत्वपूर्ण नहीं हैं। उनका किस तरह मनोरंजन और सत्ता के लिए उपयोग किया जा सकता है, यह महत्वपूर्ण है। इस विश्व में हजारों युवा धार्मिक भावावेग से भरे रहते हैं। वे 'विवेक की संस्कृति' को अलविदा कहकर 'आस्वाद की संस्कृति' में फँसे हुए हैं। धर्म में 'आस्वाद की संस्कृति' का व्यापक प्रवेश हुआ है, धार्मिक वेश-भूषा और छप्पनभोग जैसी चीजों का महत्व बढ़ा है। क्या इसे वैदिक, भक्तिकालीन और नवजागरणकालीन विचारों का बिखर जाना कहा जा सकता है?

21वीं सदी में भी महज धार्मिक वेशभूषा अपना कर कुछ व्यक्ति घोषणा कर देते हैं कि उनका परमात्मा से सीधा संपर्क है। अब मोबाइल साधु-संत, महंत और संन्यासियों के हाथ में भी है। पंडित-पुजारी ए.सी. गाड़ियों में आ-जा रहे हैं। आज के धर्मपुरुष धर्म का वह संसार खो चुके हैं जिसमें त्याग की प्रधानता थी। उपभोक्तावाद धर्म को पुनर्परिभाषित कर रहा है। धर्म अब 'मास प्रोडक्ट' है। धर्मपुरुष मीडिया निर्मिति हैं। आदर्श पर संपत्ति हावी है और भक्ति पर मनोरंजन। वैश्वीकरण आर्थिक मामलों में निजीकरण ले आया, पर धर्म के क्षेत्र में कुछ भी 'निजी' नहीं बचा है। धार्मिक भावना में सामूहिक उग्रता है। शोर के बीच धर्म असहाय और रिक्त है।

उपभोक्तावादी विश्व में धर्म लोगों को जरा भी बदल नहीं पाता, बल्कि लोग धर्म के स्वरूप को बदल डालते हैं। मंदिर जाकर, प्रवचन सुनकर, भजन गाकर, तिलक लगाकर भी लोग धर्म से प्रेरित नहीं होते। वे थोड़ी देर देवी-देवताओं का ध्यान करके और हाथ जोड़कर तुरंत अपने फायदे के कामों और कलह-विद्वेष में लौट आते हैं। उनका मन ऊंचा नहीं हो पाता, अहंकार नहीं टूट पाता।

आज की अति-विकसित दुनिया धर्म को बुद्धिपरक भावना का रूप देने की जगह नए बाह्याडंबरों की ओर मुड़ गई है। एक समस्या यह है कि बुद्धिवादी चिंतक धार्मिक मानसिकता में पुनरुत्थान लाने वाले राजनीतिक और आर्थिक तत्वों के विश्लेषण में विफल रहे हैं। उन्होंने आर्थिक उदारीकरण के साथ बढ़ती सामाजिक अनुदारता को पर्याप्त गंभीरता से नहीं लिया और न ही बढ़ते बौद्धिक उथलेपन पर गौर किया।

वैश्वीकरण के समानांतर, दुनिया भर में एक नए किस्म का राष्ट्रवाद पैदा हुआ है। कई देशों में, जिनमें एक भारत है, उसका एक आधार धर्म है। इन स्थितियों में कई प्रश्न उठते हैं। धर्म की बनी ऐसी आबोहवा में क्या बाजार जरा भी नैतिक हो सकता है? इस पर चिंतन किया जाना चाहिए कि नए किस्म का राष्ट्रवाद या धार्मिक राष्ट्रवाद कैसा अर्थशास्त्र लेकर आ रहा है और धर्म तथा उपभोक्तावाद के बीच कैसा संबंध बन रहा है। यह कैसे हिंदू धर्म की उच्च परंपराओं को ही नहीं खा रहा है, बल्कि समाज में आर्थिक वंचना भी बढ़ा रहा है। यह भी देखने की जरूरत है कि आज किस तरह निर्बुद्धिपरकता बढ़ रही है, अर्थात झूठ के पास तर्क ज्यादा हैं!

20वीं सदी के आरंभिक दशकों में पहचान का सवाल था। लेकिन उस युग में आज की तरह संकीर्ण सामुदायिक पहचान की जगह मानवीय पहचान पर जोर था। 'राष्ट्र' की बात करते हुए भी एक ऐसा नागरिक समाज बन रहा था जो एक उदात्त मानवीय सोच रखता था। वह 'स्थानीय' के प्रति सचेत था, वंचित वर्गों और समुदायों से संबंधित प्रश्न उठाता था और विश्व मानवता को भी रच रहा था। उस पर औपनिवेशिक बाजार हावी न था, वह कृत्रिम इच्छाओं से भरा न था। उस युग में धर्मांधता थी, पर कोने में थी। खासकर 1990 के बाद स्थितियां काफी बदल गईं। कहा जा सकता है कि एक नए तेवर के साथ जो धार्मिक लहरें उठीं, उनका राजनीतिक और बौद्धिक क्षेत्र में सामना अधकचरे ढंग से किया गया।

भौतिक विकास के लिए उपभोक्तावाद को जरूरी माना जाता है, क्योंकि किस्म-किस्म की उपभोक्ता वस्तुओं तक साधारण लोगों की पहुंच का विस्तार होता है। इस समय भारत में करीब एक अरब लोग मोबाइल का व्यवहार कर रहे हैं। इसके बावजूद सवाल है, क्या उपभोक्तावाद अपने प्रसार से कोई बौद्धिक-नैतिक विकास ला पाया है? दरअसल राजनीति और बाजार द्वारा प्रायोजित धार्मिकता यह संभव होने नहीं देती। इसके अलावा, ऐसी धार्मिकता धार्मिक विश्वास को 'होमोजीनियस' बना देती है।

उपभोक्ता समाज का साधारणतः यह लक्षण बताया गया है कि इसमें वैयक्तिक स्वतंत्रता होती है। जिगमंट बाउमैन का कथन है कि व्यक्ति

के पास उपभोग की स्वतंत्रता होती है और वह वस्तुओं का खुद चयन कर पाता है (कंज्यूमिंग लाइफ)। 21वीं सदी में वैश्वीकरण के समानांतर राष्ट्रवाद और धर्म की भूमिका जिस तरह बढ़ी है, अब यह नहीं कहा जा सकता कि उपभोक्तावाद वैयक्तिक स्वतंत्रता का द्वार है। धार्मिक उपभोक्ता की रुचियां और आदतें इन दिनों एक न एक कठोर समूहवाद से नियंत्रित हैं। आजकल बताया जाता है कि क्या पहनना चाहिए और क्या नहीं, क्या खाना चाहिए और क्या नहीं, क्या पढ़ना चाहिए और क्या नहीं, और किस तरह अपने धर्म की परंपराओं, रीति-रिवाजों और विश्वासों के अनुसार ही उपभोक्ता वस्तुएं हों!

इसका अर्थ है कि चुनने की स्वतंत्रता बुरी तरह प्रभावित है। अब न पहले सी वैयक्तिकता है और न मानवतावाद पर आधारित विश्वबोध है। आधुनिक युग के क्रुद्ध व्यक्ति की जगह उत्तर-आधुनिक युग के अतृप्त व्यक्ति ने ले ली है। उच्च सामाजिक चेतना की जगह आक्रामक समूहवाद आ गया है। एक खास ऐतिहासिक दौर में जो ठोस या कठोर चीजें पिघलकर घुलमिल रही थीं, वे फिर से ठोस और कठोर होने लगी हैं। इन घटनाओं से उपभोक्तावाद की वृद्धि में रुकावट नहीं आई है, पर उदारवाद सिकुड़ने लगा है। यह मानवता के सामने उपस्थित एक बड़ा 'सांस्कृतिक विघ्न' है।

धार्मिक कट्टरवाद और उपभोक्तावाद का व्यापक प्रहार अंतर-सांस्कृतिक राष्ट्रीय सौहार्द पर है, 'साझी संस्कृति-साझा जीवन' पर है। यह चिंताजनक है। निश्चय ही आज इसकी ज्यादा जरूरत है कि भारत के लोग धर्म को लेकर अधिक बुद्धिपरक हों, वे धर्म के उच्च मूल्यों को बचाएं।

हम कैसी पृथ्वी चाहते हैं

आधुनिक बौद्धिक जगत में एक समय परंपराओं के प्रति वितृष्णा अतिवादी बिंदु पर पहुंच गई थी, जिसकी प्रतिक्रिया आधुनिकताओं के प्रति वितृष्णा के रूप में हुई, जबकि जरूरत परंपरा विवेक और आधुनिकता विवेक के साथ सारी चीजों को बौद्धिक सहृदयता से समझने की है।

सवाल हैं, क्या धर्म के प्रति संकुचित दृष्टियों को वर्तमान सभ्यता

के खोखलेपन के रूप में देखा जा सकता है, क्या यह धर्म का अपने उच्च गुणों से अंतिम तौर पर प्रस्थान है, अर्थात क्या अब लोग वस्तुतः धर्म की आतिशबाजी के बावजूद धार्मिक नहीं रह गए हैं– क्या धर्म अब एक नाट्यशास्त्र है?

हम बड़े शहरों को देख सकते हैं, जहां विभिन्न धर्मों और मतों के लोग अच्छे पड़ोसी की तरह लंबे समय से रहते आए हैं। वैश्वीकरण ने शहरों की धार्मिक-जातीय विविधता बढ़ाई है, लेकिन चिंताजनक है कि इन शहरों में 'खंडित अस्मिता की राजनीति' धार्मिक-जातीय विविधताओं को अंतर्शत्रुताओं में बदल रही है। इसलिए नगरीकरण और संपूर्ण विकास के समक्ष यह एक बड़ी चुनौती है कि सामाजिक सौहार्द की कैसे वापसी हो। नगर सभ्य नहीं कहे जा सकते, यदि वहां शांति और सौहार्द न हो, कलाओं और साहित्य से प्रेम न हो और 'दूसरों' से प्रेम न हो।

हाल के दशकों में धर्म, राष्ट्र-राज्य और न्याय का अर्थ एक भारी विपर्यय का शिकार हुआ है। धार्मिक विद्वेष के प्रचार के कारण अमानवीयता चरम पर पहुंच गई है। कुप्रथाएं लौटी हैं। अंधविश्वास बढ़े हैं। झूठ एक उद्योग बन गया है। ऐसी स्थिति में धर्म, धार्मिक छवियों और धार्मिक परंपराओं को खुले दिमाग से समझना जरूरी है। निःसंदेह भारत के लोगों के स्वप्न उनकी स्मृतियों से अधिक महान है।

देखा जा सकता है कि हजारों साल में हिंदू धार्मिक परंपराओं ने एक महान सांस्कृतिक मानवतावाद की रचना की है, जो सांस्कृतिक राष्ट्रवाद से एक भिन्न मामला है। हमें उसके अंतर्विरोधों और उपलब्धियों को जानना चाहिए। धार्मिक स्वतंत्रता, विविधता और उच्च मूल्यों के लिए निर्भय होकर बोलना चाहिए। यह थोड़ा मुश्किल है, क्योंकि शिक्षित वर्ग के बहुत से लेखक बुद्धिजीवी और आम लोग सत्ता की राजनीति का ईंधन बनते जा रहे हैं। फिर भी हमें जीवन में अनुभव, तर्क और कल्पनाशीलता के लिए स्पेस बनाना होगा, अगर अपनी मानवीय पहचान खोना नहीं चाहते।

अंततः यहां से देखने की जरूरत है कि हम कैसी पृथ्वी चाहते हैं–रक्ताक्त या शांतिमय!